本书出版受到教育部人文社会科学研究青年基金项目（11YJC840015）和浙江省社会科学界联合会研究重点课题（2013Z93）资助

中国农地征收制度变迁及改革展望

胡 平 著

中国社会科学出版社

图书在版编目（CIP）数据

中国农地征收制度变迁及改革展望/胡平著．—北京：中国
社会科学出版社，2016.6
ISBN 978－7－5161－8377－9

Ⅰ．①中⋯　Ⅱ．①胡⋯　Ⅲ．①农业用地—土地征用—土地
制度—研究—中国　Ⅳ．①F321.1

中国版本图书馆 CIP 数据核字（2016）第 133334 号

出 版 人	赵剑英
选题策划	卢小生
责任编辑	车文娇
责任校对	周晓东
责任印制	王　超

出　　版	中国社会科学出版社
社　　址	北京鼓楼西大街甲 158 号
邮　　编	100720
网　　址	http：//www.csspw.cn
发 行 部	010－84083685
门 市 部	010－84029450
经　　销	新华书店及其他书店

印　　刷	北京明恒达印务有限公司
装　　订	廊坊市广阳区广增装订厂
版　　次	2016 年 6 月第 1 版
印　　次	2016 年 6 月第 1 次印刷

开　　本	710×1000　1/16
印　　张	16.25
插　　页	2
字　　数	240 千字
定　　价	60.00 元

目　录

第一章　导论 …………………………………………………… 1

　　一　选题缘由与研究意义 ……………………………… 1

　　二　已有研究回顾与综述 ……………………………… 5

　　三　相关理论与研究方法 ……………………………… 13

　　四　主要内容与创新之处 ……………………………… 20

第二章　农村集体土地征收制度的历史变迁与制度架构 ……… 24

　　一　我国农村集体土地的产权关系与制度安排 ………… 24

　　二　新中国土地征收制度的历史变迁 …………………… 30

　　三　现行农村集体土地征收的制度架构 ………………… 41

第三章　现行农地征收制度的实效分析及改革思路之辩 ……… 46

　　一　现行农村集体土地征收制度的问题分析 …………… 46

　　二　现行农地征收制度的实施后果 ……………………… 65

　　三　征地制度改革的思路之辩及模式选择 ……………… 73

第四章　"嘉兴模式"之"土地换保障" ……………………… 80

　　一　"土地换保障"的制度环境 ………………………… 81

　　二　"土地换保障"的制度变迁 ………………………… 86

　　三　"土地换保障"的效果分析 ………………………… 112

第五章 "嘉兴模式"之"宅基地换住宅" ·················· 123

　　一 农村集体土地房屋征收及法律缺位 ·············· 123

　　二 嘉兴市农村集体土地房屋征收的制度安排 ········· 127

　　三 农村集体土地房屋拆迁的利益博弈与平衡 ········· 140

第六章 若干国家和地区土地征收制度的比较研究 ········· 174

　　一 欧美国家土地征收制度的设计及比较 ··········· 174

　　二 亚洲国家和地区的征地制度设计及比较 ·········· 190

　　三 土地征收制度的经验特色及借鉴意义 ··········· 201

第七章 农村集体土地征收制度的改革方向及未来趋势 ····· 211

　　一 征地制度改革的阶段进展及现实困境 ··········· 211

　　二 征地制度改革的分层推进与理论构想 ··········· 219

　　三 征地制度改革的利益博弈及未来趋势 ··········· 231

参考文献 ··· 235

后记 ··· 256

第一章　导论

一　选题缘由与研究意义

理论研究的问题往往来自对现实的反映。有关征地制度改革与征地模式创新的理论探讨在一定程度上源自中国征地实践中出现的诸多问题，特别是近些年来失地农民问题的日益凸显、征地冲突的愈演愈烈以及现行征地制度广受诟病的现实。

在城市化已成为中国社会发展主流话语的当下，作为现代化的一个主要向度，城市化正沿着两个方向蓬勃发展：一为大中城市向郊区的扩展，二为小城镇建设规模的扩张。近些年来，随着城市化的推进，农村集体土地特别是城市近郊的农村集体土地被征收的规模在不断扩大。根据农业部和国务院发展研究中心研究统计，1987—2001 年，全国用于非农建设的占用耕地达 3394.6 万亩，按照规划预测，在 2000—2030 年的 31 年间，占用耕地将超过 5450 万亩。[①] 征地规模扩张的同时失地农民群体也日益壮大，有学者推算，"全国失地农民总数估计在 4000 万人，每年还要新增 200 多万人"[②]，预计到 2020 年，人数将达到 1 亿。

农民离开土地进入城市原本是城市化的正常轨迹，但在现行征

---

① 崔砺金等：《护佑浙江失地农民》，《半月谈》（内部版）2003 年第 9 期。
② 高勇：《失去土地的农民如何生活——关于失地农民问题的理论探讨》，《人民日报》2004 年 2 月 2 日。

地制度下，中国的失地农民正逐渐成为当今社会的一个问题群体，其生存状况令人担忧。这些在中国城市化进程中因开发建设用地而失去土地的农民群体有着各种不同的称谓——失地农民、被征地农民、被征地人员、失土农民、"农转非"人员，等等。在现行的制度安排下，他们游离于"农民"与"市民"、"城市"与"乡村"之间，"在失去土地的同时往往也失去最有价值的家庭财富、最基本的就业岗位、低成本的生活方式以及生存和发展的保障基础，同时又无法享受与城市居民同等的就业机会和社会保障，还要付出转变就业方式、生活方式的成本，正在形成一个新的社会弱势群体"。[①] 失地农民成为"务农无地、上班无岗、低保无份"的"三无"人员，其边缘化甚至"游民化"倾向带来了一系列社会问题。近些年来，因征地引发的失地农民上访、信访在逐年上升，根据国土资源部统计数据，"在全国各地的土地上访案件中，有70%以上是因征地引发的，而且这种上访具有明显的群体性、组织性、对抗性和持久性"。[②] 由此引发的群体性事件也屡有发生，"农村土地纠纷已取代税费争议而成为目前农民维权抗争活动的焦点，也是当前影响农村社会稳定和发展的首要问题"，"有可能诱发较大的社会冲突"。[③]"失地农民问题所带来的社会风险不利于城市化的稳步推进，也危及社会的安全与稳定。"[④]

随着失地农民问题的出现及演变，许多学者认为，失地农民的利益受损和生存困境与现行征地制度的缺陷有直接关联。"失地农民问题引发社会矛盾不断加剧，真正的原因是中国土地征用制度存

---

① 廖小军：《中国失地农民研究》，社会科学文献出版社 2005 年版，第 98—109 页。

② 卢海元：《土地换保障：妥善安置失地农民的基本设想》，《中国农村观察》2003 年第 6 期。

③ 于建嵘：《土地问题已成为农民维权抗争的焦点——关于当前我国农村社会形势的一项专题调研》，《调研世界》2005 年第 3 期。

④ 童星、张海波：《"十一五"期间江苏失业社会风险的发展趋势、结构特征与应对策略》，《江苏社会科学》2006 年第 4 期。

在重大缺陷。"① 国土资源部征地制度改革研究课题组的调研也认为，近年来由征地引发的矛盾集中表现在征地范围过宽、征地补偿普遍较低、安置办法单一和征地行为不规范等方面，这些矛盾"影响了被征地农民的生产和生活，影响了农村经济发展和社会稳定"。②"现行的补偿标准配合广为施用的征地权力，已导致社会的不满和政府对征地权的滥用。"③ 我国现行的征地制度是计划经济时代的产物，"几十年来虽经多次修改，仍未摆脱计划经济的窠臼，已不能适应社会主义市场经济的新条件，亟须改革"。④

"城市化和工业化速度越快，失地农民问题就越突出。"⑤ 经济发达，城市化、工业化进程飞速发展的长三角地区是我国失地农民最集中的地区之一。据江苏、浙江和上海三地的保守估算，失地农民总人数不下 500 万。⑥ 自 2003 年起，这些地区都开始建立针对失地农民的社会保障制度。2003 年，浙江省率先出台《关于建立被征地农民基本生活保障制度的指导意见》，江苏和上海随后分别出台了《江苏省征地补偿和建立被征地农民基本生活保障制度试点办法》和《上海小城镇社会保险暂行办法》，它们都选择通过建立针对失地农民社会保障制度的办法来缓解因征地引发的潜在社会矛盾。2006 年，国务院办公厅颁布《关于做好被征地农民就业培训和社会保障工作指导意见》，强调要"做好被征地农民就业培训和社会保障工作"，规定"社会保障费用不落实的不得批准征地"，自此，被形象地称为"土地换保障"的失地农民社会保障安置模式开

① 韩俊：《失地农民的就业和社会保障》，《科学咨询（决策管理）》2005 年第 13 期。

② 征地制度改革研究课题组：《征地制度改革研究报告》，《国土资源通讯》2003 年第 11 期。

③ 国务院发展研究中心"中国土地政策改革"课题组：《中国土地政策改革：一个整体性行动框架》，《国土资源》2006 年第 9 期。

④ 郑振源：《征地制度需要改革》，《中国土地》2000 年第 10 期。

⑤ 葛金田：《我国城市化进程中的失地农民问题》，《山东社会科学》2004 年第 4 期。

⑥ 《剧痛到微痛：长三角创新制度改变失地农民生活》，浙江都市网（http://news.zj.com/csj/csjyj/2005-03-08/370542.html），2005 年 3 月 8 日。

始在全国推广。

地处浙江省东北部的嘉兴市是全国最早提出并实施"土地换保障"征地模式的地区。早在 1993 年，嘉兴就开始在市区范围内实施，随着征地实践的发展，这一模式不断变迁、完善，逐步形成了一套以"土地换保障""宅基地换住宅"为主要内容的土地征收、补偿和安置政策，被称为"嘉兴模式"。2001 年，嘉兴因这一征地模式被国土资源部确定为首批进行征地制度改革的试点城市之一，其《征地制度改革试点方案》也经国土资源部正式批准，自 2002 年开始在全市 7 个城市规划区内全面推行，在全国很有影响力。笔者访谈的一位国土资源局相关负责人员以自豪的口吻说，"除了西藏，全国其他地区都来考察过了，中央电视台也来过好几次了"。"嘉兴模式"的实施产生了较好的社会效应，在维护农民切身利益、优化当地投资环境、保障社会稳定等方面起到了积极作用。

在笔者的研究过程中，相比于一些地区农户对征地拆迁的抵触心态以及暴力征地拆迁的极端个案，嘉兴的征地实践的确呈现的是另一种情景，谈到征地拆迁，许多人是期盼的口吻，在农村，征地公告张贴后，涉及的农户大部分是欢欣鼓舞。这促使笔者去思考究竟是怎样的原因导致如此全然不同的景象，这也成为本书研究的起因。

国土资源部进行征地制度的试点改革，其目的就是要通过理论与实践的结合，探索建立适合我国国情的新型农地征收制度。"嘉兴模式"的制度安排是如何构思出台的？在实践中又是如何变迁的？作为一项反馈较好并在全国其他地区推广的征地模式，它是通过怎样的制度安排来平衡国家、集体和农民三者在征地过程中的利益关系，使其能在征地纠纷频繁发生的今天成为无越级上访的个案？其未来的走向如何，能否复制并在全国推广？对于嘉兴而言，这样的考察价值在于对以往的实践进行一番反思和总结，在此基础上明确其存在的问题及发展方向；对于其他正在或者将要借鉴"嘉兴模式"的地区而言，"嘉兴模式"普适性意义的探讨就更为重要；而对于正在进行的新一轮征地制度改革而言，该试点改革的实践经验意义更是不言而喻。

二 已有研究回顾与综述

（一）关于失地农民问题的相关研究

近 10 年，失地农民群体问题的研究成为理论界的一大热点。截至 2015 年年底，以"失地农民"为主题在中国期刊网上进行检索，有 6500 多篇相关论文，时间主要集中在 20 世纪 90 年代末到现在。而这恰恰是中国城市化推进、征地规模不断扩展、失地农民问题日益凸显的时期。学界的研究呈现出由表及里不断深入的发展过程。

早期的研究主要集中在通过实证研究方法对失地农民群体的规模、生存现状和利益受损等现象进行描述性分析，揭示农民失地后利益受损和生活困窘的普遍现状。其后，研究开始深入分析失地农民问题的成因，主要有以下两条路径。

一是侧重于对农民土地权益的研究，认为失地农民问题与现行农地产权制度缺陷有着直接的相关性。刘守英（2000）分析了中国的土地制度，认为其基本内核是土地集体所有农户使用的双层所有制结构，"正是由于这种在产权形态上两级构造的存在，就为各级政府以'所有者'的名义侵犯农民的土地使用权及分享土地的收益权留下了制度空间"，又"由于农民在整个权利结构中的弱势地位，造成政府机构对农民利益的严重侵犯"。① 谢树清（2005）认为，"现有的农村土地制度在法律上规定了农村土地的集体所有权与城市土地的国家所有权处于不平等的地位，从而导致农村土地所有权的内在的不完整性。这正是导致征地过程中一系列严重问题的根本原因"。② 在现实生活中，农户的土地所有权"常常是不稳定的，无

---

① 刘守英：《土地制度与农民权利》，《中国土地科学》2000 年第 3 期。
② 谢树清：《中国土地征用制度的改革——与市场经济国家土地征用制度的比较》，《开放时代》2005 年第 5 期。

利可赚，难以转让"①，由于集体所有的土地所有权的模糊不清而造成权力真空，"使得各种实体都可以行使所有者的权力"，"征地就是国家运用公共权力割让农村土地所有权和农民土地使用权的行为"，而"中国农村地权的问题的根子出在农民与政府力量对比的关系上。农民太弱小，政府太强大，农民既无法使自己的意志上升为法律，更无法在政府侵犯法律界定的权利时去捍卫权利"。② 因此，"农地征用中出现的利益分配问题和劳动力安置问题都和农村土地制度的产权缺陷有关，要解决农地征用过程中出现的种种问题，最关键的是明晰农地制度的产权关系"。③

二是侧重于对现行征地制度的反思，认为征地制度存在的重大缺陷导致了失地农民权益受损、处境窘迫的现状。在征地实践中，普遍存在着"滥用征地权""征用补偿范围窄，补偿标准低""补偿项目设置不合理，劳动力安置困难"等问题。④ 造成这种现状的原因是多方面的。征地制度改革研究课题组认为，是由于"征地制度与供地制度之间产生了巨大利益空间""农民集体土地产权制度不健全"以及"与征地有关的其他制度不完善"。⑤ 陈江龙、曲福田（2002）则认为，"我国土地征用存在问题的根本原因在于公共利益的内容、补偿理论与原则的选择与当前的社会经济背景不适应"。⑥ 李平、徐孝白（2004）分析了土地征收的公共用途、补偿和程序问题，认为在这三个关键问题上，现行的征地制度都存在缺陷：在公共用途上，"由于对公共利益的需要没有明确的定义，加上国家在土地农转非上的垄断地位，使国家的征地中有很大一部分是因营利

---

① 罗伊·普罗斯特曼、蒂姆·汉斯达德、李平：《中国农村土地制度改革：实地调查报告》，《中国农村经济》1995 年第 3 期。

② 张孝直：《中国农村地权的困境》，《战略与管理》2000 年第 5 期。

③ 郑浩澜：《中国农地征用的制度环境分析》，《战略与管理》2001 年第 4 期。

④ 陈江龙、曲福田：《土地征用的理论分析及我国征地制度改革》，《江苏社会科学》2002 年第 2 期。

⑤ 征地制度改革研究课题组：《征地制度改革研究报告》，《国土资源通讯》2003 年第 11 期。

⑥ 陈江龙、曲福田：《土地征用的理论分析及我国征地制度改革》，《江苏社会科学》2002 年第 2 期。

性的商业目的征地";在土地补偿上,"现行法律授权地方土地管理部门按法定标准对农民给予补偿,但同时又允许它们以市场价格出让土地使用权,这就既方便也刺激地方政府通过土地征用和土地使用权出让来谋取私利";在征收程序上,在保障农民的知情权、参与权、上诉权方面做得很不充分,"使地方官员和集体干部有机会通过征地来最大限度地实现他们的经济利益",导致农民权益受到侵害。① 钱忠好、曲福田(2004)则认为,"中国现行土地征收制度的典型特征是政府垄断:政府禁止土地所有权市场,垄断一级土地市场,土地征收成为国家获得非农建设用地的主要手段。这一制度安排在短期内确保了土地征收方的利益,但却相应地损害了农民和厂商的利益"。②

（二）关于"土地换保障"征地模式的相关研究

"土地换保障"被视为"一种用社会保障替代土地保障的方案,即农民在年老、到乡镇企业就业、进入小城镇定居的时候,让出其原先承包经营的土地,由转包者缴纳一定数量的经济补偿,使其参加相应的社会保险;或在因建设被征用土地的情况下,征地单位用征地补偿费的一部分为被征地农民建立社会保险"。③ 该方案"最初是针对'失地农民'这一特殊的群体而设的,由于中国现行农地制度在很大程度上是一种社会保障制度",因此,当农民因征地失去土地时,"针对失地农民'土地换保障'就成了合乎逻辑与道德的选择"。④ 它是"伴随着土地征收扩大而产生的一种制度创新"⑤,有学者建议将其推广,最终建立城乡一体化的社会保障体系。它有

---

① 李平、徐孝白:《征地制度改革:实地调查与改革建议》,《中国农村观察》2004年第6期。

② 钱忠好、曲福田:《中国土地征用制度:反思与改革》,《中国土地科学》2004年第5期。

③ 陈颐:《论"以土地换保障"》,《学海》2000年第3期。

④ 曾祥炎、王学先、唐长久:《"土地换保障"与农民工市民化》,《晋阳学刊》2005年第6期。

⑤ 王裕明、张翠云、吉祥:《基于"土地换保障"模式的农村居民养老问题研究》,《安徽农业科学》2010年第5期。

两个不同的适用层面：一是针对主动城市化的农民，二是针对被征地农民。当下"土地换保障"实践主要涉及土地征收后失地农民的安置，即农民在土地被征收的过程中，通过与政府、用地单位之间进行平等交换，用土地换取未来生活的保障。广义的社会保障包括基本生活保障、就业保障、养老保障及医疗保障等；狭义的仅指社会保障体系中的养老保险、医疗保险等最基本的保障。目前"土地换保障"主要还停留在狭义层面的保障上。[①]

虽然"土地换保障"的实践在全国范围推广，但理论界对这一制度创新却存在争议。肯定的观点认为，它"是一种制度创新"，"符合《土地管理法》的精神"，"是实现由土地保障向社会保障转变的重要机制"，能"促进土地流转和农业规模经营"，"有助于解决农地征用中的社会问题，保持社会安定"[②]；它"是妥善安置失地农民的政策选择"[③]；它"是解决城市化过程中失地农民问题的关键"[④]；"在建立城乡一体化的体制机制问题上，'土地换保障'无疑是一个相对最优的制度选择"。[⑤] 因此，只要农民有其他出路且不愿意从事农业经营，可以鼓励农民转让土地承包权，以土地换取社会保障。[⑥] 与此同时，一些学者对"土地换保障"持否定的态度。秦晖（2007）认为，在"现今土地制度安排下是谈不上'换保障'的。这是因为如今的'土地换保障'并不是在承认农民地权的情况下进行的一种自愿'交换'，而是一种行政性、强制性安排"，这种做法的后果"具有太大的不确定性"，如果作为一种强制措施来推

① 杨晶：《失地人口"土地换保障"的理论与实践》，《产业与科技论坛》2009 年第 2 期。

② 陈颐：《论"以土地换保障"》，《学海》2000 年第 3 期。

③ 卢海元：《农村社保制度：中国城镇化的瓶颈》，《经济学家》2002 年第 3 期。

④ 潘久艳：《土地换保障：解决城市化过程中失地农民问题的关键》，《西南民族大学学报》2005 年第 5 期。

⑤ 宓小雄：《土地换保障：化解农村社保困局》，《中国经济时报》2009 年 7 月 29 日第 5 版。

⑥ 江平、莫于川等：《土地流转制度创新六人谈：重庆土地新政争议引出的思考讨论》，《河南省政法管理干部学院学报》2007 年第 6 期。

广，是有风险的。① 温铁军指出，"'土地换社保'操作不好，很有可能变成另一场以'城市化'命名、对农民进一步剥夺的方式；同时社保以土地为条件，本身就是对农民的另一种差别待遇"。② 周其仁（2004）针对"征地补偿社保模式"进行了分析，认为"征地补偿的社保形式也是一种特殊价格安排"，这种制度存在着相当的问题：首先，"征地社保基金来自征地补偿的强制储蓄，如果不改变征地补偿的数量形成机制，仅仅将一次性补偿改为分期补偿，被征地农民的利益没有，也不可能增加"；其次，"如果征地社保是政府统一、强制建立的制度，就是一种国家信用"，一旦"未来的支付发生问题，将由国家信用来负责"，但目前，"负责管理征地社保的却是按期换届的政府"，这样操作的结果，"就是本届政府一次性得到征用土地的全部收益"，却把分期支付的责任推给以后的政府。因此，"局部的地区性实验可以继续，但全局的制度化、法制化则为时过早"。③ 韩俊等（2008）也持反对意见，认为"要求农民以放弃土地权利为条件获得市民身份是不公平的，这样无疑等于剥夺了农民可持续的发展的条件；要求他们以放弃对集体土地权益的分享为代价获得社会保障是不合理的，这种做法是对农民的歧视"。④ 这一做法"侵犯了宪法赋予每个公民的平等的社会保障权，实际已背离社会保障的本意"。⑤ 中国土地政策改革课题组（2006）则强调，该制度的实施必须具备两个前提条件：一是"政府提供的社保能够让农民觉得交出土地权利是值得的"，二是"政府财政有足够的能力来做这种置换"，而这两个条件"在目前都难以达到"。⑥

---

① 秦晖：《土地与保障以及"土地换保障"》，《经济观察报》2007 年 11 月 26 日第 41 版。

② 转引自陶卫华、杜鹃《成都"户改"第 4 年》，《小康》2008 年第 2 期。

③ 周其仁：《农地产权与征地制度——中国城市化面临的重大选择》，《经济学（季刊）》2004 年第 4 期。

④ 韩俊、张云华、张要杰：《农民不需要"以土地换市民身份"》，《中国发展观察》2008 年第 6 期。

⑤ 张春雨：《基于公民权利理念的农民社会保障及"土地换社保"问题分析》，《兰州学刊》2009 年第 5 期。

⑥ 中国土地政策改革课题组：《土地解密》，《财经》2006 年第 4 期。

　　"土地换保障"制度安排"发端于征地补偿安置，而后在各种因素的推动下发展出了多种模式"，有学者将之概括为"征地补偿型""土地流转型""权益放弃型"和"耕地保护型"。① 目前，针对失地农民实施的"土地换保障"并没有构建起一个全国普适性保障制度，各地在实施中采取了不同的操作模式。因此，一些研究关注不同模式之间的比较，其中包括浙江"嘉兴模式"（被动城市化的失地农民养老保障模式）与成都"温江模式"（主动城市化的"双放弃换社保"模式）的比较②、养老保障的"嘉兴模式"（政府主导型）与"义乌模式"（商业型）的比较③等。

　　对于"土地换保障"的实施后果，学术界的研究也指出了其现实及可能存在的问题。杨翠迎等（2004）认为，"要在这样一个制度框架下解决失地农民的生活、失业、医疗及养老等多种风险，其可行性值得怀疑"④；周海生（2009）认为，由于"土地补偿款的制定标准偏低"和"政府定位存在偏差"，土地换来的保障范围有限、保障水平较低，而且，"土地换社保模式仍未能使部分失地农民消除近期风险"⑤；王睿（2010）关注政策的衔接问题，认为"养老保障制度本身的衔接和失地农民安置政策的衔接问题很棘手"⑥；王瑞雪（2007）指出，"土地征收和失地农民社会保障涉及复杂的权利分割与利益分配问题，在法规制度尚不健全的条件下土地换保障有可能成为损害农民权益的'另类'途径"，而且，"由于该模式运行绩效带有明显时滞性，在更长时期内，地方政府财政支

　　① 郑雄飞：《完善土地流转制度研究：国内"土地换保障"的研究述评》，《中国土地科学》2010 年第 2 期。

　　② 王裕明、张翠云、吉祥：《基于土地换保障模式的农村居民养老问题研究》，《安徽农业科学》2010 年第 5 期。

　　③ 沈兰、高忠文：《"土地换保障"的两种养老保险模式研究》，《农村经济》2007 年第 5 期。

　　④ 杨翠迎、黄祖辉：《失地农民基本生活保障制度建设的实践与思考——来自浙江省的案例分析》，《农业经济问题》2004 年第 6 期。

　　⑤ 周海生：《土地换社会保障政策评析》，《广东行政学院学报》2009 年第 2 期。

　　⑥ 王睿：《失地农民"土地换保障"政策研究》，《改革与开放》2010 年第 8 期。

付能力和政府公信力将会面临严峻考验"。① 杨翠迎、黄祖辉
（2004）对"土地换保障"制度设计中失地农民缴费的科学性、资
金供给模式的经济性以及失地农民的风险保障是否需要满足保险精
算技术要求等也提出质疑。② 基于上述这些问题，有观点认为，"土
地换保障"政策应慎重推行，不宜大范围推广，必须在经济比较发
达的地区实施，经济较为落后的地区，应理性对待"土地换保障"
政策，不宜盲目实行。③

　　关于"土地换保障"的制度定位及趋势，也存在相当的分歧。
有观点认为，"土地换保障""只是对解决现行征地制度补偿水平
低、失地农民生活困境的一个权宜之计"④，"是城镇化、工业化进
程中地方政府针对农民在失去土地之后基本生产和生活缺乏保障的
问题而进行的一项制度创新"⑤。"从短期看，相比无任何社会保障
的低价征地、变相征地，土地换社保是一种进步，是在农村公共服
务体系尚未建立和公共财政制度还不完善的制度背景下的一种过
渡。但从中长期看，以土地来换取社会保障等公民的基本权利，是
城乡二元制度的延续，不仅不利于推进城乡一体化进程，也将产生
诸多不稳定因素。"⑥ 它会"导致我国社会保障制度进一步碎片化，
即它成为一种既不同于一般城镇居民社会保障制度，又不同于一般
农村居民社会保障制度的失地农民社会保障制度"。因此，"应逐步
取消'土地换保障'模式，将失地农民纳入统一的城乡社会保障体
系"。⑦ 另一种观点则认为，"随着研究的逐步深入，'土地换保障'

---

① 王瑞雪：《慎言土地换保障》，《中国改革报》2007 年 12 月 18 日第 6 版。
② 杨翠迎、黄祖辉：《失地农民基本生活保障制度建设的实践与思考——来自浙江
省的案例分析》，《农业经济问题》2004 年第 6 期。
③ 王睿：《失地农民"土地换保障"政策研究》，《改革与开放》2010 年第 8 期。
④ 张春雨：《基于公民权利理念的农民社会保障及"土地换社保"问题分析》，《兰
州学刊》2009 年第 5 期。
⑤ 张士斌：《衔接与协调：失地农民"土地换保障"模式的转换》，《浙江社会科
学》2010 年第 4 期。
⑥ 夏锋：《土地换社保不是长期制度安排》，《农村经营管理》2009 年第 9 期。
⑦ 张士斌：《衔接与协调：失地农民"土地换保障"模式的转换》，《浙江社会科
学》2010 年第 4 期。

的研究视野由失地农民拓展到农民工和耕地农民，已由'消极被动'的补偿安置行为向'积极主动'的制度探索延伸"，"在农业适度规模化经营和社会保障体系内在刚性扩张的推动之下，'土地流转制度创新'和'社会保障制度完善'两大社会发展战略走上了历史舞台。'土地换保障'延伸成为两者的契合点"。① 鉴于目前"土地换保障"实践基本上只涉及中心城市近郊的部分被征地农民，有学者建议"土地换保障"的实施对象应由失地农民拓展到农民工和耕地农民，主张"打开城市（镇）大门，有序接纳农民工，并进一步改革农村土地承包制，实现土地承包权与市民身份的置换。国家应该让有能力成为城市人的农民工首先成为市民"②；按照"土地换保障"的思路，"以失地农民为突破口建立城乡统一的国民社会养老保障制度"③，来解决中国农村社会保障制度改革的难题，"实行土地国有化，给予农民永佃权，农民以土地永佃权换取现代社会保障体系中的社会保障账户，逐步实现城乡社会保障体系的统一"。④ 但"仅仅在应对失地农民安置问题上讨论'土地换保障'，不能从根本上解决城乡一体化的体制机制问题"，而应"通过'国有—永佃'土地制度联动的社会保障均等化措施来实现'土地换保障'"，因此，"在建立城乡一体化的体制机制问题上，'土地换保障'无疑是一个相对最优的制度选择"⑤，要"形成'以土地换保障、以保障促就业、以就业促发展'的良性循环"。⑥

---

① 郑雄飞：《完善土地流转制度研究：国内"土地换保障"的研究述评》，《中国土地科学》2010 年第 2 期。

② 郑功成、黄黎若莲：《中国农民工问题：理论判断与政策思路》，《中国人民大学学报》2006 年第 6 期。

③ 卢海元：《以被征地农民为突破口建立城乡统一的国民社会养老保障制度》，《中国劳动》2007 年第 1 期。

④ 马小勇、薛新娅：《中国农村社会保障制度改革：一种"土地换保障"的方案》，《宁夏社会科学》2004 年第 5 期。

⑤ 宓小雄：《土地换保障：化解农村社保困局》，《中国经济时报》2009 年 7 月 29 日第 5 版。

⑥ 张时飞、唐钧、占少华：《以土地换保障：解决失地农民问题的可行之策》，《红旗文稿》2004 年第 8 期。

总体而言，目前理论界关于"土地换保障"的研究成果还是较少的。现有研究大多停留在理论分析或者政策梳理上，不够深入，对这一制度的生成背景、制度变迁的内在动因、制度实施的配套环节与适用条件、成效及存在的问题和可能的发展趋势等方面缺乏实证性的研究；而且，现有研究也鲜有针对性的个案研究成果，很难深入解释这一制度在一些地区适用和推广的内在原因。

三　相关理论与研究方法

失地农民的城市化行为是自上而下的政府制度性安排导致的，而非个人的自愿选择，遵循着政府行政主导的逻辑①，失地农民问题与现行的农地产权和征地制度安排有着直接关系。因此，本书的研究主题是中国农地征收制度及政策的规范与完善，以制度变迁的视角考察中国的农地征收制度，分析现行农地征收制度的形成、路径依赖、固化乃至变革等问题，思考正在进行的农地征收制度改革的未来发展趋势。在对上述内容进行理论分析和实证研究的过程中，主要以新制度经济学的相关理论作为分析框架。

区别于传统经济学只注重分析物质生产要素与生产率、经济增长的关系，制度因素是新制度经济学关注的焦点，其基本命题就是制度是至关重要的。制度在新制度经济学中被视为一种社会博弈的规则，是人们所创造的用以限制人们相互交往的行为框架。② 诺思（North）将之定义为"一个社会的游戏规则"③，是"一系列被制定出来的规则、守法秩序和行为道德、伦理规范，它旨在约束主体福

---

① 孟祥斐、华学成：《被动城市化群体的转型适应与社会认同——基于江苏淮安市失地农民的实证研究》，《学海》2008 年第 2 期。

② 卢现祥：《新制度经济学》，武汉大学出版社 2004 年版，第 105 页。

③ ［美］道格拉斯·C. 诺思：《制度、制度变迁与经济绩效》，杭行译，上海三联书店、上海人民出版社 1994 年版，第 3 页。

利或效用最大化利益的个人行为"。①

制度可以分为不同的层面，宏观的制度是指"制度环境"，即"一系列用来确定生产、交换与分配基础的政治制度与法律规则"，主要是指宏观的体制（system）；另一层面是指制度安排，即"支配经济单位之间可能合作与竞争的方式的一种安排"。② 制度创新主要发生在制度安排层面，制度环境则相对稳定，可视为制度创新模型的外生变量。制度种类繁多，具体可归为两大类：一类是正式制度，包括法律法令、规章条例等；另一类是非正式制度，包括习俗、惯例、传统、宗教、伦理道德、行为规范、意识形态等。诺思认为，社会认可的非正式制度、国家制定的正式制度和实施机制是制度构成的基本要素，三者共同界定了社会经济的激励结构。制度是一种稀缺资源，能够对个人提供有效激励的制度是保证经济增长的决定性因素。

（一）制度变迁理论

新制度经济学包含诸多理论，制度变迁理论是其中的重要内容，侧重探讨制度变迁的原因、动力、过程、形式、移植及路径依赖等内容。本书在分析中国农地征收制度历史变迁与现时变革中的诸多问题时，借助了相关的理论及内容。

制度变迁源自制度供给的有限与稀缺。由于人的有限理性和资源的稀缺性，制度供给是有限的，制度是一种稀缺资源。随着环境和形势的变化，当现行的制度安排无法获得潜在的利润时，就会促使人们去创造新的制度，以获得新制度所创造的利润③，从而促进制度发生变迁。从制度供给与需求的关系来看，当制度供给和需求处于均衡状态（制度均衡）时，人们对现有的制度安排和结构较为

---

① ［美］道格拉斯·C. 诺思：《经济史中的结构与变迁》，陈郁、罗华平译，上海三联书店、上海人民出版社 1994 年版，第 270—271 页。

② ［美］R. 科斯、A. 阿尔钦、D. 诺斯等：《财产权利与制度变迁——产权学派与新制度学派译文集》，刘守英译，上海三联书店、上海人民出版社 1994 年版，第 270—271 页。

③ 卢现祥：《论制度变迁中的四大问题》，《湖北经济学院学报》2003 年第 4 期。

满意，制度是稳定的，不需要改变；当制度需求和供给处于非均衡状态，即现有的制度安排无法满足人们的制度需求时，制度变迁就会发生，制度变迁就是制度替代、转换与交易的过程。由于制度变迁的目的是降低交易费用、提高制度效益，就这个意义而言，制度变迁实质上是一种收益更高的制度替代另一种制度的过程，在此过程中，制度变迁发生与否取决于制度变迁成本与收益之间的对比关系，只有在人们对制度的预期收益大于预期成本的情形下，行为主体才有推动和实现制度变迁的动力，新的制度安排才可能产生。

　　决定制度变迁路径的力量主要有两个方面：一是收益递增。利益最大化是人的行为动机和导向，人们总是依据成本—收益分析来权衡和选择制度安排。因此，制度给人们带来的收益递增决定了制度变迁的方向。二是不完全市场。由于市场是复杂的且信息不完全，制度变迁不可能完全按照初始设计的方向演进，可能因偶然事件改变其变迁的路径和方向。因此，在一个不存在报酬递增和完全竞争市场的世界，制度是无关紧要的；但只要存在报酬递增和不完全市场，制度就会显示出其重要性，自我强化机制就会发生作用。

　　新制度经济学对制度变迁形式进行分类和比较，基于不同的视角，形成不同的分类。从制度变迁的主体角度来考察，制度变迁可以分为"自下而上"的诱致性制度变迁和"自上而下"的强制性制度变迁两种。根据林毅夫的定义，诱致性制度变迁是指现行制度安排的变更或者替代是由一个人或者一群人在响应获利机会时自发倡导、组织和实行的制度变迁；强制性制度变迁则是由政府主导，通过政府命令和法律引入与实行的制度变迁。[①] 从制度变迁的速度来看，制度变迁可分为激进性制度变迁和渐进性制度变迁。激进性制度变迁是采取迅速果断行动、一步到位安排预期制度的方式，其优点是速度快、效率高，降低变迁成本累积的风险，缺点是成本高、风险大且不可逆；渐进性制度变迁是采取需求累增和阶段性突破的方式，逐步推进制度升级并向终极目标靠拢，在操作中，往往先试

––––––––––

① 卢现祥：《新制度经济学》，武汉大学出版社 2004 年版，第 165 页。

点后推广，常采取双轨制改革方案，改革具有倾斜性，选择适当突破口进行，体现为一种"自上而下"的强制性制度变迁过程，相对而言，降低了制度变迁的风险，但也带来新旧体制的摩擦、矛盾和"寻租"行为等问题。从制度变迁的规模来考察，可以分为整体制度变迁和局部制度变迁。整体制度变迁是指一个国家或地区制度体系的改革，这种制度变迁涉及几乎所有的制度，也称为宏观制度变迁；局部制度变迁是指同一轨迹的单个制度变迁，这种制度变迁也可以作为整体制度变迁的一部分内容进行。① 在实践中，各种制度变迁方式可以相机组合，形成不同的组合方式。

　　路径依赖是制度变迁理论的重要内容，在分析制度变迁规律和改革方向等问题上具有较强的解释力。"路径依赖"（path dependence）是指一个具有正反馈机制的体系，一旦在外部性偶然事件的影响下被系统所采纳，便会沿着一定的路径发展演进，而很难为其他潜在的甚至更优的体系所取代。② 诺思将路径分析引入制度变迁的分析，认为制度变迁过程与技术变迁过程一样，都存在报酬递增和自我强化的机制，即使初始的制度选择是偶然的，但在报酬递增和自我强化机制的作用下，产生对这一路径的惯性和依赖，其既定方向会在以后的发展过程中不断自我强化。路径依赖强调的是过去对现在乃至未来的强大影响，正如诺思所说的，"历史是至关重要的"，"人们过去做出的选择决定他们现在可能的选择"。③ 社会一旦选择了某种制度，无论是否有效率，都很难从这种制度中摆脱出来。如果路径选择是正确的，制度变迁就会进入良性循环，不断优化，否则就可能沿着错误路径发展，越陷越深，甚至被"锁定"在某种无效率状态。

　　之所以会产生路径依赖，主要是自我强化机制的作用。自我强化机制包括四个方面：一是规模效应，即设计和推行一项制度必须

　　① 卢现祥：《新制度经济学》，武汉大学出版社 2004 年版，第 177—183 页。

　　② 同上书，第 168 页。

　　③ ［美］道格拉斯·C. 诺思：《经济史中的结构与变迁》，陈郁、罗华平译，上海三联书店、上海人民出版社 1994 年版，第 1—2 页。

投入大量的初始成本，而随着这项制度的推广，单位成本和追加成本都会下降。二是学习效应，即适应制度而产生的组织会充分学习和掌握制度规则，利用制度所提供的各种机会获利，反过来又会强化制度本身。三是协调效应，即在既定的制度体系下，组织之间会产生显著的协作效应，使人们习惯于既定的制度。四是适应性预期。正式制度的确立会导致与之相适应的非正式制度的产生，使人们产生适应预期或认同心理，从而减少这项制度延续的不确定性，进一步强化了制度本身。

本书研究中国农地征收制度的变革，这本身就是一个具体制度安排的变迁过程，无论是宏观层面的农地产权制度和土地征收制度，还是微观层面的试点改革模式，都可视为不同层面的制度安排创立、变更及随着时间变化而被打破的过程，因此，需要借助制度变迁理论来深入分析其发生变迁的原因、过程、动力、方式等内容。中国农地征收制度的变迁也是"自下而上"的诱致性制度变迁和"自上而下"的强制性制度变迁相互交织的过程，其制度变迁的路径选择体现出收益递增与不完全市场两种力量相互作用的结果；同时，在目前农地征收制度改革路径的选择以及变迁过程中，都渗透着路径依赖的影响，即现行制度源自历史，而现行制度又将成为影响和制约其发展的历史。在本书的研究中，制度变迁的理论框架有助于通过表面现象来透析其深刻本质，从而把握农地征收制度变迁的内在脉络。

（二）产权理论

一个国家的土地制度安排与其产权设计有着密切关系，中国现行的农地征收制度安排及未来发展趋势都与集体土地产权的特殊构造直接相关，本书在分析中国的农地产权制度时必然涉及产权理论。

产权可以从不同的视角界定。新制度经济学认为，产权是一种权利，也是一种社会关系，是规定人们相互行为关系的社会基础性规则，其意义在于"帮助一个人形成他与其他人进行交易时的合理预期"。① 产权被视为一个包括所有权、使用权、收益权、处置权等内容的权利束。

产权的主要功能是引导人们实现将外部性较大地内在化的激励②，可以针对市场缺陷导致的"外部性"问题，通过产权的清晰界定和合理配置加以解决，能够有效实现外部性内在化的产权制度安排就是有效率的产权形式。根据这一逻辑思路，产权理论分析了共有制与私有制两种产权形式的效果。私有产权就是将资源的支配、使用、转让以及收益的权利界定给某一特定的人，这意味着所有者有权排除其他人行使所有者的私有权；而共有产权则是将资源的支配、使用、转让以及收益的权利分配给共同体的所有成员，这就消除了产权的排他性和可让渡性，被认为是产生"外部性"与"搭便车"的主要根源。因此，私有产权边界清晰，是最有效率的产权形式，而共有产权会导致很大的外部性，因而是无效率的产权形式。

国内很多学者借助产权理论分析中国农村集体土地产权的性质、制度缺陷及效率，一些相关的观点和内容会在第二章涉及与展开。

失地农民问题的出现与现行征地制度有着直接的关系，同时这一问题的凸显推动了农地征收制度的改革，而改革的方向和进展又会反过来促进失地农民问题的解决。尽管本书的选题源自对失地农民问题的关注，但在研究视角上则选择了社会制度政策分析的宏观视角，通过对现行农地征收制度安排的历史变迁及制度架构分析，揭示失地农民问题的制度性成因；通过对"嘉兴模式"征地改革试点的实证研究，说明在不同的制度安排下，失地农民问题的程度和状态会有所区别，从而引申出通过农地征收制度改革来解决失地农民问题的逻辑思路。

本书采用理论分析和实证研究相结合的研究方法。在对现行农

---

① ［美］R. 科斯、A. 阿尔钦、D. 诺斯等：《财产权利与制度变迁——产权学派与新制度学派译文集》，刘守英译，上海三联书店、上海人民出版社1994年版，第97页。

② 同上书，第98页。

地征收制度变革进行理论分析的同时，选取嘉兴作为实证研究的个案，主要基于四方面的考虑：一是嘉兴是"土地换保障"制度创新的发源地，也因此被国土资源部确立为第一批改革试点，自1993年制度形成推行至今，在实践中历经变迁，研究其运行机制，有助于解析"土地换保障"的制度环境和变迁过程；二是"土地换保障"制度在嘉兴实施已逾20年，制度实施的后果已有所显现，问题也较为明晰化，可以借助田野研究的实证方法对该制度的实效性及适用性进行分析，以便为该模式的推广提供有价值的参考；三是2008年嘉兴在此基础上推行"土地换保障""宅基地换住宅"的所谓"两分两换"农地制度改革，试图将"土地换保障"的实施范围从针对失地农民的征地补偿扩展到农地流转、权益放弃和耕地保护方面，通过实证研究有助于揭示该模式的未来发展趋势以及农地产权制度改革的可能空间；四是由于笔者是本地人，对嘉兴地区的经济、政治、文化等基本情况较为熟悉，进行田野研究也很便捷。

本书所需资料主要借助文献研究和无结构访谈相结合的方法来获得。文献研究不是直接从研究对象那里获取所需要的资料，而是去收集和分析现存的，以文字、数字、图片、符号以及其他形式存在的文献资料，并进行研究。[①] 根据文献的具体形式和来源，文献研究可以分为三种：个人文献、官方文献和大众传播媒介。在本书的研究中，较多运用了官方文献，同时补充了一些大众传播媒介。由于本书是以土地征收制度变迁为研究对象的，时间跨度大，不同时期的农地征收制度主要体现在各个时期的法律政策等文本之中，通过对这些文献的收集和分析，可以从中梳理出制度变迁的整体脉络。在对"嘉兴模式"的研究中，除了对政策文件资料进行内容分析，还借助了无结构访谈方式来获取所需的材料和信息。无结构访谈又称为深度访谈或者自由访谈，该访谈方式不依据事先设计的问卷和固定的程序，而是只有一个访谈的主题和范围，由访谈者与被访谈对象围绕这个主题或范围进行比较自由的交谈。无结构访谈适

---

① 风笑天：《社会学研究方法》，中国人民大学出版社2001年版，第213页。

合应用于实地研究，它可以通过深入细致的访谈，获得丰富生动的定性资料，并通过研究者主观的、洞察的分析，从中归纳和概括出某种结论。[①] 在对嘉兴个案的实证研究中，笔者通过与土管部门官员及负责人员、政策文件的制定者或参与者、征地拆迁实施人、评估机构工作人员、律师、失地农民、市民等的访谈，深入了解了相关制度政策的背景资料、制定意图、实施过程的具体操作方式以及现实存在的诸多问题，这些访谈资料弥补了法规性文件过于简单抽象的缺陷，特别是有助于深化对非正式制度的理解。

四　主要内容与创新之处

本书研究的主题是农村集体土地征收的制度变迁。全书共分为七章，具体内容如下。

第一章是导论部分，主要介绍选题由来与研究意义，回顾与总结已有研究成果，阐述研究的理论框架和研究方法，并简要概述各章的主要内容及整体结构。

第二章集中分析我国农村集体土地征收制度的历史变迁与制度架构。先从我国土地产权关系入手，分析农村土地集体所有制的历史构造与特殊设计，这种极具中国特色的土地产权制度安排决定了现行农地征收制度的基本走向；其后，通过梳理新中国成立以来我国土地征收制度在不同历史时期的具体制度安排，明晰现行农地征收制度的整体架构。

第三章侧重对农地征收制度的现实问题与运作后果进行剖析。针对目前征地实践中矛盾最集中的征收范围、征收补偿、征地补偿分配、失地农民安置和征地程序设定五方面的问题，分析现行农地征收制度的不合理性。此不合理性直接导致土地资源浪费、失地农民问题严重及土地"寻租"腐败三大消极后果，引发了农地征收制

---

① 风笑天：《社会学研究方法》，中国人民大学出版社 2001 年版，第 254 页。

度变革的要求。

第四章研究改革试点"嘉兴模式"的"土地换保障"制度安排。通过对"土地换保障"制度创新的发源地嘉兴地区的制度环境进行分析，解释该模式得以生成及良性运作的经济、社会、文化因素；通过对其在不同时期制度政策差异的比较与分析，揭示该模式在运作中不断自我强化的制度变迁过程，并通过对该模式的实施效果分析及问题揭示，来思考该模式推广及复制的可行性问题。

第五章进一步对"嘉兴模式"的"宅基地换住宅"制度进行剖析。相比于农地征收制度的滞后性，宅基地上农房的征收和拆迁基本处于无法可依的状态。缺乏立法权的地方政府如何提供农房征收和拆迁的制度供给以及如何平衡拆迁双方的利益关系是本章探讨的主要内容。通过实践中正式制度和非正式制度的配合运用，"宅基地换住宅"在嘉兴取得了良好的效果，和"土地换保障"相结合，促进了农民的非农转化，保证了农地征收的顺利进行。

第六章是对一些国家和地区的土地征收制度进行比较研究。选取的国家和地区按地域分为欧美和亚洲两类。欧美国家选取的是美国、英国、法国、德国，尽管这四个国家的具体国情与中国相差较大，但是，作为英美法系和大陆法系的代表，其征地制度的立法架构值得参考。亚洲国家和地区则选取日本、韩国、新加坡、中国香港和中国台湾，它们基本都面临人多地少的问题，和中国的情况有相似性，其有益的经验做法可以借鉴。

第七章是展望我国农地征收制度改革的方向和趋势。本章分析了征地制度改革的阶段进展及面临的现实困境，基于理论探讨和实践经验，从农地征收制度、农地产权制度和统一城乡地权三个层面提出征地制度改革分层推进的改革构想；并指出，虽然农地征收制度改革思路已渐明晰，但由于涉及多方利益，受制于当前的发展模式，其改革的方向和进程取决于各种因素博弈的结果。

从本书的整体结构来看，可以分为三大部分：第一部分通过对现行征地制度的变迁过程及问题分析，解释了现有征地制度框架下失地农民利益受损的制度根源。这样的制度安排在计划经济时期尚具一定的合理性，但时至今日，因征地矛盾的上升和农民反抗的加剧，现行征地制度的收益日益下降，成本在不断提升，需要通过变革，提供新的农地征收制度供给。第二部分侧重对试点改革成果"嘉兴模式"进行实证研究，分析其在农用地征收与宅基地征收方面的制度安排与创新。"嘉兴模式"制度变迁过程展示了"自下而上"的诱致性制度变迁与"自上而下"的强制性制度变迁的相互推进，是正式制度创新与非正式制度积淀综合作用的结果，也是政府与农民对彼此利益关系认可基础上的利益平衡。其成功得益于当地独特的经济、政治和文化环境，因此，虽然成效不错，但适用条件高，较难复制，盲目推广会带来一些问题。同时，也应看到，"嘉兴模式"仍然是现有农地征收制度框架内在征地补偿安置方面的渐进性变革，实践操作中还存在制度风险及后续问题，且并未涉及征地范围、征地程序等重要问题。这意味着，农地征收制度改革需要突破障碍，进入实质性制度创新阶段。第三部分通过对征地制度较为完善的欧美国家及亚洲国家和地区的制度比较与分析，为目前征地制度改革提供思路和借鉴，并在此基础上，提出分层推进的改革设想，其未来趋向及路径选择取决于诸多因素博弈的结果。

本书的创新之处如下：

（1）本书以农地征收制度和政策为研究对象，探讨规范与完善的途径。在研究中，选择征地制度改革试点嘉兴为个案，通过对其"土地换保障""宅基地换住宅"的具体制度政策分析，来透析"嘉兴模式"实施效果背后的深层原因。"嘉兴模式"的经验表明，在现行农地征收制度框架下，法律的空白模糊导致地方政府拥有极大的自由裁量权，地方政府在征地制度政策的选择和创新方面起着重要作用，其在农地征收的角色定位也直接决定了失地农民群体的权益实现。因此，模式推广不是简单的移植过程，政府理念的转变与角色的合理定位至关重要。

（2）通过对若干国家及地区土地征收制度的比较研究，将之与中国农地征收制度的改革目标联系起来，强调改革目标的设定应与国际惯例靠拢，并结合国情。可以发现，近期目标仍无法避免通过强制性征地手段解决用地需求，但可参考亚洲国家及地区的制度经验；长远目标则是逐渐走出强制性征地模式，参照欧美国家的协商—谈判的市场方式来解决公益性用地需求，实现社会公平。

有待改进及继续探索的问题有：

（1）本书侧重从制度和政策层面来分析农地征收制度的变迁及改革趋向，有待深入中国社会经济政治结构层面揭示现行农地征收制度的深层问题。

（2）嘉兴个案的研究较多停留在定性分析上，今后有待于通过定量研究方法进一步深化、论证和检验相关结论。

（3）随着农地征收制度改革的深入，政府权责及其作为的后续研究值得继续深入。改革的必然趋势是要限制征地，要严格区分公益性用地和非公益性用地；公益性用地在一定时期内还是沿用强制性征地手段，非公益性用地则会被排除在农地征收范围之外，通过市场方式进行交易。在此过程中，涉及两个核心问题：一是公益性用地土地流转收益的分配问题；二是规范非公益性用地的集体土地入市及征地双方协商交易途径的制度设计问题。政府解决这两个问题的制度政策值得关注。

第二章 农村集体土地征收制度的
历史变迁与制度架构

随着中国工业化、城市化的推进，农村集体土地的征收规模逐年扩张。近年来，因土地征收而引发的冲突、上访及群体性事件有愈演愈烈之势，也引发了理论界对失地农民问题和农地征收问题的普遍关注和深入探讨。土地征收不仅仅是土地产权转移和用途变化的简单问题，在其制度设计、建构及操作背后涉及复杂的利益博弈。在现今失地农民问题的表象之下，隐含的是现行农地制度和征地制度的深层问题。这意味着，"如果（仅仅是如果）制度变成了恒量，那些费尽心机研究如何改善失地农民境遇的政策分析者的努力只能起到极小的作用"①，只有通过对现行农村集体土地产权制度和农地征收制度的形成过程及制度安排进行梳理，才能明晰中国现行农地征收制度的整体架构，厘清失地农民利益受损、问题凸显的深层原因。

一 我国农村集体土地的产权关系与制度安排

根据新制度经济学的观点，制度具有安排功能，它安排了个体与个体之间、组织与组织之间的交易、合作、竞争的方式。从这个意义上说，我国现行的征地制度安排了征地各方在土地征收过程中的权力地位和利益关系。制度不是孤立地发挥作用，任何制度必须

---

① 王诗宗：《公共政策：理论与方法》，浙江大学出版社 2003 年版，第 146 页。

嵌入整个社会关系和社会制度中，在与其他制度的相互关联中发挥作用。土地征收制度的建构不可能脱离中国社会的基本制度及农地基本制度的安排，因此，要理解我国土地征收制度的设计和安排，首先要考察相关的土地制度安排，特别是农地产权制度安排，它是决定土地征收制度的整体架构、影响各方利益关系的关键因素。

毋庸置疑，土地是人类最重要的生产生活资料，是"一切生产和一切存在的源泉"①，土地权属关系的设定是一个国家社会制度的根本内容，许多国家都制定了专门的土地法来规范人地关系。迄今为止，我国尚未出台一部完整的土地法，关于土地权属关系的规定主要集中在《中华人民共和国宪法》（以下简称《宪法》）、《中华人民共和国土地管理法》（以下简称《土地管理法》）等相关法律条文中。

> 《宪法》第十条："城市的土地属于国家所有。农村和城市郊区的土地，除由法律规定属于国家所有的以外，属于集体所有；宅基地和自留地、自留山，也属于集体所有。国家为了公共利益的需要，可以依照法律规定对土地实行征收或者征用并给予补偿。任何组织或者个人不得侵占、买卖或者以其他形式非法转让土地。土地的使用权可以依照法律的规定转让。"②
>
> 《土地管理法》第二条："中华人民共和国实行土地的社会主义公有制，即全民所有制和劳动群众集体所有制。全民所有，即国家所有土地的所有权由国务院代表国家行使。任何单位和个人不得侵占、买卖或者以其他形式非法转让土地。土地使用权可以依法转让。国家为了公共利益的需要，可以依法对土地实行征收或者征用并给予补偿。"③

---

① 《马克思恩格斯选集》第 2 卷，人民出版社 1995 年版，第 24 页。
② 《中华人民共和国宪法》，《中华人民共和国国务院公报》2004 年第 13 期。
③ 《中华人民共和国土地管理法》，《陕西政报》2004 年第 24 期。

　　土地归谁所有、为谁所用的问题是土地制度的核心问题。上述两条法律明确规定了我国土地产权的根本内容：一是我国实行土地公有制，不存在私人的土地所有权，这是中国土地制度与资本主义国家土地制度的本质区别。在中国，任何组织或者个人都不得侵占、买卖、出租或者以其他形式非法转让土地。二是土地公有制包括两种形式，即全民所有制和劳动人民集体所有制。其中，全民所有是指国家所有的土地所有权，简称国有土地，劳动人民集体所有是指土地归集体所有。三是从地域范围来看，城市的土地属国家所有，农村和城市郊区的土地，除法律规定属于国家所有的以外属集体所有，包括宅基地、自留地、自留山，劳动群众集体所有制在我国具体采取的是农村集体土地所有制的形式。

　　为什么土地公有制要采取两种不同的形式？集体所有制究竟是怎样的产权形式？两种所有制形式之间又是什么样的关系？要回答这些问题，需要追溯农村集体土地产权的历史成因和现实状况。

　　所有权的重要问题就是权利的边界问题。土地的集体所有权是指土地归劳动群众集体所有，但是，对于"集体"的边界，《宪法》和《土地管理法》都没有进一步明确界定，这就使得土地集体所有的边界含混不清。集体所有制究竟是怎样的一种产权形式？党国印（1998）认为，集体产权并不是一个主流经济学的产权概念，而是一个具有中国特色的财产权利安排。[1] 从其建构过程来看，农村土地的集体产权始于新中国成立后。早在中国共产党成立之初，其基本纲领就是要实行土地国有化，1930 年年初，李立三主持工作时期通过的《土地暂行法》明确提出土地所有权归苏维埃政府所有，建设集体农场，即土地国有农用，但是，土地国有的方案在实践中遭到了农民的反对，最后只好停止。后来，为了实现夺取政权的目标，中国共产党改变了土地策略，通过没收地主和富农的土地分给农民，满足农民对土地所有权的需要，来争取农民的支持。[2] 因此，

---

①　党国印：《论农村集体产权》，《中国农村观察》1998 年第 4 期。

②　张永泉、赵泉均：《中国土地改革史》，武汉大学出版社 1985 年版。

一直到新中国成立初期，农村的土地仍然是归农民私人所有的。20世纪50年代初，合作化运动对中国现行土地制度的形成有决定性的作用，它完成了农民个人土地所有权向公有制的完全过渡①，形成了具有中国特色的土地集体所有制形式。

"集体"是一个集合性的概念，集体产权是指集合性的成员集体对某一财产享有所有权及其相应的权利束。然而，从中国农村集体产权的形成来看，集体产权绝不是农村社区内农户之间基于私人产权的合作关系，就其实质来说，它是国家控制农村经济权利的一种形式。从农村土地集体所有制的产生来看，是新中国成立后，为了实现国家工业化目标、降低工业化成本而制造出来的所有权形式。② 由于农村集体成立的强制性以及集体权的法定性，农民并不具有进入集体和退出集体的自由权③，而农民作为一分子所拥有的土地权利事实上也不可能由个人来行使。

就其性质而言，集体公有制既不是一种"共有的、合作的私人产权"，也不是一种纯粹的国家所有权，它是由国家控制但由集体来承受其控制结果的一种农村社会主义制度安排。④ 朱秋霞（2005）将之称为准国家所有制，国家在整个土地制度中的地位是土地的"上所有者"，具有垄断地位，没有任何自然人或者法人可以以土地所有者的身份作为它的对立者；村集体或者村民委员会，在功能上是农村土地的管理单位，代表国家管理土地；农民在土地制度中的实际地位是土地的"下所有者"，即使用者。即便在20世纪80年代初的农村改革以后，土地的直接使用权由集体转为个体农户，但是土地的所有权并没有改变。农民没有土地所有权，法律意义上的

---

① 朱秋霞：《论现行农村土地制度的准国家所有制特征及改革的必要性》，载张曙光、邓正来主编《中国社会科学评论》第4卷，法律出版社2005年版，第22—33页。

② 周其仁：《产权与制度变迁：中国改革的经验研究》，北京大学出版社2004年版，第6—12页。

③ 林毅夫：《制度、技术与中国农业发展》，格致出版社、上海三联出版社、上海人民出版社2014年版，第11页。

④ 周其仁：《产权与制度变迁：中国改革的经验研究》，北京大学出版社2004年版，第7页。

土地所有权仍然掌握在国家手中。[①] 普罗斯特曼通过他和同事对中国七省市 240 家农户的实证研究，认为农民只是土地的"准所有者"，在土地使用权期限不足且不确定的情况下，还面临着因人口变化调整土地或因非农征地而失去土地的风险，农民的"准所有权"是不确定的。据此，他指出，土地使用权的不明确是土地制度不稳定的原因。比如，"集体"究竟是什么含义不甚明确，哪种实体可以行使土地集体所有权，也模糊不清。这种模糊状态导致了权利真空现象，农民中没有一个人知道究竟谁拥有土地，这使得各级政府和集体经济组织都可以分头介入土地使用权的管理。[②] 何·彼特认为，自农村改革以来，中央政府在地权性质上采取了"有意的制度模糊"，以便化解各级集体之间的矛盾，保证农村土地集体所有制的稳定及顺利运行；同时，国家的土地法规对两种所有者的界定和区分极为清晰，既在不改变国有体制、集体体制的前提下扩大农户的自由度，又可以按程序把集体土地所有权转变为国家土地所有权。[③]

根据《土地管理法》第十条之规定，"农民集体所有的土地依法属于村农民集体所有的，由村集体经济组织或者村民委员会经营、管理；已经分别属于村内两个以上农村集体经济组织的农民集体所有的，由村内各该农村集体经济组织或者村民小组经营、管理；已经属于乡（镇）农民集体所有的，由乡（镇）农村集体经济组织经营、管理"，"农村集体"被界定为三种含义：村农民集体、乡（镇）农民集体以及村内两个以上的集体经济组织的农民集体。但在现实中，"农村集体"或"农民集体"仍然是一个看不见、摸不着的"抽象的、没有法律人格意义的集合群体"，它不同于农民

---

① 朱秋霞：《论现行农村土地制度的准国家所有制特征及改革的必要性》，载张曙光、邓正来主编《中国社会科学评论》第 4 卷，法律出版社 2005 年版，第 22—33 页。

② ［美］罗伊·普罗斯特曼：《解决中国农村土地制度现存问题的途径探讨》，载缪建平主编《中外学者论农村》，华夏出版社 1994 年版，第 236—239 页。

③ 转引自毛丹《赋权、互动与认同：角色视角中的城郊农民市民化问题》，《社会学研究》2009 年第 4 期。

集体组织，也不是法人或自然人，因此不具有法律上的人格。在具体执法中，有关部门就把"农民集体"与农民集体组织混为一谈，比较流行的做法是赋予村民委员会或村民小组这一非经济组织以法人地位，让它掌握实际的土地所有权，而"农民集体"中的每一个农民却失去了直接的参与权与决策权。[①] 用农民的话说，所谓的"集体所有"就是"大家都所有，只有农民没有"。因为在"技术上，农民集体的概念越模糊，集体的边界越大，土地集体所有制与农民就越不相干"[②]，进行处置时农民就越没有发言权。农民集体作为土地所有者的地位虚置使得它不能有效保护农民的土地使用权、处分权和收益权，这在农村集体土地征收过程中体现得特别充分，一旦地方政府启动征地权，无论是农村集体，还是分散的农户都无法抗拒这一进程。

　　按照新制度经济学的观点，产权就是对资源的排他性占有和使用的权利，对产权的界定体现为制度，而制度则是"一系列被制定出来的规则、守法秩序和行为道德、伦理规范"[③]，诺思称之为"制度安排"，作为在特定领域内约束人们行为的规则，制度支配经济单位之间可能采取的合作与竞争方式。

　　在所有的制度安排中，产权制度是制度集合体中最基本、最重要的制度安排，"一切人类社会的一切社会制度，都可以被放置在产权（或权利）分析的框架里加以分析"。[④] 国家在产权制度的形成中起着重要作用，国家提供的基本服务是博弈的基本规则，主要是界定形成产权结构的竞争与合作的基本制度，即利用其暴力优势，提供制约人们行为、促进经济发展的制度框架和规则，通过界定和明晰产权来降低交易费用。

---

　　① 洪朝辉：《论中国农民土地财产权利的贫困》，百度文库（http：//wenku. baidu. com/view/bd4b4436ee06eff9aef8078b. html）。

　　② 张孝直：《中国农村地权的困境》，《战略与管理》2000 年第 5 期。

　　③ ［美］道格拉斯·C. 诺思：《经济史中的结构与变迁》，陈郁、罗华平译，上海三联书店、上海人民出版社 1994 年版，第 225—226 页。

　　④ ［美］Y. 巴泽尔：《产权的经济分析》，费方域、段毅才译，上海三联书店、上海人民出版社 1997 年版，中文本序第 2 页。

从我国农村土地集体产权的形成过程看，国家在集体产权构造过程中起着极为重要的作用，在坚持土地公有的意识形态下，新中国成立后，农村集体土地经历了土地改革和农村合作化运动，实现了封建土地私有制—农民土地私有制—集体土地所有制的产权构造过程，构建出具有中国特色的集体所有制产权形式。而1978年开始的农村改革，是在继续土地公有的前提下，以集体所有、农户家庭承包的形式对集体与农民之间的土地权利进行的重新界定，但是这并未改变农村土地的所有权实质。

在这样的产权架构下，由于集体土地产权边界含混不清及非人格化代表的性质，农民个体都无法成为明确的利益主体，与国家之间不可能形成严格意义上的博弈关系，作为农地产权主体的农村集体（农民集体）虽然具备了博弈的主体资格，但它与国家的博弈也只能是一种不符合市场经济条件下"产权平等"基本准则的博弈。

二 新中国土地征收制度的历史变迁

新中国成立后，随着土地制度的逐渐定型和实践的需要，土地征收制度随着社会的发展和经济的转轨经历了从形成到不断调整、完善的过程，在路径依赖的作用下形成了现行的土地征收制度。

（一）土地征收与土地征用的概念区分

土地征收是指国家为了公共目的而强制取得其他民事主体的土地并给予补偿的一种行为，而规范这一行为的制度安排就是土地征收制度。很多国家专门制定了土地征收的法律，其称谓也有所不同，在美国，土地征收被称为"最高土地权的行使"（implementation of supreme land rights），英国称其为"强制取得"（compulsory acquisition），在德国、法国、日本等国则称其为"土地征收"（land expropriation）。[①] 在中国的台湾地区，土地征收被习惯称为"区段征

_____

① 段文技：《国外土地征用制度的比较及借鉴》，《世界农业》2001年第11期。

收"，是指对私有土地所有权实行强制取得，征收完毕后，原土地所有权即行消失，归请求征收的主体所有；中国香港地区称之为"收回官地"，指政府在为公共用途时可提前收回已批租给私人的土地。在中国大陆很长一段时间内被称为"土地征用"，直到2004年以后被明确定义为"土地征收"。

新中国成立后，1953年政务院制定的《关于国家建设征用土地办法》最早提及了"土地征用"的概念①，其后，这一概念被沿用了很长时间，用来泛指政府为了国家建设需要，强制性地收取私有土地、公有土地的所有权或原国有土地使用者的使用权，并建立国家的所有权或使用权的行为。从严格意义上讲，这样界定并不规范，征用强调的是"使用"，只是在一定期限内运用行政强制力中止原所有者对土地的占有和使用权，并给予补偿，等到使用完毕还要再归还，而非在消灭原所有权的基础上设立新的所有权，后者应该称为"征收"，即所有权被收回，这意味着所有权的转变。

由于立法水平的限制，在新中国成立后较长的历史时期中，这两个概念一直被混同使用，国家为公共利益的需要依法将集体土地转为国有土地并给予补偿的行政行为被称为"土地征用"，直到2004年修订《土地管理法》，明确国家为了公共利益的需要，可以依法对土地实行征收或者征用并给予补偿②，才从立法上将"土地征收"和"土地征用"严格区分开来，结束了长期以来土地立法中以"征用"代替"征收"的混乱状况。虽然"土地征用"同"土地征收"都具有强制性、公益性、补偿性等特点，但征用主要针对国有土地，而且只发生使用权的转移，无所有权的转移；征收则是针对集体土地，国家将集体土地征收后变成国有土地，其所有权发

---

① 《铁路留用土地办法》的原文为"铁路因建设关系，原有土地不敷应用或有新设施需要土地时，由铁路局通过地方政府收买或征购之"，这里实际是指"土地征收"。

② 《中华人民共和国土地管理法》，《陕西政报》2004年第24期。

生实质性变化。① 因此，农村集体土地的所有权发生改变是土地征收，这也是本书研究的核心内容。②

（二）新中国成立以来我国土地征收制度的历史变迁

在中国，土地征收制度是指为了公共利益的需要，政府依照法定的程序和权限，强制性地把农村集体所有土地转变为国家所有土地并给予补偿的制度性安排。③ 作为国家土地制度中的重要组成部分，土地征收制度在不同的社会发展阶段，其具体内容和特点也会有所变动。新中国成立后，我国逐步建立起土地征收制度，并随着经济社会发展的状况变动进行调整，在不同的发展阶段，国家的征地意志也有所不同，在征地范围、程序、权限、补偿、强制性程度等方面都有区别，而这些则最为集中地体现在不同时期的征地法规和政策中。以下通过对自 1950 年以来的不同阶段国家征地政策法规的追溯回顾，梳理我国征地制度的变迁过程④，从中透析出现行征地制度的整体架构和特点及其在路径依赖惯性下对目前征地实践及征地制度改革所产生的影响。

1. 1949—1956 年：农村合作化运动全面推进前的土地征收制度

新中国成立后百废待兴，伴随着国家建设事业的全面展开，对建设用地的需求非常迫切，自 1950 年开始，中央人民政府先后颁布了一系列法规文件来规范征地行为，这是土地征收制度的初建阶段。这一时期的相关法规文件主要有以下三部。

---

① 全国人大常委会原副委员长王兆国 2004 年 3 月 8 日在十届全国人大二次会议上作宪法修正案草案说明时说：这样修改，主要的考虑是，征收和征用既有共同之处，又有不同之处。共同之处在于，都是为了公共利益需要，都要经过法定程序，都要依法给予补偿。不同之处在于，征收主要是所有权的改变，征用只是使用权的改变。

② 由于未加以严格界定，2004 年《宪法》及《土地管理法》修订前的法律规范和政策文献中基本上都是以"土地征用"代替"土地征收"来使用的，出于对规范性文件的尊重，本书在引用法规政策时还是按照原文本，但是其内涵实为"土地征收"，而非"土地征用"。

③ 李晓峰：《关于我国现行土地征用制度的思考》，《苏州大学学报》2006 年第 4 期。

④ 征地制度变迁的内容借鉴了冯昌中先生的部分研究成果，详见冯昌中《我国征地制度变迁》，《中国土地》2001 年第 9 期。

（1）1950 年 6 月 24 日政务院颁布了《铁路留用土地办法》。其主要是针对当时铁路建设用地的需要而制定的，内容简短，全文仅有七条规定，其中第六条涉及土地征收，规定"铁路因建设关系，原有土地不敷应用或有新设施需要土地时，由铁路局通过地方政府收买或征购之"，其中的"征购"即为"征收"。该办法被视为新中国成立后最早提及土地征收的政策文件，由于内容及适用范围较为狭窄，影响不大。

（2）1950 年 11 月 21 日，为了规范城市郊区土地征收，政务院颁布了《城市郊区土地改革条例》（以下简称《条例》）。《条例》第十四条规定，国家为市政建设及其他需要征收私人所有的农业土地时，须给予适当代价，或以相等之国有土地调换之。对耕种该项土地的农民亦应给予适当的安置，并对其在该项土地上的生产投资（如凿井、植树等）及其他损失，予以公平合理的补偿。《条例》针对不同性质的土地采取区别性的取得方式，对地主土地直接采取没收方式，对工商业家、学校、宗教团体等拥有的农村土地采取征收方式收归国有，对私人所有的土地进行征收时则采用公平合理的补偿或者调换的方式，还要对人员进行安置，但何为公平合理，《条例》没有进一步的明确规定。①

（3）1953 年 12 月 5 日政务院颁布了《政务院关于国家建设征用土地办法》（以下简称《办法》）。这是新中国成立后第一部较为完整、系统的土地征收法规，对土地征收的范围、原则、审批机关及权限、程序、补偿标准等方面做了明确规定。

《办法》确立了国家建设需要的征地原则。这里所说的"国家建设"包括国防工程、厂矿、铁路、交通、水利工程、市政建设及其他经济、文化建设等。土地征收的基本原则是既应根据国家建设的确实需要，保证国家建设需要的土地，又要照顾当地人民的切身利益，对土地被征用者的生产和生活有妥善的安排。

《办法》确立了土地征收的分级审批制。当时的具体规定是：

---

① 详见政务院《城市郊区土地改革条例》（1950）。

全国性的建设事业用地由中央审批，"经中央人民政府国家计划委员会核定，由中央人民政府政务院批准"；地方性建设事业按照用地数量或迁移居民规模进行划分，分为三个层次，"用地在五千亩以上或迁移居民三百户以上者，由大行政区行政委员会批准；用地不足五千亩而在一千亩以上或者迁移居民不足三百户而在五十户以上者，由省（市）人民政府批准；用地不足一千亩，或者迁移居民不足五十户，由县人民政府批准"。

《办法》规定了土地征收的一般程序，即先由征地单位提出申请，然后由市政府建设管理部门初审并协同被征地政府及市房地产管理部门共同议定安置补偿计划，最后征地计划书报市建设管理部门审查转报市政府批准组织实施，办理征地、补偿、变更权属等手续。

《办法》确立了土地征收的安置方式和补偿原则。提及的征地安置方式有货币安置、调地安置和就业安置三种。进行货币安置，补偿范围包括土地补偿费、地上附着物补偿费、迁新补助费、生活补助费、迁葬费用等；就业安置则由政府负责、用地单位协同解决。关于土地补偿费的计算标准，一般土地以最近3—5年产量的总值为标准，特殊土地得酌情变更处理。如另有公地调剂，也须发给被调剂土地的农民迁移补助费，被征用土地、房屋、水井、树木等附着物及种植的农作物，要按公平合理的代价予以补偿。该《办法》确立了征地补偿以年产值为标准、规定补偿上限的原则。

国家建设征收农村集体土地的实践操作被提升为法律，写入国家的根本大法，1954年《宪法》明确规定，国家为了公共利益的需要，可以依照法律规定的条件，对城乡土地和其他生产资料实行征购、征用或收归国有。[1]

这一阶段是新中国成立以来农村土地产权关系变动巨大的时期。通过土地改革，有步骤地将封建半封建的土地所有制变为农民的土地所有制，在土地改革中，地主的土地被强制没收，无偿分给农民，全国近三亿无地少地的农民分到了土地，农村土地产权关系被

---

[1]　参见《中华人民共和国宪法》（1954）第十三条。

彻底改变。

　　新中国成立初期的土地产权变动主要是通过革命手段和政治安排确立起来的，而非遵循法律意义上的程序和手段。通过政治运动制造了所有权的国家，同样可以通过政治运动来改变所有权。① 这样无偿分配和获取土地所有权的行为方式也隐含着一种逻辑思路：既然土地是国家无偿分给农民的，当国家有需要的时候，以无偿或者较低的代价再取回土地也是理所应当的，而且，由于土地是国家无偿分配的，当国家再需要使用时，只要给予被征地方的生产和生活补偿即可，而无须以土地的实际价值来进行交换。这样的逻辑思维隐现在这一时期以及其后的土地征收制度中。

　　这一时期的很多规定是时代背景下的特定产物，由于土地的无偿分配，在土地征收制度安排上"对人不对事"，较为关注对被征地一方生产生活的妥善安置，征地补偿主要考虑的是对失地农民的安置和补偿，而非土地本身的价值；由于此时农村土地主要是农民私人所有，征地强制性并不突出，强调要给群众以必要的准备时间，使群众在当前切身利益得到照顾的条件下，自觉地服从国家利益；征地补偿强调"公平合理"原则，体现了对土地所有者权利的尊重和维护；同时，由于国家建设用地需求迫切，土地征收的审批权限也最为宽松，如用地不足 100 亩的，或迁移居民不足 50 户者，土地征收权下放给县人民政府，以此来适应当时国民经济各项建设发展的用地需要。

　　新中国成立初期，国家百废待兴，工业化与城市化进程刚刚开始，长期战乱之后人口规模远非今日可比，人地冲突也不激烈，因

---

　　① 周其仁：《产权与制度变迁：中国改革的经验研究》，北京大学出版社 2004 年版，第 11 页。

此，尽管这样的制度安排在实践中也出现一些矛盾和问题①，但总体上还是能为征地各方接受，运作较为顺利。其中的一些原则和规定，包括国家建设用地可以作为征地的事由，以一定时期的土地年平均产值作为土地征收补偿的计算标准等，至今还在产生影响。

2. 1957—1991 年：计划经济体制下的土地征收制度

1956 年 3 月，《农村生产合作社示范章程》开始实施，农村土地在合作化过程中迅速由农民私有制向集体所有制转变，到 1958 年人民公社体制建立，农村土地已经全部变成集体所有，这一时期是农村土地去私有化及建构集体化产权的过程，土地权属关系再次发生急剧变化。而且，由于新中国成立后土地征收制度的宽松，一些地方出现了严重的土地浪费现象，1956 年 1 月 21 日《国务院关于纠正与防止国家建设征用土地中浪费现象的通知》中提及，据武汉、长沙、北京、杭州、成都五市和河北一省部分地区的不完全统计，几年来共征收土地 101000 多亩，浪费的达 41000 多亩，占征用土地总数的 40% 以上。为了适应巨变的形势，新中国成立后初建的土地征收制度面临调整。

1958 年 1 月 6 日，国务院对 1953 年的《关于国家建设征用土地办法》进行了修订，颁布实施《国家建设征用土地办法》（以下简称《新办法》）。《新办法》除继续沿用原有的模式和思路之外，在具体内容上做了改变。

一是针对浪费土地的问题，上收征地审批权，严格禁止楼堂馆所建设，限制征地审批，强调节约用地。二是土地征收标准降低。由于此时被征收的土地大多是集体所有土地，土地征收补偿的标准由原来的"以其最近 3 年至 5 年产量的总值为标准"，改为"以它

---

① 1953 年 12 月 7 日，中共中央为贯彻政务院《关于国家建设征用土地办法》给各级党委的指示，其中提及近一年来，各地在征用土地中，由于政策执行得不好，和农民发生不少冲突，出现了一些事件，引起群众强烈不满，中央责成各级党委迅速予以纠正，并负责监督和协助用地单位的征购工作，清理征地安置的遗留问题，以挽回不良影响，稳定农民的生产情绪。详见 http://cpc. people. com. cn/GB/64184/64186/66658/4492859. html。

最近 2 年至 4 年的年产量的总值为标准"。土地补偿费的发放也做了调整，如果征收的是农业生产合作社的土地，就发给合作社，如果征收的是私有土地就发给所有人。三是关于被征收土地者的安置问题，强调被征地农民尽可能农业安置，而非转业安置。四是虽然1954 年《宪法》规定征收、征购土地必须出于"公共利益"需要，但是《新办法》仍然强调国家建设需要，形成国家建设需要和公共利益需要的双重征地原则。

《新办法》针对合作化之后的土地征收现实情况进行了政策上的调整，总体上看，和新中国成立初期的制度相比，无论是在征地范围的界定上还是在土地补偿标准和安置模式的规定上都明显反映出国家牺牲农民土地权益来降低城市化、工业化成本的政策倾向。

十年"文化大革命"期间，土地征收制度的发展几乎是停滞状态。十一届三中全会确立以经济建设为中心的发展战略之后，建设用地的需求又开始大幅增加。这一时期，土地的价值也逐渐显现，一方面，家庭联产承包制推行后，土地所有权与经营权分离，土地收益大幅提升，土地的价值凸显；另一方面，城市土地有偿使用和无偿划拨制度双轨并行，并逐步向取消无偿划拨制度转变，城市房地产市场开始发育，对土地需求也在大量增加。[①]

1982 年 5 月 14 日，国务院发布了《国家建设征用土地条例》，与 1958 年的《关于国家建设征用土地办法》相比，增加了一些新内容，具体包括：一是强调了"节约用地"的基本国策；二是突出了征地的强制性，"被征地社队的人员应服从国家需要，不得阻挠和妨碍征地"；三是明确了土地的两权分离，"征收土地的所有权属于国家，用地单位只有使用权"；四是细化了土地补偿费的项目构成，将征地补偿费用细分为土地补偿费、青苗补偿费、附着物补偿费和安置补偿费；五是提出了多种安置途径，包括留地安置、乡村

---

① 田传浩、杨鸿、周佳：《中国征地制度：历史演变、现实问题与改革方向》，ht-tp://wenku. baidu. com/view/f0f48e8102d276a200292ec2. html。

企业安置、招工安置等①，其中农转非就业安置在实践中很具吸引力，在一定程度上降低了被征地农民对征地补偿标准的不满。《国家建设征用土地条例》充分体现了计划经济时代土地征收的性质及特点，因内容完备，被视为征地制度发展过程中里程碑式的规范性文件。

　　1986年6月25日出台的《土地管理法》在土地征收部分吸纳了《国家建设征用土地条例》中的大部分内容，许多条款未作修改被提升为法律。《土地管理法》正式实施后，《国家建设征用土地条例》同时废止。

　　这一阶段是我国土地征收制度建设的重要阶段。在此阶段，通过农村生产合作化运动确定了城镇土地国家所有制和农村土地劳动群众集体所有制的形式，同时也确定了我国土地所有权流动的单向性，即国家有权向农村集体经济组织取得土地所有权。国家对土地所有权的征收，不仅体现了国家征收行为的这一唯一方式，也使两种不同所有权之间的法律地位差异凸显。这一时期确立的很多原则至今仍在沿用，带有鲜明的计划经济特性。

　　3. 1992年至今：市场化转型期的土地征收制度

　　20世纪90年代初，我国出台了两部重要的土地法律法规，《中华人民共和国国有土地使用权出让转让暂行条例》（1990）的实施推动了土地使用制度的改革，而《中华人民共和国城市房地产管理法》（1994）的推行则将城市土地经营纳入市场轨道。土地使用权有偿转让和房地产的迅速发展使得土地的价值迅速提升，但计划经济时代形成的土地征收制度并未随之改变。

　　这些变化引发1998年国家对《土地管理法》进行修订，为了建立世界上最严格的土地管理制度，对土地征收制度的部分内容进行了调整，具体体现在：一是规定了"用途管制"和"耕地占用与补偿平衡"等制度，以保护耕地；二是规定了征收审批制度，上收了征地的审批权，取消了市县一级人民政府的征地审批权，将原来

---

① 《国家建设征用土地条例》，《中华人民共和国国务院公报》1982年第10期。

的"五级审批制"改为中央和省级两级审批制；三是确定了"两公告一登记"制度，强调对农民利益的保护；四是提高了征地补偿和安置标准，将原《土地管理法》规定的各项补偿费用之和不得超过"被征用土地前三年平均年产值的二十倍"调整为"三十倍"，同时，取消了就业安置；五是严格征地主体资格，实行政府统一征地、政事分开，不允许用地单位直接与被征地集体经济组织讨价还价；六是控制城市用地扩张的规模与速度，规定市、县人民政府因城市建设发展，需要将农地转化为建设用地的，应缴纳"新增建设用地有偿使用费"。① 2004 年宪法修正案重新界定了土地征收与土地征用的概念，有助于形成理论严密、制度规范的新的土地征收、征用体系。

这些法律和规定在控制征地规模、规范征地程序和保护农民权益等方面比以往都有所改进，但从总体上看，在中国经济市场化转型的现实背景下，农村集体土地征收制度基本上还是在继续沿用计划经济时代的整套模式，土地征收制度沿用计划模式，而土地使用权则采用市场方式，两者严重脱节，从而引发了农地征收中的一系列问题。

4. 评述

根据新制度经济学的理论，制度是由人生产出来的，但由于人的有限理性和资源的稀缺性，制度供给是有限的、稀缺的，随着环境的变化及人们理性程度的提高，人们会不断提出对新制度的需求，从而引发制度创立、变更及随着时间变化而被打破的变迁。制度变迁的一般路径体现为：制度环境变迁→制度创新过程→制度绩效，其中制度供求主体关于制度变迁绩效的预期正向收益大于制度创新成本，是制度变迁得以实现的关键因素。②

从农地征收制度在不同历史阶段的变迁不难看出，随着不同时

---

① 冯昌中：《我国征地制度变迁》，《中国土地》2001 年第 9 期。

② 张玉、武玉坤：《论制度变迁与"中国模式"的逻辑路径》，《江淮论坛》2010年第 2 期。

期制度环境的改变，制度创新要求提出，农地征收制度的具体内容
不断进行调整，以实现保护耕地、保证工业化、城市化用地需求以
及实现社会稳定的目标。追溯征地制度的历史变迁过程，其发展的
脉络非常清晰，征地补偿标准在不断提高，批准权限逐渐上收，征
地程序也在日趋规范，对失地农民的安置方式也越来越灵活，这些
都体现出征地制度随着实践和时代变迁不断发展完善的趋势。

　　与此同时，农地征收制度的变迁过程也充分显示出制度依赖的
特点及后果。根据诺思的观点，人们过去做出的选择在决定和影响
着他们现在可能的选择，报酬递增和自我强化机制会使制度变迁沿
着既定方向和路径发展、强化，既可能进入良性循环，也可能沿着
错误路径推进，甚至会被锁定在无效率状态，在这种情况下，要脱
身而出十分困难，往往需要借助外部效应，引入外生变量或依靠政
权的变化，才能实现对原有路径的扭转。

　　"路径依赖"现象背后隐含着不同利益主体对利益和所能付出
的成本的考虑。对组织而言，一种制度形成后，会形成某个既得利
益集团，它们对现在的制度有强烈的要求，只有巩固和强化现有制
度才能保障它们继续获得利益，哪怕新制度对全局更有效率也不愿
改变。对个人而言，一旦人们做出选择以后会不断地投入精力、金
钱及各种物资，如果哪天发现自己选择的道路不合适也不会轻易改
变，否则会使自己在前期的巨大投入变得一文不值，这被称为"沉
没成本"，这两个方面是导致路径依赖的主要原因。

　　从新中国成立后农地征收制度的变迁过程看，征地制度的建立
后，虽然有所调整，但是整个制度架构变化不大，包括征地用地原
则、补偿原则、分级审批制度等，特别是市场化转型之后，原有的
征地制度并没有随之发生根本性的变化。有学者尖锐地指出，1953
年颁布的《国家建设征用土地办法》是1949年以后最早的农村土
地征收政策，其征收补偿办法和内容，与当前的没有多大差别。①

----

① 黄祖辉、汪晖：《非公共利益性质的征地行为与土地发展权补偿》，《经济研究》
2002年第5期。

在城市化快速推进、征地规模日益扩大的实践需求下，至今未能出台一部完整规范土地征收的国家法律；宪法规定的"公共利益需要"的征地条件，自1954年《宪法》至今都没有给予明确的界定，而国家建设需要和公共需要征地条件的相互冲突也始终未能加以解决，这就为征地权的无限扩大提供了法律依据；征地补偿明显偏低的情况一直在延续，在以前尚还可以通过农转工的就业安置途径来缓解农民的不满，但随着企业市场化转型，在就业安置无法继续的情况下，仍然以土地的年产值倍数为补偿的计算依据，无视土地所有权及其经济属性，默许着农民和农村集体经济利益的巨大损失；对失地农民的安置缺乏长远综合的考虑，虽然有"保证被征地者的收入和生活水平不下降"的抽象规定，还是造成了几千万失地农民生存和发展困难的现实。这些都是为了维护原有征地制度框架下的既得利益，继续延续压低工业化、城市化成本的征地路径。

三　现行农村集体土地征收的制度架构

"制度是一个社会的游戏规则，更规范地说，它们是决定人们的相互关系而人为设定的一些制约"①，其重要性不言而喻。

从世界范围来看，由于涉及土地的权属关系变动，土地征收的制度安排通常具备三个要件，即公共目的、法定程序和合理补偿。一是征地的目的必须是为了公共利益和公共用途，只有符合这个条件，才可以动用行政权来改变土地产权关系，以此来限制公权的运用范围；二是由于要动用行政强制力，必须要有一套严格的法定程序来约束，避免权力滥用；三是为了公共利益而导致土地产权关系发生变化，基于公平、正义原则，当国家牺牲无责任特定人的合法权益以满足其他社会成员的利益需求时，必须对利益受损害的对象

---

① ［美］道格拉斯·C. 诺思：《制度、制度变迁与经济绩效》，杭行译，上海三联书店、上海人民出版社1994年版，第3页。

给予公平合理的补偿。

在我国土地国有和集体所有的两种所有制结构下，土地征收具体表现为集体所有制土地向国有土地的转变。农地征收制度是国家为了公共利益的需要，依照法定程序，对农村集体土地进行征收，将之转变为国有土地，并依法给予农村集体经济组织及农民补偿的一整套制度安排。在这套制度安排下，征地的主体是国家，征地行为是具有国家强制性的行政行为，国家进行征地行为是基于公共利益需要，农村集体土地征收后会发生权属转移，征地也必须给予一定的补偿，但是，在这些表征之下，中国农地征收的制度架构蕴含着独特的内涵，直接导致了一种全然不同的"游戏规则"。

（一）土地所有权转变方式的单向性

中国土地的所有权关系是明确的：土地不属于农民私人所有，这是中国土地征收制度与其他国家相异的所有权基础。在中国，不存在土地私有产权，在国家和集体两种土地所有权之间，虽然所有权主体的法律地位是平等的，但是，集体土地的所有权不享有土地发展权，这种发展权属于国家，只有将集体土地征为国有，才能进入市场开发经营。根据我国法律规定，国家可以通过土地征收将集体土地所有权转变为国有土地所有权，但是反向的流动则是不允许的，正是由于这种流动的单向性和不可逆性，农村集体土地征收成为我国土地所有权转变的唯一方式。而且，国家对集体土地和国有土地分别实行两种不同的使用制度：国有土地可以实行有偿使用，可以进行出让、转让、出租和抵押等；集体土地则不同，不能进行出让和转让，用地方式也有着严格的用途管制，这意味着集体土地要有偿使用，必须先经过征收转变为国家所有，然后才可以进入建设用地的市场。这是我国土地征收制度的一个重要制度安排。

（二）强制征地手段的唯一性

征地是国家公权力的行使，带有强制性的特征，因此，动用征地手段往往是无法通过其他途径获得土地产权时最后的权利行使，也就是说，除此之外，别无他法。在我国，土地归国家所有，任何组织或者个人占有、买卖、出租、转让土地都是非法的，这意着，土地流转在中国不可能通过市场手段来解决，唯一的途径就是通过强制性的土地征收。

（三）征地补偿的非市场性和不完全性

从新中国成立以来，土地征收补偿都是以一定时期的土地年平均产值作为补偿标准的，虽然补偿标准随着经济社会发展而不断提高，但是，土地征收以补偿为原则，始终与土地的市场价格和供需关系无关。同时，由于宪法和法律中缺乏对土地征收补偿原则的明确规定，在实际操作中采取的是"适当补偿"。"适当补偿"实质上采取的是不完全补偿原则，这与新中国成立初期国力较弱的现实相关，同时也和公有制的意识形态密切相关。在这样的低价补偿原则下，被征地方权益受损是不可避免的。

（四）公共目的性的不确定性

虽然我国法律也明确规定"公共利益"是政府征地的前提和条件，但是，对于何为"公共利益"，时至今日，法律都没有明确的界定，而且，《宪法》与《土地管理法》的法律条款之间也存在着明显的漏洞和缺陷，导致了征地的公共目的性制约在征地实践中形同虚设，征地权的滥用缺乏法律制约的现实。

（五）不平等的产权交易

在我国现行土地使用制度框架中，国有土地可直接进行流转开发，而集体土地不允许直接入市流转，必须先由政府"低价征用"，才可以出让给土地需求者使用，这就导致了不平等的产权交易。国家限制土地集体所有权是为了国家以极低的价格（补偿费）从集体"买"走土地，然后再以公用或者商用的形式将低价从农民那儿拿来的土地的使用权高价出让，从中赚取巨额差价。①

周其仁将现行农村土地征收政策的模式形象地描述成所谓的"三连环"。第一环，农地征收。政府根据发展规划，按照一定的行政审批程序，将农地征收为工业或城市用地。在征收制下，土地并没有被买卖，所以向土地（名义）拥有者支付的只是"补偿"。第

---

① 张孝直：《中国农村地权的困境》，《战略与管理》2000 年第 5 期。

二环，向集体支付补偿。在法律上农民个体并不是土地的所有人，承包合同也不能给他们发言的机会，只好由"集体"出面，协调政府征地，领取并分配征地补偿。第三环，土地批租。政府向集体支付了征地补偿之后，就可以放手批租土地了。当然，这里批租的是土地在50—70年的使用权，而不是土地所有权，维护了"土地不准买卖"理论的面子。从征地政策的所谓的"三连环"中，不难发现，在整个征地的过程中，由于产权制度的安排，政府成了唯一的"地主"，而农民最多只是一个租用者。因此，作为利益相关方的农民在征地的过程中处于被动地位，基本没有发言的机会。这种以政府为中心的征地政策不可避免地带来了一系列的弊端。[①]

显而易见，现行土地征收制度形成于20世纪50年代的高度集中的计划经济体制之下，并随着时代和征地实践的变化进行调整，然而，改良式微调并未改变计划经济时代形成的"城市偏向"和"工业偏向"的特性。从我国土地征收制度变迁过程来看，它是为解决工业化和城市化发展、低价获取农地的需要而设计的，混合了"土地不得买卖和涨价归公"（强制征地）、"国家工业化"（超低价补偿）、人民公社集体所有权（唯有"集体"成为农民合法代表）和"香港经验"（土地批租制）。[②] 其制度设计带有非常明显的牺牲农民利益以实现经济发展的倾向，国家通过压低征地补偿价格来推动城市化、工业化的发展。在现行的农地产权结构和征地制度安排下，政府从农地征收中获得巨大利益与农村集体及农民承担巨大的制度成本成为一种结构，随着社会主义市场经济体制的建立，这种权利义务的严重不对称状态需要改变。

征地纠纷实质上是利益之争，征地冲突是否发生，如何发生，程度如何，很大程度上取决于农地征收制度安排。现行的土地制度在农村集体土地产权归属界定上的模糊、不清晰，给政府动用征地

---

① 周其仁：《"国土制"剥夺农民——农民的收入是一连串的事件（之七）》，http://old.ccer.edu.cn。

② 周其仁：《征地：国家征用与市场化转用并行》，《社会科学报》2004年5月3日第A1版。

权乃至扩大征地权留下了极大的自由裁量权,而农地征收制度安排决定着相关各方的利益结构和地位关系,政府一方掌控着农村集体土地的收益权和最终处置权,拥有强制执行力,与处于弱势的农民进行博弈,其结果是不言而喻的。当下征地问题的出现和征地纠纷的发生很大程度上可归因于现行土地制度和征地制度安排的不合理性。

第三章 现行农地征收制度的实效分析
及改革思路之辩

在我国现行征地制度安排下，国家以非市场化的低价补偿方式降低征地成本，满足工业化、城市化发展的用地需求，地方政府在农地征收和土地出让过程中获取巨大的财政收益，并通过农地征收获得的土地招商引资，进行城市建设；农民在失地的同时获得了极低的补偿。从经济学视角看，这一征地制度安排无疑是低成本、高收益的，但与此同时，社会问题与风险在不断堆积，影响经济社会的长远发展。

一 现行农村集体土地征收制度的问题分析

现行征地制度的缺陷是显而易见的，而且时至今日仍然存在，这包括：始终没有明确界定征地的范围，直接导致征地实践中范围过宽；征地补偿标准明显偏低，在失地农民的安置方面缺乏长远综合的考虑，致使部分失地农民的生存和发展面临困难；征地程序缺乏规范和透明度，极易滋生腐败；而且，从立法的高度看，时至今日都未能出台一部完整规范土地征收的国家法律。① 随着城市化的推进，这些问题越来越多地展现在人们的视野中。

---

① 周青、黄贤金：《我国征地制度运行的历史轨迹、现实问题及改革措施》，《中共南京市委党校南京市行政学院学报》2004 年第 2 期。

计划经济时期，国家为了推动工业化和城市化的发展，"低价征收"的农地征收制度安排在当时具有一定的合理性，由于这一时期城市化进程缓慢，征地规模有限，涉及的人数不多，加上征地采取的"农转工"安置方式符合农民意愿，由此引发的矛盾并不很突出。

随着市场经济体制的建立和用地需求的激增，特别是1994年分税制改革后，土地逐渐成为地方政府"寻租"的重要途径，圈地驱动越来越强烈。在这一过程中，计划经济时代形成的征地制度虽然能节约大量的交易费用，强制性的征地模式也保证了社会经济发展所需要的土地供给，农民的土地权益和生存发展空间却受到极大的侵害。据统计，改革开放以来，通过低价征收农民土地，使农民至少蒙受了20万亿元的损失。[①] 在实践中，征地范围乱、征地补偿乱、征地费用分配乱和被征地农民安置难的"三乱一难"情况具有极大的普遍性，直接引发了一系列社会问题，影响社会的稳定及和谐发展。

从目前中国农地征收的制度安排来看，较为突出的问题主要集中在以下几方面。

（一）土地征收范围问题

土地征收需要动用国家的强制力来改变土地所有权关系，为了防止征地权的滥用，需要一套严格的制度安排来加以制约。在世界范围内，大多数国家在立法中都明确规定，国家动用行政权力征收土地必须是出于公共目的，而且征地必须是实现公共利益的最后手段，除此之外，别无他法。因此，公共利益的目的设定就是对动用征地权的首要限制，以此来制约征地权的使用，尽可能减少其对私权的干预。

从立法视角看，我国的相关法规将"公共利益需要"设定为土地征收的前置条件。《宪法》明确规定，"国家为了公共利益的需

---

① 黄小虎：《征地制度改革的经济学思考》，《中国土地》2002年第8期。

要，可以依照法律规定对土地实行征收和征用并给予补偿"。①《土地管理法》也规定，"国家为公共利益的需要，可以依法对土地实行征收或者征用并给予补偿"②，但是，对于"公共利益"的内涵和外延，这两部法律都没有进一步的明确界定。

作为征地拆迁前提的"公共利益"究竟是什么？除上述的《宪法》和《土地管理法》提及的之外，还有其他的一些基本法律也有涉及。例如，1986年颁布的《中华人民共和国民法通则》第十百五十条规定，"依照本章规定适用外国法律或者国际惯例的，不得违背中华人民共和国的社会公共利益"③；除此之外，《中华人民共和国合同法》《中华人民共和国民事诉讼法》等都提到了"公共利益"的概念，但都只是提及而未对其范围进行具体界定。迄今为止，相关的界定只出现在两部法律中：一是《中华人民共和国信托法》第六十条有列举性概括，"为了下列公共利益目的之一而设立的信托，属于公益信托：（一）救济贫困；（二）救助灾民；（三）扶助残疾人；（四）发展教育、科技、文化、艺术、体育事业；（五）发展医疗卫生事业；（六）发展环境保护事业、维护生态环境；（七）发展其他社会公益事业"。④ 二是《中华人民共和国测绘法》第十一条规定，"基础测绘是公益性事业"。⑤ 虽然这两部法律对"公共利益"的范围作了一定的规定，但仍然是不明确的。

"公共利益"概念含混不清原因之一在于这一概念界定的困难。"公共利益"的概念具有高度抽象性，它既不是个人利益的简单叠加，也不等同于国家利益或者政府利益，而是特指一定范围内不特定多数人的利益。德国学者华特克莱恩认为，公共利益是受益者尽量广、对受益人生活尽量有益的事物，利益本身是一个相对的概念，因而公共利益最大的特点在于其内容的抽象性和受益对象的公

---

① 《中华人民共和国宪法》，《中华人民共和国国务院公报》2004年第13期。
② 《中华人民共和国土地管理法》，《陕西政报》2004年第24期。
③ 《中华人民共和国民法通则》，《中华人民共和国国务院公报》1986年第12期。
④ 《中华人民共和国信托法》，《中华人民共和国国务院公报》2001年第20期。
⑤ 《中华人民共和国测绘法》，《中华人民共和国国务院公报》2002年第29期。

众性、难以确定性。① 同时，"公共利益"又是一个动态的概念，在不同的时代有着不同的内涵，其界定"必须以一个变迁中之社会中的政治、经济、社会及文化等因素及事实，作为考量该价值的内容"。② 因此，有学者主张将其区分为两个层次："绝对公共利益是一个社会广泛承认的，独立于社会、国家现时的政策之外的社会价值，具有相对的稳定性"，如国民健康、教育、公共交通等；"相对公共利益则是根据不同的发展阶段，经由政府和民众选择的，符合社会、国家急需原则的阶段性的重要社会利益"，如经济重建初期，经济发展就是公共利益。③ 2011 年颁布的《国有土地上房屋征收与补偿条例》第一次明确界定了公共利益的范围，这是中国立法对公共利益界定最为清晰的一次。《国有土地上房屋征收与补偿条例》第八条将"公共利益"界定为 6 类，具体包括：国防和外交的需要；由政府组织实施的能源、交通、水利等基础设施建设的需要；由政府组织实施的科技、教育、文化、卫生、体育、环境和资源保护、防灾减灾、文物保护、社会福利、市政公用等公共事业的需要；由政府组织实施的保障性安居工程建设的需要；由政府依照城乡规划法有关规定组织实施的对危房集中、基础设施落后等地段进行旧城区改建的需要；法律、行政法规规定的其他公共利益的需要。凡有这六类情况之一，确需征收房屋的，由市、县级人民政府做出房屋征收决定。但是，该条例仅适用于国有土地的房屋征收，且立法层级较低，仅为国务院条例，因此，其影响力有限。

尽管对公共利益的理解存在着分歧，但当今大多数国家和地区都认为，"社会公共利益"应主要包括两层含义：一是必须具有"公共使用"的性质；二是必须具有"公共利益"的用途。所谓"公共使用"是指公众共同使用（如公共道路、文化体育设施、能源水利等）和代表公共利益主体的使用（如国防设施、国家机关建

---

① 黄东东：《土地征用公益目的性理解》，《中国土地》2003 年第 1 期。
② 陈新民：《德国公法学基础理论》（上），山东人民出版社 2001 年版，第 182 页。
③ 陈江龙、曲福田：《土地征用的理论分析及我国征地制度改革》，《江苏社会科学》2002 年第 2 期。

筑物等），这种公共使用从使用主体和使用效果上很容易判断出是否属于公共利益之需，是一类较易辨明的公共利益；所谓"具有公共利益的用途"是指行为的后果直接或间接地促进了全体社会成员的福利（如环境保护、社会安宁、大众健康等）。

正是由于"公共利益"概念的不确定性，在各国的立法实践中，定义公共利益目的时存在着三种不同的处理方式：一是概括式规定，即规定了国家只能因公共目的而征地的一般原则；二是列举式规定，即列举出可以定义为公共目的的具体公共用途；三是两者的结合。概括式规定只说明征收的土地必须用于公共用途这一原则，但缺乏明确的界定，这种方法给予国家行政机构、司法机构极大的自由裁量权和法律解释权。与此相反，列举法则以明确规定具体内容的方式，极大地限制了行政和司法部门的自由裁量权。很多国家在立法中采取的是两者结合的方式，既明确征地的范围便于操作，又作原则性的规定防止法条过于僵硬。但从我国目前的立法来看，属于概括式规定，仅仅规定了国家可因公共利益征地，但不明确规定公共利益的范围，这样，国家机关在具体操作中就拥有了完全的自由裁量权。

现有法律对"公共利益""公共目的"概念界定得含糊其辞，事实上导致"公共利益"的前置性条件形同虚设，在实践中无法操作，这是目前征地权无限扩大的重要原因之一。除此之外，现行法律条款之间还存在着明显的漏洞和缺陷，集中地体现在《土地管理法》与《宪法》规定之间的相互冲突，进一步导致了征地权的滥用。

《土地管理法》第四十三条规定，"任何单位和个人进行建设，需要使用土地的，必须依法使用国有土地"，"依法申请使用的国有土地包括国家所有的土地和国家征用的原属于农民集体所有的土地"①，这意味着，建设需要也可以动用征地权，这显然与《宪法》规定的"公共利益需要"的征地条件相矛盾。

---

① 《中华人民共和国土地管理法》，《陕西政报》2004 年第 24 期。

对此，有学者认为，我国现行征地制度实际上具有双重目标，其设计是为了满足公共利益需求和制度需求，而且，大多数情况下是为了满足制度需求。[①]《土地管理法》第四十三条规定为征收农村集体土地打开了大门，征收农村集体土地事实上已成为满足各类建设用地需求的主要途径。据统计，在《土地管理法》通过后的1986—1995年这十年间，全国耕地累计减少了10266万亩，年均减少1027万亩。[②] 国土资源部2002年征地制度改革课题组提供的数据也显示，2000—2001年共批准用地327万亩，有247万亩建设用地是通过征地取得的，占总用地的75%。其中，征收耕地171万亩，占总用地的52%。征地项目不仅包括交通、能源、水利等基础设施项目（占52%）和经济适用住房、市政公用设施等城市公益性项目（占12%），还包括工商业、房地产等城市公益性项目（占22%），道路、学校、企业等乡镇村建设用地项目（占13%）。东部一些省会城市的项目用地中，真正用于公共利益的不到10%。[③] 由此可见，征地的公共目的性制约在征地实践中形同虚设，导致了目前农村集体土地大量随意被征收的现实。

由于立法对公共利益的含糊界定以及法规之间的相互矛盾，"公共利益"作为限制行政权的条件在中国的征地制度安排上只是空洞的话语。由于征地和用地之间的巨大收益，低价征收农村集体土地，高价投放市场，在征地和供地之间的巨大差价使得征收农村集体土地成为获取高额土地收益的捷径，各级政府受利益最大化的动力驱使，积极参与其中，进一步加剧了农地征收的无序状态。

（二）土地征收补偿问题

土地征收补偿设定的理由是基于国家动用征地权，导致无责任特定人发生经济上的特别损失，对受损失的人负金钱给付的义务。

---

① 朱道林、沈飞：《土地征用的公共利益原则与制度需求的矛盾》，《国土资源》2002年第11期。

② 张孝直：《中国农村地权的困境》，《战略与管理》2000年第5期。

③ 李珍贵、唐健、张志宏：《中国土地征收权行使范围》，《中国土地科学》2006年第1期。

　　土地征收行为由来已久，在不同的社会经济发展阶段形成不同的补偿理论，包括既得权说、恩惠说、公用征收说、社会职务说、公平负担说、特别牺牲说等。既得权说以自然法思想为基础，认为人民的既得权既然是合法取得的，就应当得到绝对的保障，即使是由于公共利益的需要，使其遭受经济上的特别损失，也应当基于公平的原则给予补偿。恩惠说强调国家统治权与团体利益的优越性，主张绝对的国家权力以及法律万能和公益至上，因此，国家侵害个人权利给予补偿，完全是出于国家的恩惠，这种学说具有强烈的专制色彩，不适应现代社会的发展现状。公用征收说认为，国家法律既保障个人的财产权利，但同时也授予国家征收私人财产的权利，对于因公共利益的需要而作的合法征收，国家可以不承担法律责任，但仍应给予个人相当的补偿，以求公平合理。社会职务说摒弃权利天赋观念，认为国家为了使个人尽其社会一分子的责任，首先应承认个人的权利，这是实现社会职务的手段；所有权具有自由和义务双重性，但人民的财产被征收后，国家酌量给予补偿，才能使其社会职务得以继续履行。公平负担说认为，国家在任何情况下都应以平等为基础为公民设定义务，政府为了公共利益而实施的行政行为使得一部分人或个别人承担的义务重于相同情况下的其他人时，国家应调整和平衡这种义务不均衡现象，以使其他公民和受害者之间的平衡机制得到重新恢复。[1] 目前，特别牺牲说被普遍接纳，认为国家征地行为虽然合法，但却使无义务的特定人对国家做出特别牺牲，应当由全体人民共同分担给予补偿，才符合公平正义的精神。[2]

　　如何进行补偿？可供选择的补偿原则有三种。完全补偿是指以被征收人完全恢复与征收前同一的生活状态所需要的代价为补偿标准，这种补偿包括直接损失、间接损失甚至非经济上的损失。不完

----

　　① 陈江龙、曲福田：《土地征用的理论分析及我国征地制度改革》，《江苏社会科学》2002 年第 2 期。
　　② 同上。

全补偿仅限于对被征收的财产价值进行补偿，可以量化的损失也给予适当的补偿。相当补偿原则视土地征收补偿的情况不同而采用完全补偿或不完全补偿的标准，一般情况下，特别的财产征收侵害，应给予完全补偿，在特殊情况下，可以给予不完全补偿。① 目前发达国家大多采用完全补偿原则，我国目前采用的是不完全补偿原则。

除此之外，土地征收补偿的确定还涉及土地自然增值的归属问题，农地转为非农用地之后会产生价格差异或者自然增值，这个增值如何分配？这个问题其实讨论的是土地发展权的归属问题。在这个问题上存在着两种截然不同的观点和做法，直接影响相关利益各方在征地中的利益。"涨价归私"（也称为"涨价归农"）的观点认为，农地的原所有者拥有完全的产权，自然也拥有"农地非农开发权"，因此，农地转为非农用地，其收益应该归土地的所有者而非国家。"涨价归公"的观点则认为，农地转为非农用地之后产生的自然增值，来源于社会投资和经济发展，因此，应当完全归社会所有。

这两种观点显然都具有片面性，在各国的土地征收制度安排中，受各自产权关系的制约，有不同的影响力和运作场域。在私有产权制度下，虽然从理论上有"涨价归公"的主张，但是，这一理念在实践中却很难运行。1947—1953 年，英国曾全面推行土地发展权国有化政策，试图"涨价归公"，最终因阻以失败告终。在中国，"涨价归公"源自孙中山"平均地权"的理念，目前，国内很多学者都认同"涨价归公"的观点，认为农村土地转换用途带来的增值收益是社会进步和经济发展带来的，土地所有者并无贡献，因此，这部分土地增值收益理应收归国有，由全社会共同占有。但也有少数学者反对这一观点，周其仁质疑了"涨价归公"的做法，认为其理念来自"各种资源的市值是由其成本决定"的错误观念，权利本身就有价。"涨价归公"不等于涨价完全归公，但是，现行征地制度对

---

① 陈泉生：《海峡两岸土地征用补偿之比较研究》，《亚太经济》1998 年第 3 期。

农民土地发展权是完全限制的；而且，事实上涨价并未完全归公，土地增值收益被政府和用地单位（包括房地产商）分享，作为土地所有者之一的农民却分文不得，这样做显然有失公平。[①] 尽管理论界对此众说纷纭，但新中国成立以来所实行的征地补偿政策完全是按照"涨价归公"的理念来运作的。[②] 而在中国台湾地区，"涨价归公"则无法付诸实施。

我国现行征地补偿的依据主要是 2004 年修订后的《土地管理法》，该法虽然在修订时强调了征地的补偿问题并作了调整，但整体思路还是在沿用计划体制下的框架。[③] 首先，土地征收按照其原用途给予补偿，显然是对"涨价归公"观点的立法确认，直接剥夺了农民集体和农民分享土地用途转换增值收益的权利。其次，由于土地不可以自由转让，征地补偿费不按照市场原则确定，而是按照土地原用途的年产值倍数进行测算的，这种测算办法没有体现土地的潜在收益和利用价值，没有考虑土地对农民承担的生产资料和社会保障的双重功能，更没有体现土地市场的供需状况，既不符合市场经济规律，也不符合国际惯例。[④] 而且，受农作物不同、物价波动的影响，年产值很难科学确定，对倍数标准的规定幅度较大，导致裁量的自由度过大。[⑤] 最后，确定征收耕地的补偿范围仅限于土地补偿费、青苗补偿费、地上附着物补偿费和安置补助费四个部分，显然是按照不完全补偿原则来设计的，法律条文中只规定了土地补偿费和安置补偿费的计算标准，着重规定了土地补偿费和安置补助费总和的上限，对被征收土地的地上附着物和青苗补偿费不作规定，而是将其交由省、自治区、直辖市自行规定，这些制度安排

---

① 黄祖辉、汪晖：《非公共利益性质的征地行为与土地发展权补偿》，《经济研究》2002 年第 5 期。

② 周诚：《关于农地征用补偿问题》，《中国土地》2004 年第 5 期。

③ 详见《中华人民共和国土地管理法》第四十七条。

④ 国土资源部征地制度改革课题组：《征地制度改革研究报告》，《国土资源通讯》2003 年第 11 期。

⑤ 刘祥琪：《我国征地补偿机制及其完善研究》，博士学位论文，南开大学，2010 年。

很容易导致征地补偿费用就低不就高，大打折扣，压低征地补偿费用。

在这样的立法倾向下，为了降低征地成本，各地政府或征地单位会在法律限度内尽可能压低征地补偿费用，"即使在经济较为发达的江浙一带，每亩土地的补偿费最高也只有 3 万—4 万元，只相当于一个公务员一年的工资"。① 更有甚者，不依法补偿也较为普遍②，一些建筑项目，特别是国家和地方重点基础设施建设项目，为了节省投资，还要采用"省部协议""政府定价"的办法确定征地补偿标准，以求低于法定标准。据有关部门对京珠、京福高速公路等 12 个国家重点建设项目进行的比较，发现一般项目征地补偿安置费用只占工程总投资的 3%—5%，最低的只占 0.8%，最高的也只有 12.2%。③ 襄荆高速公路荆州段征地中给农民的安置补助费是 500 元/亩，仅为法定最低标准的一成。④ 因此，尽管《土地管理法》修订时强调要提升征地补偿标准，但目前的实际情况与使失地农民"保持原有生活水平"的要求尚存在较大差距。

根据《土地管理法》的规定，对于征地补偿的确定，农民集体及个人丧失了在法律范围内的抗辩权，对补偿标准有争议的，由县级以上人民政府协调；协调不成的，由批准征用土地的人民政府裁决。但是，征地补偿、安置争议不影响征用土地方案的实施。⑤ 这意味着利益极度相关的被征地的农民集体经济组织和农民在征地过程中仅仅享有被动的告知权和有限的建议权，是否征地、如何补偿和安置都由政府说了算，如果发生争议由政府协调和裁决，争议并不影响征地方案的实施，这里的政府并非是客观的中立者，而往往

---

① 周青、黄贤金：《我国征地制度运行的历史轨迹、现实问题及改革措施》，《中共南京市委党校南京市行政学院学报》2004 年第 2 期。

② 鹿心社：《积极探索　勇于创新　大力推进征地制度改革——在征地制度改革试点工作座谈会上的讲话》，《国土资源通讯》2001 年第 9 期。

③ 叶红玲：《修宪后征地制度面临的课题》，《中国土地》2004 年第 4 期。

④ 柴学伟、胡悦、年秀慧：《土地征用中政府行为的经济分析》，《理论界》2005 年第 7 期。

⑤ 《中华人民共和国土地管理法实施条例》，《陕西政报》1999 年第 4 期。

是征地行为的发起者以及征地利益的获取者，利益相关人成为裁判者，由其来决定、协调、裁决，被征地的农村集体和农民的权益保护完全取决于政府的尺度。

正是基于这样的补偿制度安排，在实际操作中，农民及农村集体在土地征收出让的收益中只能获得微薄的部分，温铁军、朱守银（1996）的研究表明，在土地征收出让过程中，如果成本价为 100元，农民只得其中的 5%—10%，村级集体经济得 25%—30%，60%—70% 为政府及各部门所得。[1] 据对上海、杭州、合肥、哈尔滨、南宁等城市的调查，政府各项税费占用地成本的 60% 以上，而征地补偿安置费只占 30%—40%。[2] "从一些典型调查看，发达地区农民得到的收入，每亩在 1 万元以内；中西部地区农民得到的更少。按照这个比较，说近十多年通过征地环节，使农民的收入流失3 万亿元以上，农民留在手上的只是一个零头，并不夸张。"[3]

与之相对应的是政府土地财政的巨大收益，按照很低的法定补偿标准征收土地，再按照市场价格出让土地使用权，其中的差价就是土地财政的来源。浙江省上虞市百官镇梁家山村的土地，政府拍卖时价格上升到 100 多万元一亩，而农户的征地补偿安置费只有2.5 万元一亩；开发浦东时，向当地农民征地，一亩粮田补偿 2.3万元，一亩菜地补偿 2.8 万元，再投入六七万元完成"七通一平"工程[4]，等出让给开发商时，已高达二三十万元一亩。[5] 专家研究表明，土地的征收价格与出让价格之间的比例大致为 1∶10 的关系[6]，这样的补偿标准，完全是政府行为的结果。

---

① 温铁军、朱守银：《政府资本原始积累与土地"农转非"》，《管理世界》1996 年第 5 期。

② 国土资源部征地制度改革课题组：《征地制度改革研究报告》，《国土资源通讯》2003 年第 11 期。

③ 党国英：《关于征地制度的思考》，《现代城市研究》2004 年第 3 期。

④ "七通一平"建设是指通路、通电、通信、通上水、通下水、通燃气、通热力及宗地内土地平整。

⑤ 《中国土地忧思录》，《南风窗》2003 年 9 月。

⑥ 徐洁、陈江龙：《经济转型期的农地征用》，《国土资源》2003 年第 4 期。

随着社会主义市场经济的逐步建立以及农民维护自身权益的意识不断增强，现行征地补偿制度越来越受到质疑，很多征地矛盾和冲突因此而产生，这也成为当前征地制度改革的一个焦点。

（三）征地补偿分配问题

征地补偿的分配是中国特有的问题，这与农地产权的制度安排有关，农村集体拥有土地所有权，农户拥有土地使用权，土地一旦被征收，征地补偿费还需要在作为土地所有者的集体与拥有30年土地使用权的农户之间进行分配。对此，根据《中华人民共和国土地管理法实施条例》的相关规定，"地上附着物及青苗补偿费归农民所有，安置补偿费则需视情况而定，如果是农村集体经济组织负责安置的，安置补偿费就支付给农村集体经济组织；如果是由其他单位安置的，安置补偿费支付给安置单位；不需要统一安置的，安置补偿费发放给被安置人员或者征得被安置人员同意后用于支付被安置人员的保险费用，而且，安置补偿费必须专款专用，不得挪作他用"。① 在诸多补偿费用中，土地补偿费占大头②，依法归农村集体经济组织所有。农村集体土地产权关系的模糊不清导致土地补偿费的分配存在诸多问题。国土资源部的报告也指出，目前征地工作中存在的主要问题之一就是征地费用分配乱，征地补偿费在被征地集体经济组织和农民之间分配不尽合理，使用管理较为混乱，个别还存在截留现象。③

在实践中，"乡扣""村留"的现象并非个别，而是普遍存在的。根据现行的乡镇财务管理方面的规定，乡镇政府虽然不是土地的所有者，但却控制着村财政，乡镇政府截留部分征地补偿款虽然不合法，但却在现实生活中普遍存在。同时，在村集体和农户之间，手中握有权力的乡村基层组织及其代表处于强势地位，决定着土地补偿费的使用及分配，乡村干部采用的一个非常典型的方法，

① 《中华人民共和国土地管理法实施条例》，《陕西政报》1999年第4期。
② 黄小虎：《征地制度改革的经济学思考》，《中国土地》2002年第8期。
③ 鹿心社：《积极探索　勇于创新　大力推进征地制度改革——在征地制度改革试点工作座谈会上的讲话》，《国土资源通讯》2001年第9期。

是保留大部分或所有的土地补偿费。① 因此，在征地补偿费层层下拨的过程中，拖欠、截留、挪用土地补偿安置费的现象在各个地方都不同程度地存在。有资料显示，广东省大多数乡镇政府截留比例为15%—20%；在福建省，一般乡镇政府截留10%—20%，经济困难的乡镇政府截留30%—50%，也有个别经济效益好的乡镇政府不截留，而一些征地中介又收3%。浙江省的相关调查也显示，乡镇政府也参与了征地补偿分配，并将之归因为人民公社时期"三级所有，三级分配"的收入分配关系，在农村征地补偿分配中截留了5%—8%的征地补偿费。② 上海松江工业园区污水处理工程征收新桥镇民益村土地124亩，土地补偿费308万元，按3∶4∶3的比例在镇、村和组之间分配，村作为集体土地的产权单位只分到土地补偿费的40%。③ 类似的情况在安徽和江苏也存在，在安徽的某些地方，土地补偿费的分配采取了"4∶4∶2"的分成法，即乡政府40%，行政村40%，自然村20%。据调查，南京市郊区的征地补偿费的分配一般是在镇（街道）和村（包括行政村和自然村）之间分配，一般是镇、街道70%，村，主要是行政村30%，自然村可能从行政村那里再分一点。这些数据还是以南方沿海发达地区农村为调查对象的，其截留比例都如此之高，其他经济欠发达地区，实际状况实在令人担忧。④ 经过层层截留，本来就已经不多的征地补偿费分到农民手中就更少了，有统计估计，在我国征地补偿费用的分配中，农民只得5%—10%，村集体得25%—30%，县、乡（镇）得60%—70%⑤，这一比例尚无法精确界定，但是，在征地补偿的分配中，

---

① 李平、徐孝白：《征地制度改革：实地调查与改革建议》，《中国农村观察》2004年6月。

② 朱明芬：《浙江被征地农民利益保障现状调研及对策》，《中国农村经济》2003年第3期

③ 国土资源部征地制度改革课题组：《征地制度改革研究报告》，《国土资源通讯》2003年第11期。

④ 江帆：《农村征地补偿费分配管理中存在的问题及法律对策》，《农村经济》2006年第8期。

⑤ 李辉敏、哈伯先：《论我国土地征用补偿制度的缺陷与完善》，《学术交流》2006年第5期。

乡镇政府和农村集体组织占了大头，失地农民只能得到很少一部分是普遍现实。这种分配现状也是导致目前征地矛盾激化、失地农民上访的重要原因。

根据《土地管理法》的规定，"被征地的农村集体经济组织应当将征收土地的补偿费用的收支状况向本集体经济组织的成员公布，接受监督。禁止侵占、挪用被征收土地单位的征地补偿费用和其他有关费用"。[①] 但在现实中，很多地方农村基层组织财务制度不健全，账目混乱且不公布，也没有建立相应的监督机制和公共决策机制，土地补偿费的管理和使用很难加以制约，面临使用不当和被侵吞的风险。有些村用土地补偿费进行投资，开发项目，但可能会因为决策失误、投资失败而导致留存的保命钱打了水漂；许多地方土地补偿费甚至都没有被用于生产经营，而是被列为行政支出来解决村委会或者村民小组经费短缺的困境，甚至不乏被村干部贪污、挪用、侵吞情况的发生[②]，吉林省桦甸市大城子村四名村干部合伙贪污了土地补偿款450多万元，深圳龙岗一村小组长私吞75万元土地补偿款的案例可能只是冰山一角。[③]

由于土地补偿费留存农村集体经济组织存在诸多风险以及很多农村集体缺乏有效的补偿和安置办法，在实践中，很多地方直接将这笔费用一分了之。2005年，最高人民法院发布《关于审理涉及农村土地承包纠纷案件适用法律问题的解释》（法释〔2005〕6号），规定"农村集体经济组织或者村民委员会、村民小组，可以依照法律规定的民主议事程序，决定在本集体经济组织内部分配已经收到的土地补偿费。征地补偿安置方案确定时已经具有本集体经济组织成员资格的人，请求支付相应份额的，应予支持"。[④] 从立法上允许

---

① 《中华人民共和国土地管理法》，《陕西政报》2004年第24期。

② 徐洁、陈江龙：《经济转型期的农地征用》，《国土资源》2003年第4期。

③ 详见《桦甸大城子村村干部集体贪污450多万》，http：//www.jlds110.com/news-get.do?id＝872，2008年11月24日；《村官卖地私吞75万判3年缓5年》，http：//news.163.com/05/0405/11/1GIR20430001122E.html，2005年4月5日。

④ 参见《关于审理涉及农村土地承包纠纷案件适用法律问题的解释》第二十四条，法制网（http：//www.legaldaily.com.cn/misc/2005-08/15/content_181454.htm）。

集体经济组织通过民主议事程序讨论决定土地补偿费和安置补助费是由村集体集中使用，还是直接发放到村民手中。结果，在具体操作中，有的村将征地补偿费100%留村集体统一使用，有的村实行七三分成、三七分成或二八分成，也有的村100%地归农民。村与村之间比例不一，各村对所留部分的使用方式不一样，利用效果也各不相同①，农民感到很不平衡。

（四）失地农民安置问题

土地是农民最基本的生产资料，也是最可靠的生活依托和保障。农民有地可种就能维持基本生活。征地的发生致使农民失去土地，妥善安置失地农民是农地征收制度安排中的重要内容。温家宝曾批示："批地首先要考虑农民的安置，失地农民得不到妥善安置，将会成为影响社会的一大隐患。"② 根据《全国土地利用总体规划纲要》，2001—2010 年，全国非农建设占用耕地 1850 万亩，其中90%以上的为集体土地，需要征收。按照全国人均耕地水平测算，会有1200 多万被征地农民需要陆续安置。③

计划经济时期，征地安置的主要途径是对失地农民实行户籍农转非，由征地单位招工安排就业，享受市民的福利待遇，征地后农民经体制性吸纳，长远生计可以获得保障，因此，农民对于这样的安置方式是满意的。随着社会主义市场经济的建立和户籍制度、劳动用工制度改革的深入，就业日益市场化，原有的安置途径在实践中已经难以沿用。

在目前条件下，失地农民"农转非"和招工安置在很多地方失去了实际意义，但自谋职业又难，尤其是大型水利工程占地和城市

---

① 朱明芬：《浙江被征地农民利益保障现状调研及对策》，《中国农村经济》2003 年第 3 期。

② 鹿心社：《搞好试点　稳步推进　为建立新型征地制度努力工作——在完善征地制度调研暨改革试点工作座谈会上的讲话》，《国土资源通讯》2002 年第 11 期。

③ 鹿心社：《积极探索　勇于创新　大力推进征地制度改革——在征地制度改革试点工作座谈会上的讲话》，《国土资源通讯》2001 年第 9 期。

郊区用地安置难的问题更为突出。① 为此，2004 年，国土资源部制定的《关于完善征地补偿安置制度的指导意见》（国土资发〔2004〕238 号）中提出了几种新的安置方式：一是农业生产安置，即通过利用农村集体机动地、承包农户自愿交回的承包地、承包地流转和土地开发整理新增加的耕地等，使被征地农民获得土地，继续从事农业生产。这种模式主要适用于土地调整空间较大的城市规划区外。二是重新择业安置。通过提供免费就业培训、鼓励用地单位优先吸收等方式，创造条件，促进被征地农民就业。将征收城市规划区内的无地农民纳入城镇就业体系，建立社会保障制度。这主要是促进失地农民非农就业。三是入股分红安置。对有长期稳定收益的项目用地，在农户自愿的前提下，可以以征地补偿安置费用入股，或以经批准的建设用地土地使用权作价入股，获取收益。这种安置方式的好处是便于就地安置和转移农村剩余劳动力，缺点是面临潜在的企业经营不善的市场风险。四是异地移民安置。确实无法为因征地而导致无地的农民提供基本生产生活条件的地区，在充分征求被征地农村集体经济组织和农户意见的前提下，可由政府统一组织，实行异地移民安置。②

除这些安置方式之外，在实践中还形成了其他的安置方式，其中较有影响的是留地安置和社会保障安置。留地安置是按照规划确定的用途，在被征收的土地中留出一定比例的土地或非农建设用地指标，给被征地集体经济组织从事土地开发和经营，安置被征地人员。③ 留地需要办理转用手续，这些土地可以用来兴办企业、发展第三产业或者招商引资等，壮大农村集体经济，以为失地农民提供基本的生活保障。留地安置是较受经济发达地区和城市郊区欢迎的

---

① 鹿心社：《积极探索　勇于创新　大力推进征地制度改革——在征地制度改革试点工作座谈会上的讲话》，《国土资源通讯》2001 年第 9 期。

② 国土资源部：《关于完善征地补偿安置制度的指导意见》，《国土资源通讯》2004 年第 11 期。

③ 耕地司、规划院联合调研组：《征地安置专题调研报告》，载鹿心社主编《研究征地问题　探索改革之路》（二），中国大地出版社 2003 年版，第 98 页。

安置方式，该方式在广东和福建较为普遍。这种安置方式可以降低征地成本，避免政府一次性支付巨额征地费用，也有利于解决失地农民的就业安置和社会稳定，但是这种方式的适用范围较为有限，仅适用于经济发达地区的城郊接合部，而且随着城市的扩张，容易产生"城中村"问题，给日后的城市土地管理留下隐患。社会保障安置主要是利用征地补偿费用或者农村集体经济股份合作化后利用集体经济所得支付养老保险费用，经济较为发达的地区还在探索医疗保障安置。社会保障安置方式在东部沿海地区运作较多，具体有两种操作方法：一是将失地农民"农转非"，进"社保"，加入城镇居民社会养老保险体系；二是进"农保"，将其纳入农村养老保险体系。

虽然失地农民的安置方式有多种，但是受制于各地的具体情况，很多安置方式的实际运用较为有限，在实践中，各地最通用的是货币安置模式。货币安置方式就是将安置补助费（有时还包括土地补偿费）一次性发放给被征地农民，让其自谋出路。1998年新的《土地管理法》实施后，货币安置方式成为最主要的安置方式。对政府而言，这种方式操作简单，对被征地农民来说，考虑眼前利益也乐于接受。但是，由于目前补偿标准偏低，加上县乡村的层层截留，实际到农民手中的补偿费用极为有限，无法保证失地农民的长远生计，如果就业受阻，一旦安置费用光，农民最后还是要去找征收他们土地的政府，带来一系列社会问题。据调查，征地过程中，80%以上的阻拦施工、拒绝让地以及上访都与劳动力安置有关。

（五）征地程序设定问题

我国征地制度的程序规定散见于《土地管理法》及其实施条例、国土资源部《建设用地审查报批管理办法》及其他有关的法律法规规章中。为了建立世界上最严格的耕地保护制度，《土地管理法》将土地征收的审批权上收到省政府和国务院两级，以防止地方政府征地的随意性；还试图通过严格的征地程序来进行限制和监督，规定了一套用地预审—征地审批—征地公告—补偿登记—补偿方案公告—供地（发出用地批文或批准书）的征地程序，也就是通常所说的"两公告一登记"程序。① 要求征地必须实行两次公告制度，第一次必须在规定的天数之内公告被批准的土地征收方案，第二次是公告拟定的征地补偿安置方案。"一登记"是指被征收土地的所有权人、使用权人应当在公告规定的期限内，持土地权属证书到公告指定的人民政府土地行政主管部门办理征地补偿登记。② 从理论上看，这样的征地程序可以加强对违规用地的监督和防范，但这一程序设计依然是沿用计划经济下以政府为主导的管理模式，程序烦琐、报件复杂、资料臃肿、耗时过长、工作量过大、成本太高，在实践中操作起来很困难。而且，这种最严格的程序性，体现在征地实践中时往往表现为一种缺陷，即这些最严格的程序并没有充分体现其应该体现出的对农民公开、公平、公正的基本要求。③

法制较为健全的国家大多对征地有严格的程序规定，通过设定被征地方的知情权、参与权和上诉权来限制行政权力的滥用，保护行政相对人的合法权益。中国现有的土地征收程序设置却恰恰相反，作为农村集体的成员及土地使用权的拥有者，农民基本上被剥夺了话语权。从《土地管理法》强调的公告制度来看，第一次公告的是被批准的土地征收方案，是典型的事后告知，这意味着征地方案不需要征得农村集体及农户的意见，征地与否、征收多少、何时

---

① "两公告一登记"程序中的第一次公告是指《土地管理法实施条例》第二十五条规定的"征用土地方案经依法批准后，由被征用土地所在地的市、县人民政府组织实施，并将批准征地机关、批准文号、征用土地的用途、范围、面积以及征地补偿标准、农业人员安置办法和办理征地补偿的期限等，在被征用土地所在地的乡（镇）、村予以公告"。"一登记"是指第二十五条规定的"被征收土地的所有权人、使用权人应当在公告规定的期限内，持土地权属证书到公告指定的人民政府土地行政主管部门办理征地补偿登记"。第二次公告是指第二十五条规定的"市、县人民政府土地行政主管部门根据经批准的征用土地方案，会同有关部门拟订征地补偿、安置方案，在被征用土地所在地的乡（镇）、村予以公告，听取被征用土地的农村集体经济组织和农民意见。征地补偿、安置方案报市、县人民政府批准后，由市、县人民政府土地行政主管部门组织实施"。

② 《中华人民共和国土地管理法实施条例》，《陕西政报》1999 年第 4 期。

③ 于广思：《构建新型征地制度的思考——从南京的试点实践看征地制度改革》，《中国土地》2004 年第 10 期。

征收都由征地方决定，确定后以公告的方式公之于众即可。第二次公告的是拟定的征地补偿安置方案，被征地的农村集体经济组织和农户可以发表意见，仅限于享有建议权，不能产生决定作用。而且，征地协议是跟农村集体经济组织来签，农户基本不参与征地补偿谈判，即便是农村集体，实际上也不过是几个执掌权力的人。从整个征地程序的设定来看，农民基本上被排除在土地征收的博弈之外，无论是土地使用目的的核实，还是与他们切身相关的补偿标准的确定以及搬迁、安置方式等，都是由地方政府与用地单位来协商，农民处于边缘化的被动状态，很多信息和情况事先并未被告知，事后也缺乏话语权。从这个意义上说，公告的设定只是流于形式，缺乏利益相关方的监督和抗辩，违法征地的现象无法避免。美国华盛顿大学农村发展研究所的实地调查表明，征地过程中没有农民的参与，既带来农民的失望，也为集体干部滥用职权提供了机会。在其调查的 17 个发生过 3 次征地的村中，从未有过就征地目的或补偿标准征求村民意见的事情。在多数情况下，农民只是简单被告知哪些地块要被征收，目的是什么，他们能得多少补偿。这种告知都是口头的，而不是书面的，而且由于征地事件本身和补偿标准都是单方面强加给农民的，这种口头告知实际上只是一种要求农民在一定时间范围内做好征地准备的最后通牒，没有任何让农民"参与"征地过程的意义。①

　　更为严重的是，现行征地制度在纠纷裁决上存在着严重缺陷，《土地管理法》只是规定地方政府要进行公告，听取农村集体和农民意见，但对应有的救济方式没有提及。国务院发布的《土地管理法实施条例》虽然补充规定了征地纠纷的救济方式，但明显不合理。该条例第二十五条规定，"对补偿标准有争议的，由县级以上地方人民政府协调；协调不成的，由批准征用土地的人民政府裁

---

① 李平、徐孝白：《征地制度改革：实地调查与改革建议》，《中国农村观察》2004年第 6 期。

决"。① 发生征地纠纷由县级以上人民政府来协调，这等于是参赛者同时做裁判，根本违背了公正客观的立法原则；协调不成，就要上升至省级人民政府或国务院来裁决，救济门槛如此之高，使得救济遥不可及。缺乏足够及合理的征地纠纷救济途径，一方面，导致了农民权益受损求告无门，为了讨说法，只能采取各种形式的越级上访，土地纠纷上访居高不下，影响社会稳定和政府形象；另一方面，又致使政府越位去代行司法救济的职责，要千方百计地做群众工作，想方设法阻拦因土地而造成的上访，增加额外的行政成本。②

二　现行农地征收制度的实施后果

土地征收制度的实施目标有三：第一，保护耕地，提高土地利用效率；第二，促进工业户和城市化发展；第三，实现社会稳定。从目前的实践结果来看，很多方面与预定目标有差异，甚至是背道而驰。

（一）"圈地运动"愈演愈烈，土地资源浪费严重

20 世纪 80 年代末，中国开始实行国有土地有偿使用的制度，起初是针对外商投资项目和部分营利性项目实行国有土地使用权出让，后来逐渐扩展，形成了无偿划拨土地和有偿使用土地的双轨制。在现行的制度框架内，征地制度与供地制度之间存在着巨大的利益空间。有研究表明，政府从"征收土地—批租土地"中获得的利润可达土地出让金的 60%—80%，甚至高达 90%③；国土资源部的研究也显示，通过土地征收推动农地非农化能给市镇以上地方政府和有关部门带来 50%—80% 的土地收益，也能给征地单位带来丰

---

① 《中华人民共和国土地管理法实施条例》，《陕西政报》1999 年第 4 期。

② 于广思：《构建新型征地制度的思考——从南京的试点实践看征地制度改革》，《中国土地》2004 年第 10 期。

③ 吴玲：《我国征地制度的制度悖论与创新路径》，《宏观经济研究》2005 年第 10 期。

厚的利润。在征地过程中，仅根据有关法律规定收取的有关土地费用一般占征地成本的一半以上，"搭车"收费项目也不在少数，成为有关部门的财源之一[①]，"以地生财"成为地方政府圈地的主要动力。特别是在20世纪90年代分税制改革后，地方政府在财政压力和政绩要求下，通过农地征收来进行资本积累，招商引资，推动地方经济发展及城市建设就成为合乎理性的选择，土地收益成为地方政府财政收入的主要来源。蒋省三等（2007）对10个省（直辖市）进行的调查显示，土地出让金在东部沿海一些县市预算外收入中所占的比重在60%以上，国务院发展研究中心的资料也显示近几年土地收入约占地方财政收入的60%，一些二、三线城市的这一比例更高达70%。[②] 2010年，全国土地有偿出让收入超过2.9万亿元，同比增长106.2%，比2001年增长20倍，土地出让金占地方财政的比例从2001年的16.6%猛增至2010年的76.6%。[③]

"城市经营"一度成为中国城市化的响亮口号，通过扩大城市外延，将农用地转变为非农用地，可以提升城市及周边的土地价值，一块农田被征收后，经过"七通一平"，价值就会十几倍甚至几十倍地上升，土地使用权转让后，搞开发区招商引资或者进行房地产开发，政府将获得的土地收益用来投入城市建设，如此循环，就是"城市经营"的奥秘所在。"城市经营"成功的典型杭州市，通过将萧山、余杭划入市区，市区面积从683平方公里扩大到3068平方公里，扩大了近3倍，全国664个建制市的城区规模也都扩大了1倍以上。[④] 对地方官员而言，在有限的任期内将土地征收转让出去，既获得了高额的财政收入，又可以通过招商引资、城市建设

---

① 耕地司、规划院、利用司、规划司联合调研组：《征地目的及征地范围专题调研报告》，载鹿心社主编《研究征地问题　探索改革之路》（二），中国大地出版社2003年版，第50页。

② 蒋省三、刘守英、李青：《土地制度改革与国民经济成长》，《管理世界》2007年第9期。

③ 《土地有偿出让背后一把大剪刀》，http://epaper.oeeee.com/A/html/2012 - 01/08/content_1552440.htm，2012年1月8日。

④ 《新"圈地运动"》，《农村金融研究》2003年第5期。

提升政绩；对地方政府而言，通过推动城市化、获取土地资源成为新的经济增长点。

自 20 世纪 80 年代以来，中国出现了三次大规模的"圈地运动"，分别发生在 20 世纪 80 年代、1998 年前后和 2002 年下半年[①]，与当时土地制度政策的调整密切相关。1986 年《土地管理法》出台，明确规定了国有土地配置制度的双轨制，即土地配置行政划拨和有偿出让两种形式并存，并提出建立土地市场的设想，1989 年《宪法》修订进一步规定，"土地使用权可以依法转让"。土地可以进入市场流转，有偿出让，其价值凸显，成为稀缺资源，各地掀起土地开发热潮，尤以 1992 年开始的房地产热和开发区热最为突出。第二次"圈地运动"始于 1998 年，这时住房实物分配制度被停止，货币化分房制度开始建立，房地产业的地位得到肯定，再加上基础设施建设扩展和新一轮的开发区建设，圈地热潮再次升温。2002 年下半年开始的第三次"圈地运动"是势头最为凶猛的一次，据国土资源部公布的数据，截至 2003 年 12 月底，全国各类开发区数量为 6015 个，规划面积达 3.54 万平方公里，超过了现有城镇建设用地总量[②]，以平均每亩 10 万元的最低开发成本计算，3.5 万平方公里的开发区，至少需要 5.3 万亿元的启动资金。2002 年，我国全社会固定资产投资仅为 4.32 万亿元，很多开发区圈而不用的情况非常普遍。在全省省级以上 900 多家开发区中，国家批准规划面积近 3000

[①]　第一次"圈地运动"开始于 1987 年，在 1992—1993 年达到高峰；第二次"圈地运动"开始于 1998 年；第三次"圈地运动"开始于 2002 年下半年，是圈地势头最为凶猛的一次。参见刘正山《"沦陷"与拯救——"圈地运动"与治理整顿搏击记事》，《中国土地》2004 年第 3 期。但是，对于三次"圈地运动"的时间段划分也有不同看法，暨南大学查伟在其博士学位论文《新圈地运动研究》中，对新中国成立以来耕地减少的情况进行了分析，发现 1978—2008 年有三个圈地高峰，分别是 1984—1986 年、1992—1994 年、2002—2004 年。他认为，1984—1986 年的"圈地运动"的原因可以归结为乡镇企业的兴起，乡镇企业用地主要是村集体拥有的农村建设用地，在 1984 年前后有一个建厂的热潮，导致耕地面积减少严重。第二次"圈地运动"的高潮在 1992 年前后，当时全国掀起了第一波建立开发区的热潮。第三次"圈地运动"的高潮是在 2002—2004 年，随着房地产市场化和城市化进程，再次掀起建立开发区的热潮，这一时期中国的城市化走的是超大城市发展战略，各个大城市迅速扩张，吞噬周围的农业用地。

[②]　《2003·土地整顿风暴》，《南方周末》2004 年 1 月 18 日第 A2 版。

万亩，已经开发的仅占规划总面积的 13.51%，近 2600 万亩土地处于闲置状态。[1]

第三次"圈地运动"也是很多地方政府违规圈地最为严重的一次。在这些开发中，经国务院批准的只有 232 家，占 4.1%，省级批准 1019 家，占 18%。[2] 许多地方违法授予园区土地供应审批权，园区用地未批先用，非法占用，违法交易的现象十分严重。[3] 国土资源部下令撤销了其中的 2426 个，整合 294 个。[4] 这一时期，由于征地数量巨大，违规操作情况严重，征地矛盾日益突出。2003 年 7 月，国务院发文《停止审批各类开发区的紧急通知》，才使各地"圈地运动"紧急刹车。

由于征地成本被制度限定得很低，土地滥用、土地闲置的情况很普遍。江苏"铁本"事件中，铁本公司最初提出的占地是 2000 亩左右，但是，所在地的镇政府为了吸引"铁本"落户，不惜以违规方式报批土地，最终获得的用地竟然达到 5988 亩。[5] 这只是较为典型的案例，类似的情况在其他地区也有出现过。很多地方政府大建城市基础设施，搞空洞的形象工程，土地利用率低。

在"圈地运动"愈演愈烈之下，中国的耕地面积逐年锐减。根据建设部的统计，中国 1996 年耕地面积是 19.51 亿亩，到 2003 年年底为 18.51 亿亩，7 年间减少了 1 亿亩。1996—2002 年，中国耕地面积年均净减少 1027 万亩，2003 年为 3400 万亩，2004 年，尽管国务院采取了严格控制耕地的措施，但耕地仍然减少了 1000 万

---

① 《"圈地"圈出粮食安全问题》，http://biz.cn.yahoo.com/040114/2/156a.html，2004 年 1 月 14 日。

② 盛智颖、张安录：《从制度经济学的视角对土地垂直管理制度进行分析》，《生态经济》2005 年第 12 期。

③ 隆宗佐、盛智颖：《"圈地热"探析》，《农业经济》2004 年第 10 期。

④ 刘正山：《"沦陷"与拯救——"圈地运动"与治理整顿搏击记事》，《中国土地》2004 年第 3 期。

⑤ 李军杰、周卫峰：《基于政府间竞争的地方政府经济行为分析——以"铁本事件"为例》，《经济社会体制比较》2005 年第 1 期。

亩①，而且仅 2004 年上半年，全国共发现土地违法行为 4.69 万件。到 2005 年，中国的人均耕地占有量仅为 1.41 亩，而一些征地规模较大的省市，包括北京、上海、广东、浙江等 9 个经济发达省市人均耕地占有量更是少得可怜，仅为 0.8 亩左右。

耕地面积的锐减直接威胁到国家的粮食安全和农村的社会稳定。据统计，1987—2001 年，全国非农建设占用耕地 3394.6 万亩，其中 70% 以上是征地。这是依法审批的占用数，不包括突破指标、违法征地和一些乡村擅自卖地。卫星遥感资料表明，违法占地数量占一般占用地总量的 20%—30%，有的地方多达 80%。而早在 2002 年年底，我国沿海 14 个省市的实际占用耕地都已经突破了规划指标，许多城市及地区至 2003 年年底时已将 1997—2010 年土地利用总体规划确定新增建设用地规模指标使用殆尽。② 尽管《全国土地利用总体规划纲要（2006—2020 年）》重申要坚守 18 亿亩耕地"红线"，并强调到 2020 年，全国耕地应保持在 18.05 亿亩，但是在巨大的利益吸引和 GDP 政绩观的刺激下，无论中央政府如何调控，上收土地审批权限，禁止"换整为零"规避审批，实行世界上最严格的土地用途管制，都无法从根本上缓解地方政府的征地冲动，也难以将耕地保护落到实处。在这样的制度安排下，土地违法的案件屡禁不止，耕地面积缩减的情况还将延续甚至更为恶化。

（二）失地农民问题凸显，恶性征地事件频发，威胁社会稳定

在现行的征地制度下，中国的失地农民正逐渐成为当今社会的一个弱势群体，其生存状况令人担忧。国家统计局对全国 28 个省（区）人均耕地面积 0.3 亩以下的 2942 户农户进行了调查，结果显示：43% 的调查户完全丧失了耕地，20% 的劳动力赋闲在家，46% 的失地农户收入水平下降，失地农民对耕地补偿低、补偿不到位深感不满，对地方政府直接介入土地买卖反应强烈，普遍认为政府应

---

① 蔡继明、苏俊霞：《中国征地制度改革的三重效应》，《社会科学》2006 年第 7 期。

② 同上。

解决他们的就业、养老和医疗问题。① 在经济发达地区，失地农民的状况也存在着类似的问题。广东农民失地后虽然就业机会相对较大，但失去了土地保障，未来生活的不确定性会提高，普遍面临收入减少、就业难、教育支出大、缺乏发展资金等困难，不少人因缺乏保障而担心将来的生活。② 征地补偿低、就业安置难、生活无保障也是浙江失地农民的普遍现状，大部分农民不愿意土地被征收，对现行土地征收政策的满意度较低，最不满的是土地补偿标准太低和一次性现金补偿的安置方式，而合理的经济补偿、享有市民待遇以及解决社会保障与就业问题是他们最主要的诉求。③ 据估计，全国60%的失地农民的生活处于十分困难的境地，有稳定的经济收入、没有因失地而影响基本生活的只占30%。④ 从整体上看，农民失去土地后未来生活风险增大，脆弱性增强，极易成为新的城市贫困群体。

失地农民是在城市化进程中因开发建设用地而失去土地的社会群体，在现行的制度安排下，他们成了"务农无地、上班无岗、低保无份"的"三无"人员，其边缘化甚至"游民化"倾向带来了一系列社会问题，并随着征地范围的拓展逐渐由发达地区的局部社会问题扩展为全国性的社会问题。⑤ 近些年来，因征地引发的失地农民上访和信访在逐年上升，由此引发的群体性事件也屡有发生，农村土地纠纷已成为目前农民维权抗争活动的焦点和影响农村社会稳定和发展的首要问题。失地农民问题所引发的社会风险危及社会的安全与稳定。

---

① 毛峰：《政府该为失地农民做什么——对2942户失地农民的调查》，《调研世界》2004年第1期。

② 陈建贤：《广东三县（市）失地农民调查报告》，《南方农村》2003年第5期。

③ 朱明芬：《浙江失地农民利益保障现状调查及对策研究》，《中国农村经济》2003年第3期；李一平：《城市化进程中杭州市近郊失地农民生存境况的实证调查和分析》，《中共杭州市委党校学报》2004年第2期。

④ 王海坤：《失地农民的出路与现实：4000万失地大军游荡城市中》，《中国经济时报》2004年4月9日第3版。

⑤ 葛金田：《我国城市化进程中的失地农民问题》，《山东社会科学》2004年第4期。

政府凭借强势地位低征高卖，农民在利益受损的情况下，以各自的方式阻挡征地的进程，在这种博弈过程中，近些年，因野蛮征地而引发的暴力冲突接连不断，血案频繁发生，造成了极为恶劣的社会影响。继 2005 年 6 月 11 日河北定州征地血案①之后，类似事件持续发生②，各地层出不穷的征地暴力事件是不合理的征地制度的必然结果，中国农地征收制度和城市征收拆迁一样，已经到了非改不可的地步。

（三）土地"寻租"滋生腐败，损害政府的威望和形象

改革开放前，我国的土地使用制度一直实行的是无偿行政划拨，1988 年宪法修正案规定"土地使用权可依法转让"，自 20 世纪 90 年代起，我国开始实行土地有偿使用制度，这意味着，政府把集体土地征收为国有之后，可以采用划拨或者有偿出让方式将土地交给用地单位使用，其中有偿出让又分为协议、招标、拍卖、挂牌四种方式，这就是土地供应双轨制。从 2002 年起，国土资源部明确商业用地等实行招标、拍卖、挂牌制度。但政府机关、科研机构、教育机构、事业单位以及一些工业用地仍然通过划拨、协商等方式取得土地使用权。

"寻租"（rent‑seeking）就是用较低的贿赂成本获取较高的收益或超额利润。土地供应双轨制是土地"寻租"的重要渠道，对用地单位而言，土地是划拨还是出让，成本有着巨大差异。而法律条文对"划拨"适用条件的含糊规定和监管缺乏，也给权力留下操作空间。根据国土资源部的统计，2003 年协议出让土地比例仍达65%，该年全国应采用但未采用招标、拍卖、挂牌方式而导致少收

---

① 2005 年 6 月 11 日凌晨，河北定州市绳油村村民因征地纠纷，遭二三百名男子袭击，出现了严重的伤亡事故，河北省省委随后做出决定，免去定州市市委书记和风、定州市市长郭振光二人的职务。详情见王克勤、乔国栋《河北"定州村民被袭事件"调查》，《中国经济时报》2005 年 6 月 20 日。

② 其中，影响较大的包括 2010 年 1 月 7 日的江苏邳州征地血案、2010 年 4 月 22 日的河南许昌征地血案和 2010 年 9 月 10 日的江西宜黄强拆自焚事件等，详见《新京报》2010 年 1 月 18 日、《京华时报》2010 年 4 月 26 日和《三联生活周刊》2010 年 10 月 1 日。

的土地收入已超过 1000 亿元。① 出让转为划拨，使国有资产在流失的同时，土地"寻租"和腐败也在滋长。

据国土资源部执法局 2003 年的统计，2002 年全国立案查处土地违法案件 11 万多件，涉及土地面积 28410.08 公顷，给予责任人行政处分 452 人，党纪处分 771 人，刑事处罚 168 人。② 许多重大腐败案件都与土地有关，涉案金额动辄数千万元、上亿元，2009—2010 年发生在土地、建设领域的 30 个腐败案件，涉案人员平均涉案金额超过 870 万元。其中，辽宁抚顺国土资源局罗亚平贪污受贿案尤为引人注目③，该案被中纪委领导批示为"级别最低、数额最大、手段最恶劣"。近年来，土地管理领域和房地产交易领域的腐败已成为最激起民愤的行政权力腐败。

现行土地征收制度带有非常强烈的国家意志。这种制度设计只追求当前短期利益，而忽视将来长期利益；只重视地方政府局部利益，而忽视国家长治久安的整体利益；只反映显性地经济成本，而不反映潜在的社会、政治、经济、文化的综合成本。从表面上看，征地成本很低廉，只相当于后来土地批租价格的 10%—30%，能为政府带来丰厚的"利润"，但从长远的、深层次的方面来看，征地成本非但不低廉，反而非常昂贵。政府在征地中付出的除了"征地补偿费"这一小部分经济成本，实际付出的成本还有：由于征地成本被制度性地压低，政府获取土地资源成本较低，在土地的利用方面较为粗放，不利于土地的节约和保护；地方政府在征地中与民争利，不仅影响政府形象，也使得政府与民众的关系趋于紧张。政府官员在征地活动中的"寻租"腐败，更是损害政府的威望；在现有的征地制度框架下，农民被剥夺了话

---

① 隆宗佐、盛智颖：《"圈地热"探析》，《农业经济》2004 年第 10 期。

② 《国土资源部：2002 年全国立案查处土地违法案件 11 万多起》，新华网（ht-tp：//news. xinhuanet. com/zhengfu/2003 – 04/14/content_831067. htm），2003 年 4 月 14 日。

③ 罗亚平仅为辽宁抚顺国土资源局的科级干部，单独或伙同他人侵吞、骗取征地款、动迁补偿款等款物共计 3427 万余元，占有款物 3239 万余元，尚有 3255 万余元财产不能说明合法来源。参见新华网，2011 年 11 月 9 日。

语权，为了维护自身的利益，他们会通过越级上访、聚众抗议甚至更加激烈的方式反对征地，增加了社会不稳定因素。

三　征地制度改革的思路之辩及模式选择

中国现行征地制度形成于计划经济时期，随着社会主义市场经济的发展，制度缺陷日益显现，在征地目的的公益性、征地补偿安置费用标准的合理性、征地补偿安置费用分配和使用的规范性、安置途径的可行性等重要问题和环节，缺乏适应市场经济体制的调节机制和必要的社会监督机制。[①] 在实践中，随着因征地问题引发的社会矛盾日益尖锐，征地问题引起土地管理部门、学术界及社会的普遍关注，进行征地制度改革的呼声也越来越高。改革征地制度不仅是发展的需要，更是稳定的需要。20 世纪末，征地制度改革被提上日程。

（一）征地制度改革思路之辩：渐进性"治标"还是激进性"治本"

制度变迁道路的选择有"激进式改革"和"渐进式改革"两种[②]，从一开始，在关于征地制度的改革思路和具体操作模式问题的讨论中就出现了两种分歧极大的观点交锋：一种观点是以国土资源部为代表的"渐进式"的改革思路，认为现行农地征收制度的整体构架仍具合理性，当前征地的核心问题是征地补偿标准过低，其他问题都因此而生，因此，改革的关键就在于重新设定征地补偿标准。中央财经领导小组办公室副主任陈锡文曾表示，农民征地问题的解决最终要靠逐步推行征地制度改革，而改革只能是渐进的。[③]

①　鹿心社：《积极探索　勇于创新　大力推进征地制度改革——在征地制度改革试点工作座谈会上的讲话》，《国土资源通讯》2001 年第 9 期。

②　王克强：《中国农村集体土地资产化运作与社会保障机制建设研究》，上海财经大学出版社 2005 年版。

③　《我国将改革征地制度减少农村不稳定因素》，《新京报》2006 年 2 月 23 日。

另一种观点则认为，现行征地制度的种种问题是由农地产权制度造成的，农地产权缺陷是失地农民征地补偿过低的真正根源，因此，只有完善农地产权才能真正保护农民的土地权益，农地征收制度改革的重点应该放在农地产权制度建设上，这一思路主要以国务院发展研究中心的一些专家为代表。① 这两种观点的交锋其实是要选择征地制度改革的方向，即究竟是在现有制度框架内进行调整，通过提高征地补偿标准来缓和征地矛盾，保证征地工作的顺利进行，还是从现有农地产权的弊端切入，通过明确产权关系来限制征地权的滥用，保护农民的合法权益。

农地征收制度改革涉及巨大的利益关系，改革思路及路径选择涉及很多利益关系的调整，背后隐含的是复杂的利益博弈过程，其方向和路径的选择会对改革乃至今后的制度走向产生重大影响。

征地制度改革路径的选择首先要受到原有征地制度下既得利益群体集团路径依赖惯性的制约，这涉及中央政府与地方政府之间的利益分配及博弈关系。1994 年分税制改革后，中央和地方的财政关系发生重大转变，收入上移、支出下移是改革的主基调。据统计，1993 年，中央与地方财政收入比为 22∶78，支出比变为 28∶72，到 2008 年，收入比变为 53∶47，支出比变为 21∶79，改革之后，地方财政收入急剧下降，支出则不降反增。② 这种状况从国家统计局公布的分税制改革前后三年中央与地方财政收入的变化及在总财政收入中的比重可以清楚地看出来（见表 3 - 1）。

从表 3 - 1 可见，1994 年分税制改革后，财政收入开始上移。从更长一段时间的财政收入增长速度来看，这一趋势更为显著。1991—2014 年，中央财政收入从 1991 年的 938.25 亿元增长到 2014 年的 64493.45 亿元，24 年的时间里增长了 67.74 倍。地方财政收入

---

①　江华、李明月：《新一轮征地制度改革反思》，《宏观经济研究》2006 年第 4 期。
②　赵晓：《"土地财政"谁之过》，《新理财（政府理财）》2011 年第 7 期。

表 3-1 　　　1994 年分税制改革前后三年的中央、地方
财政收入及占总财政收入的比重

数额或比重 ＼ 年份	1991	1992	1993	1995	1996	1997
中央财政收入（亿元）	938.25	979.51	957.51	2906.50	3256.62	3661.07
地方财政收入（亿元）	2211.23	2503.86	3391.44	2311.60	2985.58	3746.92
中央财政收入占总财政收入比重（％）	29.8	28.1	22.0	55.7	52.2	49.4
地方财政收入占总财政收入比重（％）	70.2	71.9	78.0	44.3	47.8	50.6

资料来源：《中国统计年鉴（2010）》。

从 1991 年的 2211.23 亿元增长到 2014 年的 75876.58 亿元，24 年的时间里增长了 33.31 倍。

与此同时，财政支出的数额及比例也发生了巨大改变。1991 年中央财政决算支出为 1090.81 亿元，2014 年增长到 22570.07 亿元，24 年增加了 19.69 倍；但是，中央财政支出占总财政支出的比重从 1991 年的 32.2％减少到 2014 年的 14.87％。与之相对应，1991 年地方财政决算支出为 2295.81 亿元，到 2014 年增长到 129215.49 亿元，24 年增长了 55.28 倍，地方财政支出占总财政支出的比重从 1991 年的 67.8％增加到 2014 年的 85.13％。[①]

分税制之后，财权大幅上收，事权层层下放，地方政府要解决发展经济、城市建设，甚至行政人员的工资及福利的资金来源等问题，对土地财政的依赖越来越强，对此，中央政府也是心知肚明的，并且通过对农地非农开发用途和规模的掌控，来实现对地方经济的有效调控。

在分税制体制下形成的地方政府对土地财政的依赖使其成为现

①　数据来自《中国统计年鉴（2015）》。

行征地制度的既得利益集团，并成为路径依赖的主要推动力，在征地制度变迁中因报酬递增而不断自我强化，它们对现存的路径有着强烈依赖，这很大程度上影响了征地制度改革背后的利益博弈及路径选择。

除此之外，中国经济发展对建设用地的大量需求也影响着征地制度改革的方向选择。21世纪，在经济加速发展的目标定位下，对土地的占用和征收仍将保持较高的需求。根据《全国土地利用总体规划纲要》，2001—2010年，全国非农建设占用耕地1850万亩，其中90%以上为集体土地需要征收。① 这些土地用来满足经济发展过程中交通、水利、能源等基础设施建设、西部大开发，推进城镇化等重大战略的实施，这意味着，在实现经济快速发展过程中，土地供应包括征地工作尤为重要。深入农地产权层面的改革，可能会使得低成本超高速的征地模式就此告终，如此之大的用地规模可能无法得到保障，而保证对被征地农民的合理补偿安置相比之下成本就低得多，既可以缓和征地矛盾，又可以保证征地工作的顺利进行。

两种思路交锋激烈，渐进式的改革思路逐渐占据主导，认为在目前农村集体产权缺位、产权主体不明晰以及法律法规不健全的情况下，现行的征地制度改革推倒重来是不现实也是不可行的，只能走渐进式的路径，要在肯定和借鉴各地实践的基础上进行总结和深化，找出简单易行、方便操作的办法。2001年，国土资源部在广东佛山召开征地制度改革试点座谈会，出台了《征地制度改革总体试点方案》，这个具有浓厚官方色彩的方案出台，标志着农地征收制度改革的路线之争尘埃落定。②

渐进式改革是在现有法律框架下进行改良，制度创新成本不高，改革成本和风险也远远小于激进式改革，这种"治标"性的改革方案虽然可以起到保护农民利益、缓解征地矛盾的短期效果，但从长

---

① 鹿心社：《积极探索　勇于创新　大力推进征地制度改革——在征地制度改革试点工作座谈会上的讲话》，《国土资源通讯》2001年第9期。

② 江华、李明月：《新一轮征地制度改革反思》，《宏观经济研究》2006年第4期。

远来看，改革并没有解决根本问题，不赋予农民真正的土地产权，其财产权被侵害也将不可避免。①

（二）征地制度改革的进程、总体思路及主要内容

1999 年国土资源部成立"征地制度改革"课题组，2001 年，国土资源部与中财办联合，在全国 16 个省（区、市）开展全面深入的调研，研究征地工作存在的问题及其产生原因，提出完善和改革征地制度的基本思路和政策措施，为中央出台政策性文件做准备。其后，国土资源部召开了"征地制度改革试点座谈会"，出台了《征地制度改革试点总体方案》，全面启动征地制度改革，第一批征地制度改革试点包括嘉兴、温州、佛山、顺德、南京、苏州、上海、厦门、福州 9 个城市，2002 年，又启动了包括石家庄、广州、沈阳、成都、通州、新乡、绥化、洛阳、马鞍山、南宁 10 个地区的第二批征地制度改革试点工作，在调研研究和试点工作的基础上，进一步修改《征地制度改革试点总体方案》。

《征地制度改革试点总体方案》的基本思路是通过现行征地制度的改革来解决目前征地实践中存在的问题。其目标设定主要有三个方面：一是保护耕地和粮食安全，即通过改革，建立和完善有利于合理用地、保护耕地的机制，以市场机制促进土地资源的优化配置。二是维护社会稳定。明确农民集体作为土地所有者的产权主体地位，通过对被征地农民集体和个人进行合理补偿和安置，为其提供长远的生存保障，减少征地纠纷，维护社会稳定。三是保证用地供给。通过建立科学高效的征地程序和管理体制，保障国民经济建设用地的需求。② 改革征地制度的目的是达到三者的有机统一。

国土资源部的改革方案着眼于对现行征地制度的完善，其主要内容也基本是针对现行征地制度存在的问题设定的，集中在征地范围、补偿、安置及程序四大方面，具体包括：规范征地权行使范

---

① 江华、李明月：《新一轮征地制度改革反思》，《宏观经济研究》2006 年第 4 期。

② 叶红玲：《走向新的里程——从两年来的研究和探索看征地制度改革的新趋势》，转引自鹿心社主编《研究征地问题　探索改革之路》（一），中国大地出版社 2002 年版，第 442 页。

围，明确界定"公共利益"内涵，严格行使土地征收权；征地补偿标准以市场价格为依据，补偿分配按土地产权关系确定；拓宽补偿安置途径，以社会保障为核心，以市场为导向，采取多种途径安置失地农民；坚持政府统一征地，将征地和供地分离，简化征地程序，建立征地仲裁制度，建立公开、公正、公平、高效的征地程序。① 其后的改革实践也是以上思路的展开和延伸。

（三）征地制度改革的程序设定及模式选择

由于征地制度改革是一个调整政府、集体经济组织和农民等多方利益关系的复杂工程，必须要积极稳妥、循序渐进。国土资源部确定的步骤是"研究、试点、总结"，先进行理论研究和实地调研，在此基础上制定《征地制度改革试点总体方案》，然后选择部分地区进行改革试点，在改革试点可以突破法律做一些尝试，试点成功之后，将实践总结出来的经验规范化，上升为法律、制度。

国土资源部的征地制度改革主要启动了两批试点城市。第一批改革试点城市都集中在东南沿海地区，包括上海，浙江的嘉兴、温州，江苏的南京、苏州，福建的厦门、福州和广东的佛山、顺德，这些城市在以往的征地实践中已各自在某一方面从制度上有所突破和创新，国土资源部将其列为改革试点，就是想通过它们的实践总结经验，以便在全国推广，并上升为制度或者法律。其中，嘉兴市通过社会养老保险进行补偿安置，南京市因地制宜确定征地补偿标准，苏州是运用商业保险进行征后补偿安置，温州实行政府统一征地、征储结合、征供分离，福州、厦门、佛山三市在推行公开、公正、公平的征地程序，增加征地工作透明度，顺德和上海两市推行股份合作制进行安置，这些城市的实践都因地制宜，有其独到之处。第二批试点城市是在第一批基础上的推广，从措施上看，特色和创新并不太突出。

从征地制度改革的主要内容来看，在征地范围的界定方面，与之有关的试点改革是上海青浦的集体土地股份合作制的操作，即由

---

① 江华、李明月：《新一轮征地制度改革反思》，《宏观经济研究》2006 年第 4 期。

被征地的农村经济组织，以土地使用权参与高速公路建设项目，参照当地从事农业生产的平均收入水平，由项目公司每年支付土地合作的回报。在这种操作模式下，集体土地只是发生流转而非征收，这为征地范围的界定提供了新的思路。

关于征地补偿标准的确定，试点改革主要探索了两种模式：一是直接提高征地补偿实际年产值标准或倍数标准，主要在温州和顺德进行试点；二是制定征地区片价，主要在南京、苏州进行实践。

关于失地农民安置，试点城市探索了三种较具创新性的模式：一是基于嘉兴试点经验，探索将失地农民直接纳入当地城镇职工的社会保障体系；二是根据苏州的实践经验，探索为失地农民购买商业医疗和养老保险；三是结合苏州、温州、福州的试点改革，探索给被征地农民集体保留一定数量的经济发展用地的留地安置模式。

关于征地程序的改革，试点城市主要在三个方面进行了创新：一是温州推行的政府统一征地，建立征地和储地结合、征地与供地分离的制度；二是福州、厦门、佛山推行公开、公正、公平、高效征地程序，增加征地工作透明度；三是佛山建立仲裁机制的试点改革。

各个试点改革都有自己的特色，同时结合试点方案，在过去创新的基础上找到新的突破口，明确自己的改革重点，进行制度创新。

第四章 "嘉兴模式"之"土地换保障"

在国土资源部主导的征地制度改革中，嘉兴被选为第一轮改革试点城市，入选的原因主要是其在征地补偿安置方面的创新。自1993年开始，嘉兴在征地实践中为失地农民购买养老保险，将其纳入城镇居民养老保障体系之中，形成了很具特色的"土地换保障"征地安置模式。由于这一模式较好地解决了失地农民的养老问题，在实践中得到失地农民的支持，也得到了国土资源部的肯定。2001年嘉兴市被列为征地制度改革试点，"土地换保障"模式也开始引起普遍关注，它被视为一种保障失地农民长远生计的有效途径和未来发展方向，开始在有条件的地区进行尝试和推广，2006年国务院规定"社会保障费用不落实的不得批准征地"，更有力地促进了这一方法在全国各地的广泛实施。

相比实践中的快速推广，学界对这一制度安排的公平性（农民获得社会保障是否必须以失去土地为代价）、有效性（通过"土地换保障"所获得的不完全、低水平的保障能否解决失地农民生存和发展问题）、可行性（"土地换保障"政策实施需要有力的财力支持，涉及社保、户籍、教育、就业等诸多环节，其政策的可持续性如何）、普遍性（该模式是否适合大范围推广）以及长远性（这一制度安排究竟是权宜之计还是要进一步扩展创新）等问题尚存在很大争议。目前，对于这些问题的解答仅仅停留在理论研究和政策梳理上，还无法明晰，必须结合实地进行深入的实证研究。

笔者选取浙江嘉兴为个案基于两方面的考虑：一是嘉兴是"土地换保障"制度创新的发源地，自1993年制度形成推行至今，在实践中历经变迁，通过对该制度的生成环境及变迁过程进行研究分析，可以深入了解该模式的运作机制及适用条件，为其推广提供有价值的参考；二是自 1993 年开始实施至今，"土地换保障"在嘉兴实施已逾 20 年，制度实施后果已有所显现，问题也较为明晰化，对其实施效果及存在问题进行剖析，可以在此基础上思考其制度延展的趋向。

一　"土地换保障"的制度环境

"土地换保障"最早源自浙江嘉兴，2001 年以后开始在浙江省乃至全国推广，值得探究的问题是这一模式为何会率先在嘉兴产生，其地域环境有何特殊性？这与该制度的生成和变迁有何内在关系？这可以对嘉兴模式的推广普及提供地域环境条件方面的借鉴。

（一）嘉兴基本概况

嘉兴地处浙江省东北部的杭嘉湖平原，东临大海，南倚钱塘江，北负太湖，西接天目之水，大运河纵贯境内，位于江、海、湖、河交汇之处，地理位置优越。与上海、杭州、苏州、湖州等城市相距不到百公里，隔杭州湾与宁波、绍兴、舟山等地遥相呼应。境内铁路、公路、水路网络交织，已实现了市区到所辖县（市）的半小时交通圈和嘉兴到上海、杭州、苏州的一小时交通圈，交通便捷，区位优势明显。

从已有考古发现推算，距今 7000 多年前，嘉兴马家浜一带已经有人类活动的痕迹。① 春秋时期嘉兴称携李，属吴国。秦代设由拳县，两汉不变，三国黄龙三年改称禾兴，赤乌五年改为嘉兴，吴越置秀洲，隋代嘉兴并入吴县，属苏州，唐贞观八年重新恢复嘉兴县。南宋以后，随着江南经济的发展，嘉兴的地位日益重要，军、路、

---

① 1959 年在嘉兴南湖乡马家浜发现了埋葬有兽骨、石器和墓葬遗物的古代文化遗址，后被定名为"马家浜文化"。

府城皆设于此，宋为嘉禾郡，后升府，复升军，元称路，明清又为府，民国时废府为县。新中国成立初期建政嘉兴市，1950 年 5 月撤市并入嘉兴县，1951 年 5 月恢复市，1958 年 2 月县市合并，1961年 9 月复称嘉兴市，归县领导，1963 年 1 月撤市改置嘉兴镇。1980年又恢复嘉兴市，并将嘉兴县划归市领导。1983 年嘉兴市上升为省辖市，实行以市带县体制，至今未变。①

　　由于地处自然条件优越的杭嘉湖平原，嘉兴素有"鱼米之乡、丝绸之府"的美誉，历来是富庶繁华之地，农业发展历史悠久。据史料记载，7000 多年前嘉兴市境就有先民从事农牧渔猎活动，吴黄龙三年（公元 231 年）"由拳野稻自生"，吴大帝孙权以为祥瑞，禾兴由此得名。两晋、南北朝时，嘉兴的农业得到进一步发展，被誉为"一岁或稔则数郡忘饥"。隋朝时开凿的江南河（大运河）经过嘉兴，带来灌溉舟楫之利，到唐代，嘉兴屯田 27 处，"浙西三屯，嘉禾为大"，已成为中国东南重要的产粮区，当时就有"嘉禾一穰，江淮为之康；嘉禾一歉，江淮为之俭"的说法。宋元时，经济发达，被称为"百工技艺与苏杭等"，"生齿蕃而货财阜，为浙西最"。明代起商品经济日渐繁荣，特别是纺织业，棉布、丝绸行销南北，王江泾镇的丝绸有"衣被天下"的美誉，嘉善有"收不完的西塘纱"的谚语，桐乡濮院镇的丝绸也以"日产万匹"闻名遐迩，据明弘治《嘉兴府志》记载，"嘉兴为浙西大府"，"江东一都会也"。清朝中期以后，受西方掠夺和封建剥削，社会发展日渐衰败凋敝。1949 年 5 月 7 日，嘉兴解放，其后经济社会发生巨变，特别是改革开放后，嘉兴成为国务院批准的第一批沿海经济开放区和浙江省重要的工贸城市，受浦东开发的辐射以及苏南经济模式和浙南民营经济的交汇影响，经济社会得到快速发展。

　　时至今日，嘉兴市域总面积 3915 平方公里，全市常住人口450.17 万，其中市区面积 968 平方公里，人口 120.19 万人，人均耕地面积 0.94 亩。居住在城镇的人口为 240.07 万人，占 53.33%，

---

① 详见嘉兴市市志编纂委员会《嘉兴市志》，中国书籍出版社 1997 年版，第 48 页。

居住在乡村的人口为 210.10 万人，占 46.67%，与 2000 年第五次人口普查相比，城镇人口增加了 103.96 万人，比重上升了 15.36 个百分点①，城市化水平略高于全国。下辖 7 个县（市）、区，分别为南湖区（原秀城区）、秀洲区、嘉善、海盐 2 个县以及平湖、海宁、桐乡 3 个市（县级市），域内城镇密布，平均每 62 平方公里就有 1 座城镇，各县（市）城与嘉兴市中心城区的距离及相邻间距均在 20—30 公里，形成了一个以市区为中心的城镇连绵带。由于所辖五个县（市）海宁、桐乡、嘉善、平湖、海盐自然条件、经济基础、区位背景、交通条件等都非常相似，城镇之间的发展水平相对均衡，全部进入全国综合实力百强县前 30 强和"浙江省小康县"行列。

（二）嘉兴的发展特色与地域文化

2010 年的《中国城市竞争力蓝皮书》把嘉兴列为未来十年最具竞争力的三线城市，理由主要有两个：一是位于大都市的周边，区位优势很好；二是嘉兴有着非常独特的发展思路，而且也有一些文化的基础。②

从区位来看，嘉兴地处经济大省浙江省和中国目前经济发展速度最快的区域长三角，周边有全国知名、经济发展快速的城市，包括上海、杭州、苏州、宁波等。从城市定位来看，2010 年嘉兴实现地区生产总值 2296 亿元，在浙江省 11 个主要城市中居第六位，增长 13.7%。其中，第一、第二、第三次产业增加值分别增长 3.3%、15.4% 和 12.5%，人均生产总值 67534 元人民币，折合 9976 美元，位居全省第三；财政总收入 334.33 亿元，比 2009 年同期增长 19.9%，地方财政收入 176.83 亿元，比上年同期增长 24.8%；城镇居民人均可支配收入 27487 元，实际增长 7%，农民人均纯收入 14365 元，实际增长 8.9%。嘉兴是东部沿海典型的工业化快速发展

---

① 《嘉兴市 2012 年第六次全国人口普查主要数据公报》，http：//wenku. baidu. com/view/757c0ee9172ded630b1cb6bb. html，2011 年 5 月 11 日。

② 《中国城市竞争力区域报告：东南地区总体遥遥领先》，http：//business. sohu. com/20100426/n271754205. shtml，2010 年 4 月 26 日。

的地区。在长三角都市圈内，嘉兴经济的总量、规模、发展水平等指标也基本处于中等水平，2008 年，在长三角的 16 个城市中①，嘉兴人均 GDP 居第 8 位，居民可支配收入居第 5 位，农民人均纯收入居第 4 位。在全国范围内，综合竞争力在全国 200 个内地城市中也并不很突出，排名基本上在 40 名左右。②

由于周边有上海、杭州、苏州、宁波等全国知名城市交相生辉，嘉兴的城市影响力和知名度不高，然而，身处于苏南模式和温州模式交汇影响下，嘉兴形成了一些自己发展的特色，包括：一是区域特色经济非常活跃。改革开放以来，嘉兴逐渐形成了以民营企业集聚为主体的区域特色经济，即在某一特定的区域内，众多民营企业集聚、协作生产某类特色商品，并与专业市场和海外市场联动发展，形成较高市场占有率的一种产业组织形式。目前已具规模的经济区有六个：嘉善的木业、平湖的服装业、海宁的皮革业、桐乡和秀洲区的羊毛衫业、秀洲区的丝织业和桐乡、海盐的化纤业，在全国都具有相当的知名度和市场占有率，成为全国最大的皮革、服装、木业、化纤、玻纤、软磁、经编、装饰布、紧固件、无油轴承、特种纸等生产基地。③ 二是零资源经济。嘉兴自然条件优越，农耕发达，但本地区具有比较优势的资源并不突出，嘉兴的产业发展走的是"无中生有""两头在外"的途径，很多在省内外乃至国内外有知名度和竞争优势的区域特色产业并不是依托本地区的资源，"无木成为木业大县，无布成为服装之乡，无皮成为皮革之

---

① 长江三角洲都市圈是指在长江入海而形成的扇形冲积平原上，以上海为龙头，由浙江和江苏两省 16 个城市所组成的城市带，具体包括上海市，江苏省的南京、苏州、无锡、常州、南通、镇江、扬州和泰州，浙江省的杭州、嘉兴、湖州、宁波、绍兴、温州和舟山 16 个城市。2010 年 3 月在嘉兴召开的长三角城市经济协调会第十次市长联席会议又宣布吸收盐城、淮安、金华、衢州 4 个苏浙城市和安徽的合肥、马鞍山，其成员由 16 个增加至 22 个。

② 在 2004 年《中国城市竞争力报告》中排第 44 位，在分项竞争力评价 12 项指标方面，嘉兴结构竞争力、制度竞争力、文化竞争力、政府管理竞争力、综合区位竞争力、企业管理竞争力 6 项指标具有一定优势，其中制度竞争力优势最为明显，列第 4 位。

③ 中共嘉兴市委办公室、中共嘉兴市委政策研究室：《解读嘉兴现象》，《江南论坛》2002 年第 9 期。

都",被称为"零资源"现象。① 三是"新农村"经济和城乡一体化的发展。区别于传统农村经济,新农村经济侧重发展乡镇工业、农村商贸业、运输业、各类服务业等非农产业,极大改变了嘉兴农村的经济结构和农村劳动力的就业结构,农业占国民经济的比重降至5%,80%以上的农村劳动力实现了从第一产业向第二、第三产业的转移,目前全市只有5.8%的农民完全从事农业生产。② 自2004年开始推进城乡一体化战略,实施城乡规划、城乡基础设施、城乡劳动就业和社会保障、城乡经济、城乡社会事业、城乡生态环境"六个一体化",统筹城乡发展,缩小城乡差距,2009年嘉兴市城乡居民收入分别达到24693元和12685元,城乡居民收入比为1.95∶1,城乡人均收入差距相对较小,远低于全国(3.33∶1)、全省(2.52∶1)平均水平,相当一部分农民已在城镇就业并购房定居。③ 四是嘉兴在制度创新方面较为突出。2004年《中国城市竞争力报告》中曾指出其制度竞争力的突出④,嘉兴是全国及浙江省多项改革的试点城市,特别是在社会保障和城乡统筹方面,由于改革试点往往会更提倡创新,这就使得政府在面对一些实践问题时对一些超越现有制度的创新举措有着更大的容纳力。

历史变迁和地理环境造就了嘉兴的地域文化。春秋时嘉兴地处吴越两国角逐之地,史称"吴头越尾",兼有吴"泰伯辞让之遗风"与越"夏禹勤俭之余习"。楚并越之后,又受到了百余年楚文化的影响。西晋末与北宋末,北方衣冠之族渡江南下,带来了中原文化,相互交融,形成了其独特的地域文化和民俗民风。一是秉礼勤劳。因地处平原水乡,"土膏沃饶,风俗淳秀","不忧冻馁","其俗少阴狡","能秉礼义,务耕织","尺寸之土必耕,机轴之声不

---

① 中共嘉兴市委办公室、中共嘉兴市委政策研究室:《解读嘉兴现象》,《江南论坛》2002年第9期。

② 方芳、周国胜:《农村土地使用制度创新实践的思考——以浙江省嘉兴市"两分两换"为例》,《农业经济问题》2011年第4期。

③ 同上。

④ 嘉兴市志编纂委员会:《嘉兴市志》,中国书籍出版社1997年版,第48页。

绝"。二是慧秀工巧。"士美民秀","人性柔慧",其智秀不仅表现在人的聪慧文雅上,而且表现在精于劳动制作。三是崇文好学。嘉兴自古"罕习军旅,尤慕文儒","文贤人物之盛前后相望","在宋为文物之邦,至今士多兴于学,处廛者亦类皆鸿生硕彦"。"衣冠之物,焕然可观"。"好读书,虽三家之村必储经籍","田野小民皆教子孙读书",人文气息比较浓厚,明清两代江浙共出进士 2000 多人,其中嘉兴就有 600 多人。嘉兴近现代的名人基本上都是文人名家,诸如作家茅盾和金庸、国学大师王国维、诗人徐志摩、漫画家丰子恺和张乐平、弘一法师李叔同、翻译家朱生豪、数学家陈省身等。四是进取求新。因地处两省交界,移民较多,有很强的文化包容性,风气开通,乐于接受新生事物。这些文化底蕴成为嘉兴地区经济增长、政通人和、安居乐业、稳定有序的源泉所在。

二 "土地换保障" 的制度变迁

"土地换保障"的制度创新的思路最初来自嘉兴市本级在农地征收实践中对失地农民安置困难问题的思考和尝试,并随着制度环境的变化不断完善和推进,最终形成一套具有创新性的失地农民补偿安置模式。从其形成及变迁过程来看,大体可以分为三个阶段。

(一) 1993—1998 年:"土地换保障" 制度创新的探索及尝试

1. 1993 年以前:"谁征地谁安置",招工安置和货币安置相结合

1986 年出台的《土地管理法》对失地农民安置的规定主要集中在第三十、第三十一条规定中。《土地管理法》第三十条侧重规定征地补偿费的分配与用途,"国家建设征用土地的各项补偿费和安置补助费,除被征用土地上属于个人的附着物和青苗的补偿费付给本人外,由被征地单位用于发展生产和安排因土地被征用而造成的多余劳动力的就业和不能就业人员的生活补助,不得移作他用,任

何单位和个人不得占用"。① 从这条规定来看，征地补偿费的大部分归被征地的农村集体经济组织所有，其用途被限定在发展生产、安排失地农民就业和发放不能就业人员的生活补助三个方面，这里已隐含着可以通过货币安置方式（发放生活补助）来处理未就业失地农民生活问题的操作方式。第三十一条主要规定了失地农民安置的责任部门及具体途径，"因国家建设征用土地造成的多余劳动力，由县级以上地方人民政府土地管理部门组织被征地单位、用地单位和有关单位，通过发展农副业生产和举办乡镇村企业等途径，加以安置；安置不完的，可以安排符合条件的人员到用地单位或者其他集体所有制单位、全民所有制单位就业，并将相应的安置补助费转拨给吸收劳动力的单位。被征地单位的土地被全部征用的，经省、自治区、直辖市人民政府审查批准，原有的农业户口可以转为非农业户口。原有的集体所有的财产和征地补偿费、安置补偿费，由县级以上地方人民政府与有关乡镇商定处理，用于组织生产和不能就业人员的生活补助，不得私分"。② 从这条规定来看，这一时期失地农民的安置和就业还是被视为政府的职责，政府要负责组织其就业，从选择的顺序来看，就地安置是首选，其次才是就业安置，对土地完全被征收的农民进行户口"农转非"，但其后是否能享受城市居民的福利待遇，法律并没有进一步详细规定。

　　1993 年之前，嘉兴市的征地政策按照《土地管理法》的规定来操作，征地主体大多是用地单位，且以划拨为主，对失地农民安置遵循的是"谁征地，谁安置"原则，主要由征地单位来负责安置，在具体实践中，主要有两种做法：一是年轻、有劳动能力的失地农民由用地单位直接吸收，即通常所说的"农转工"或者"土地工"制度，由征地单位根据有关部门的征地批文，对被征地村组的劳动力，按"土劳比例"在劳动部门的计划指标内办理招工手续，户口

---

　　① 《中华人民共和国土地管理法》，《中华人民共和国国务院公报》1986 年第 17 期。
　　② 同上。因该法出台于 1986 年，还未将"征收"与"征用"加以区分，这里的"征用"实质是指"征收"。

"农转非";二是对年龄较大的、放弃招工安置的或者被部分征地的失地农民进行一次性货币补偿。

招工安置也称就业安置,即由用地单位或委托有安置能力的单位对失地农民进行安置,吸纳其进入城市用工体制,享受全民所有制企业或者集体所有制企业职工的各种福利待遇,这种方式主要针对土地被完全征收的有劳动能力的失地农民。学者张汝立称之为"农转工"制度[①],是我国特有的安置因征地而失去土地的农民进城工作的一种制度安排,它的实行依靠的是计划经济体制的力量,建立在不平等的城乡关系基础上。[②]"农转工"制度在计划经济体制下运作有效且较受欢迎。一方面,在严格的城乡二元社会结构下,"农转工"成为农民摆脱身份符号和弱势地位的捷径。在中国,农民不仅仅是一种职业分类,同时还是一种不宜摆脱的低下身份,即使一个农民改变了其经营形式,改变了他在经济行为中的角色,乃至改变了职业,只要他没有改变那种低下的身份等级,他就仍然是一个 peasant,就仍然会听到社会向他说:"喂,你是乡下人!"[③] 即使到现在,农民在社会结构中的地位仍然是低下的。2001 年,陆学艺等在全国范围进行大规模问卷调查,以组织资源、经济资源和文化资源的占有状况为标准进行社会分层,在其划分出的十大阶层中农业劳动者阶层位列第九,仅高于城乡无业失业半失业者阶层,在职业阶层中属末流[④],其低下的职业身份与社会地位延续至今,尚无根本改变。在计划经济时代,农民摆脱这一身份的途径受到严格控制,"农转工"是除上大学和参军等途径之外改变身份的捷径,离开土地进入企业,无论从经济效益还是职业身份来看都比务农优越,因此,尽管失地农民"农转工"后被安排的多为城里人不愿做

① 张汝立将"农转工"制度定义为:因国家征用了农民的土地,农民无法按照原有方式继续生产与生活下去,由政府将其转为城市户籍并安排他们在城里的单位从事工人工作的制度安排。

② 张汝立:《农转工——失地农民的劳动与生活》,社会科学文献出版社 2006 年版,导言。

③ 秦晖、苏文:《田园诗与狂想曲》,中央编译出版社 1996 年版。

④ 陆学艺:《当代中国社会阶层研究报告》,社会科学文献出版社 2002 年版。

的边缘性工作和岗位，但在城乡户籍福利制度存在巨大差异、向上流动途径缺乏的情况下，农民往往千方百计地争取"农转工"机会。另一方面，尽管被安置就业的失地农民的知识技能大多并不符合用地单位的要求，但由于征地规模有限，需要安置的农民数量也不多，当时企业和单位大部分是国有的，政府通过计划手段来解决失地农民的就业问题尚可以运作。总体而言，这样的制度安排征地各方都还能接受：对失地农民而言，他们更换了刚性的农民身份，进入企业或者事业单位工作，实现了向上流动；用地单位得到了土地，接受了差强人意的"征地工"；政府居中顺利解决了这一用地供地问题，征地和安置的问题在这一模式下较为顺利得以解决。从以下的两段访谈可以看出当时处于劳动年龄阶段的失地农民对"农转工"就业安置模式的态度。

> 我丈夫是在1993年以前征地进企业的，当时大家都要挤破头抢着要上来（进城），那时候农村很苦很穷，有机会进城当然机会难得，再也不用在地里找饭吃了，户口迁上去，就吃公家饭了，当时除了考大学、参军没什么其他路可以变成城里人，因为我们家和村里的干部关系不错，说得上话，我老公才得到了指标，村里的人都很眼红。谁想到过了几年，我老公进去的那家企业就关门了。后来也很难找工作，只好到处打零工赚钱，而且厂子关得早，他们的劳保也很差，不如我们后来征地的，我现在的养老金比他高，现在想想很不划算，早知道不抢了，但是当时怎么会知道呢。（资料来源：已"农转非"的失地农民A访谈记录）

> 我们村里的地征来办学校，当时我们好几个人就被招进学校，大部分人分到校办厂里，我被分到食堂。因为没多少文化和技能，其他好的工作也轮不到我们，只能做做这些活。分到校办厂的那几个比较惨，校办企业的效益不太好，后来厂也倒闭了，他们没活干都出去了，现在也不知道怎么样了。我自己还是比较努力的，在食堂里比较肯吃苦，人缘也不错，后来自

已还去考了三级厨师资格，所以一直做到现在。那时候不比现在，农村收入很低，干农活也很辛苦，又没有什么其他机会正式招工，所以虽然征地工的工作也不好，但是和农村比还是好很多。辛亏我进的是事业单位，当时企业效益好，大家还不太高兴进学校，最后还是学校比较稳，很多企业都倒闭了。我们单位都交养老金的，做到退休拿养老金吃口饭总是有的。要是到企业，还不知道怎么样呢，年纪一把，再去找工作哪有这么容易。（资料来源：已"农转非"的失地农民B访谈记录）

除了就业安置，当时还有部分人员接受了货币安置，主要是针对三种情况：一是年纪大的完全失地的农民，他们因为年龄、身体状况等原因已不大可能被企业吸纳；二是放弃招工安置、自谋职业的失地农民，有部分失地农民通过自己的方式来解决就业，可以获得货币补偿；三是针对部分失地的农民，他们尚有土地耕种，也主要运用货币补偿方式。当时按照嘉兴市的政策，货币补偿的标准是每人3000—7000元，其中年龄偏大的可补偿5500元，自谋职业的补偿7000元。尽管这样的补偿标准在今天看来是微不足道的，但是几千元的征地补偿在20世纪八九十年代也算是一笔不菲的收益。由于当时"农转工"的就业安置方式较受欢迎，因此，被征地的村组尽可能把征地指标用在中青年农民身上，年纪大、完全失地、接受货币安置的失地农民相对较少。

在新《土地管理法》（1998）实施前，"谁征地，谁安置"、就业安置和货币安置相结合的安置方式在征地实践中运行了相当长的时间，基本上可以解决因征地引发的失地农民安置问题。从嘉兴的情况看，当时的征地规模不大，据调研一个区一年的用地面积大约在1000亩左右，因而，涉及的需要安置的失地农民人数有限，其中完全失地的农民也并不多，大部分农民被征收了少量土地后，尚有足够的土地可耕作，不至于影响正常的生产生活，采用一定的货币安置给予补偿即可。只有少量的真正完全失地、有劳动能力的农民要通过征地单位吸纳的方式解决，在当时还是基本可行的。

"谁征地，谁安置"的模式也隐含不少问题：由于征地主体和征地项目不同，同一村组的失地农民享受的补偿和安置待遇都不一样，有时候差别还很大，农民之间相互攀比，很容易产生不满情绪，引发征地矛盾；失地农民的文化素质、劳动技能并不符合接收单位的要求，被吸纳进企业和单位就业完全是用地单位的一种妥协，在计划经济体制下尚可以容纳，随着企业改革和就业市场化，他们往往首当其冲，会再次面临失业的风险；农民大多不擅长理财和投资，几千元的货币补偿随着生活成本提高和物价上涨大幅贬值缩水，无法保障失地农民长期的基本生活。这些隐患在当时尚不突出，到了20世纪90年代，随着经济社会状况的变化逐渐显现出来。

2. 20世纪90年代以后，招工安置方式逐渐失灵，安置模式面临转变

20世纪90年代以后，宏观经济社会环境发生了重大变化，招工安置和货币安置相结合的模式在征地实践中的操作难度越来越大。

随着国企改革的深入和企业自主权的扩大，政府对企业的控制力和渗透力逐渐减弱。十一届三中全会以后，国务院先后颁布了一系列文件，推进国有企业改革。1979年颁布了《关于扩大国营工业企业经营管理自主权的若干规定》等文件，政府逐渐向企业让渡生产自主权、劳动用工权、原料选购权和产品销售权等十四项经营权，扩大企业自主权。1986年开始进行所有权层面的改革，推行企业承包制、股份制改革。1993年十四届三中全会通过了《中共中央关于建立社会主义市场经济体制的若干问题的决定》，明确提出要通过产权结构的改造，使国有企业成为"产权清晰，权责明确，政企分开，管理科学"的现代企业。在现代企业产权的架构下，政府意志对企业的影响力逐日递减。

与此同时，企业用工制度也发生了根本性变革。计划经济体制下，国家依靠行政手段，直接控制企业用工数量、用工形式和用工办法，形成了被称为"铁饭碗"的固定用工制度。[①] 20世纪80年

---

① 王丹：《回顾企业用工制度改革》，《企业管理》2008年第9期。

代初，开始进行"在宏观调控和政策指导下，企业择优用人，个人竞争就业，劳务市场调节供求，劳动力合理流动的新格局，最终实现全员劳动合同制"的劳动用工制度改革①，改革的目标是打破"铁饭碗"和"大锅饭"，实行劳动合同制。② 先在广东、江苏、上海等地进行试点改革，到 1983 年年底推及全国。1986 年 7 月，国务院发布了《国营企业招用工人暂行规定》，规定企业享有招工选择权，企业用工开始面向社会公开招收，择优录用，引入竞争机制，并开始在新增职工中全面推行劳动合同制。1992 年 7 月颁布《全民所有制工业企业转换经营机制条例》，开始推行全员劳动合同制。1995 年《中华人民共和国劳动法》正式实施，以劳动合同形式确定劳动者和用人单位之间的劳动关系，受法律约束。

政府的退出、企业用工自主权的获得、劳动合同制的推行、市场竞争机制的引入，这种种变革都意味着招工安置模式的日渐式微。企业为了提高效益就要裁减冗员，知识技能缺乏的"征地工"面临内退、早退或者下岗的命运；企业用工制度市场化之后，政府凭借行政力量进行干预也日渐困难，即便是为了用地勉强接受了"征地工"，等到用地问题解决后，"征地工"就很快被辞退，招工安置模式在实践操作中的难度越来越大。

在这样的情况下，招工安置和货币安置相结合的模式逐渐转变为单纯的货币安置模式，即政府发给失地农民一次性货币补偿，不再负责失地农民的就业问题。这种改变直接反映在 1998 年《土地管理法》的修订中，关于失地农民的征地补偿安置，修订后的《土地管理法》除规定政府在征地后应支付各种补偿费之外，对失地农民的就业、保障问题没有提及，这意味着，政府只要按照法律规定的标准给予货币补偿之后，就不再负责失地农民的就业安置问题。

---

① 王丹：《回顾企业用工制度改革》，《企业管理》2008 年第 9 期。

② 1981 年 10 月 7 日，中共中央、国务院在《关于广开门路、搞活经济，解决城镇就业问题的若干决定》中指出："目前国营企业的一大弊病，就是'大锅饭'、'铁饭碗'，要逐步改革国营企业的经济体制和劳动制度。"按照这一指示的精神，全国各地开始进行改革企业用工制度的试点工作，广东、江苏、上海等地率先进行了劳动合同制的试点。

这一规定既是对现实中招工安置模式难以延续的回应，同时也为征地实践中一次性货币补偿安置方式的操作提供了法律依据。从浙江省的情况看，1987—2005 年，全省采用货币一次性安置的农业人口占总安置农业人口的 90%，尤其是 1998—2005 年，全省采用货币一次性安置的农业人口占总安置农业人口的 93%。[①] 从这些数据中不难看出，法律的修订晚于实践中的形势变化，早在 1998 年《土地管理法》修订之前，招工安置方式在很多地方就已经无法操作，《土地管理法》修订之后，"一脚踢"式的货币补偿安置方式更为普及。根据中科院的调研结果，到 2003 年年底，杭州市区 15.68 万失地农民中，货币安置的有 8.21 万人，占劳动年龄段人数的 74.1%。[②]

相比于招工安置，一次性的货币安置方式简便易行，但其缺陷和隐患也很显著。根据《土地管理法》的规定，土地补偿费和安置补助费为耕地被征用前三年平均年产值的 10—16 倍，最多不超过 30 倍，按照这样的标准计算出来的征地补偿费在整个用地成本中只占很小的份额。有资料显示，在浙江、上海和江苏等地，一亩耕地的征地补偿费总额在 5 万—6 万元，农民能够拿到的甚至只是其中的 10%—15%。[③] 虽然具体的比例在不同地区、不同征地过程中存在差异，但农民获得的征地补偿低是普遍情况，以此来维持长远生计显然是困难的，"一旦手中的钱花光了，他们就会找征走他们土地的政府和主管部门"。[④] 也就是说，最后还是要由政府来解决，因此，如何寻找一条妥善安置失地农民的途径成为农村集体土地征收的关键问题，也是摆在各级政府面前的一个实际问题。

---

① 徐忠国、史颂愉、华元春：《完善征地补偿安置制度的政策建议》，《浙江国土资源》2006 年第 11 期。
② 高君：《杭州市失地农民就业问题分析》，《辽宁工程技术大学学报》（社会科学版）2008 年第 1 期。
③ 尹兵：《城市化进程中的征地补偿安置途径探索》，《农业经济与科技》2004 年第 4 期。
④ 杨翠迎：《失地农民养老保障制度的实践与探索——基于浙江省的实践》，《人口与经济》2004 年第 4 期。

3. "土地换保障"制度创新的背景与起因

和全国其他地区一样，到 20 世纪 90 年代，招工安置和货币安置相结合的模式在嘉兴的征地实践中也开始难以为继，但与其他地区不同的是，嘉兴自 1993 年开始在征地安置方式上另辟蹊径，逐渐形成了"土地换保障"的征地安置模式。相比于其他地区直到 21 世纪初才开始从货币安置方式向社会保障安置方式转变的过程，嘉兴显然走在前列，这一制度创新究竟是在怎样的形势下产生和激发的，是值得探究的问题。

从 1993 年之前的情况看，现实情况中已蕴含着征地安置模式变革的要求。一方面，企业的市场化转型和用工制度的改革，使得计划体制下的招工安置方式越来越难以操作，而一次性货币安置方式显然无法长期保障失地农民的基本生活。1993 年正值嘉兴市经济开发区正式启动，当时国土部门工作人员去农村探访失地农民的安置情况，发现由于用工单位改革，一些原先承诺聘用 5 年的"征地工"不到 1 年就被辞退。这表明，原来的招工安置模式逐渐流于形式，很难保障农民失地后的长远生计，失地农民安置问题解决不好，累积起来会成为一个社会问题。另一方面，20 世纪 90 年代以后，城市化进程加快，征地数量逐年上升，失地农民数量也急剧增多，而且很多征地量较大的项目，诸如旧城改造、经济开发区开发等，本身却无法安置岗位。再加上之前的"谁征地，谁安置"模式操作中所产生的矛盾和问题，都意味着"谁征地，谁安置"的征地模式面临改变。正因为如此，安置方式的改革势在必行。嘉兴市的征地制度改革正是在这样的情势之下开始的。

最终导致嘉兴市政府下定决心改变征地政策、实施"土地换保障"征地模式的起因是一个突发的群体性事件。20 世纪 90 年代初国有企业开始进行改制，企业职工大量下岗。之前因征地而被企业吸纳的"农转工"人员本来劳动技能水平就相对较低，安排的也都是比较边缘的岗位，所以，这批人往往首当其冲面临下岗、失业的冲击。当时几百名面临失业的"农转工"人员聚集在一起，要求政府想办法解决这个问题。事情发生以后，国土等相关部门就把情况向市政府做了汇报，商讨该如何解决这一问题，尽管在当时也没什么现成的政策可以参照，但是大家都意识到如果这个问题不解决，将来这样的情况肯定还会发生。

群体性事件的发生将市场化转型后招工安置的困境摆到了政府的面前，促使政府必须直面失地农民安置方式的变革问题。显然，原有的招工安置方式随着企业改革的日益深入已无法再延续，因征地而失去职业、生活来源及保障的失地农民最终会成为政府的负担，如果没有一个妥善的政策，这样的事件还会重复上演，并会对当时因企业下岗问题困扰的形势火上浇油。在另辟蹊径的过程中，市场经济背景下初建的社会保障制度和失地农民的安置问题被联系起来，这样既可以解决失地农民长远生计的问题，消除货币安置的隐患，又可以平息农转工人员下岗的怒火，解决其后顾之忧。而且，当时的征地规模相比现在小得多，失地农民的规模也相对有限，政府为失地农民购买养老保险的额外缺口并不算太大，在可以承担的范围内，"土地换保障"的制度构想由此产生。

20 世纪 90 年代初，嘉兴市开始推行养老保险，当时的政策很宽松，缴费门槛不高。1992 年的政策是每年只要交 700 多元，交满 10 年就可以享受最基本的社会养老保险。10 年的费用是 7000 多元，而当时发给被征地农民的一次性补偿安置费是 3000—7000 元，缺口并不是很大。嘉兴市的国土部门把这两件事连起来，觉得与其把钱一次性发给农民，还不如拿来给农民买养老保障，这样等他们老了也有一份比较稳定的收入来源。方案提出后，经过各部门的协商，市政府同意把征地补偿费拿来给农民买养老保险，不足的部分由政府补贴。半年之后，嘉兴市国土资源局就和劳动保障部门联手推出了这个具有改革意义的新办法，将原本一次性发给农民的 7000 元直接打入劳动保障部门，用于购买 10 年的养老保险金。

最初开始实行的时候，有些农民还是有顾虑的，觉得到退休拿钱还要很久，不如一次性领走心里踏实。因此，在执行的时候也没有搞一刀切，农民可以选择领取一次性的货币补偿，不买养老保险，但是要签好协议进行公证，省得以后反悔讲不清楚。到 1995

年，参保的比例就很高了，几乎所有的农民都自愿选择这种安置办法，他们自己计算过，觉得参加养老保险要比一次性领取补偿划算，这也是对"土地换保障"政策的肯定。截至目前，参保的失地农民达 18 万左右，占所有"农转非"人口的 78%，养老金的发放数额也从一开始的 298 元调高到目前的 550 元。

从制度最初形成的过程看，显然是政府相关部门在应对群体性事件做出的快速反应，在构思和形成过程中并没有进行精确的计算，也并不是很确定实施的后果，在操作方法上也采取自愿的原则，但是，这一模式符合了农民对未来保障的期望，逐渐得到大多数农民的认同，成为"土地换保障"制度的最初雏形。

4."土地换保障"安置模式的初步设计

1993 年 12 月，嘉兴市政府出台了《嘉兴市土地征用工安置暂行规定》（嘉政办发〔1993〕134 号文件，以下简称《暂行规定》）。该规定适用于全市国家机关、企业、事业单位在市区内征地的征地工安置，具体内容有以下几个方面。①

第一，由"谁征地，谁安置"转变为"政府统一征地，劳动部门统一管理"，政府成为征地的执行者与承担者。

1993 年的政策首先对征地和安置的主体做出了改变，不再是"谁征地，谁安置"，而是由政府统一征地。为此，专门成立了嘉兴市统一征地办公室，负责市区内的征地项目，由其直接与农村集体经济组织签订征地协议②，同时，"凡市区实行统一征地以及经国家批准的征收土地，按土劳比例确定的土地征用工，由劳动部门统一管理"。政府统一征地，劳动部门统一管理，主要是为了解决"谁征地，谁安置"模式下因征地主体不同、补偿安置标准各异而引发的矛盾和冲突。"征地工的劳力安置费标准为每人 12000 元，由土管部门或征地单位一次性转入市职业介绍所，实行专户存储，统筹

---

① 详见《嘉兴市土地征用工安置暂行规定》（1993）。文件中所称的"土地征用工"即指因征地而完全失去土地、需要"农转非"安置的失地农民。

② 嘉兴市人民政府：《完善机制保障农民合法权益》，《浙江国土资源》2003 年第 6 期。

使用。"

第二，由市职业介绍所进行"名义招工"，对失地农民进行统一管理。

征地工的安置由嘉兴市职业介绍所具体负责，其职责是对失地农民进行"名义招工、择业指导、就业培训、安置费统筹、养老保险、咨询服务等工作"。这里所说的"名义招工"并不是像以前一样，征地后由征地单位与失地农民签约，而是由嘉兴市职业介绍所"作为接受单位与征地工签订合同，明确双方的权利和义务的行为，发给《劳动手册》、《职工养老保险手册》"。其对象为男 16—45 周岁、女 16—35 周岁，经县级以上医院体检确认身体健康，愿意接受统筹安置的征地工。

第三，以招工安置为主，同时鼓励"竞争就业"和"自谋职业"，引入养老保险机制。

《暂行规定》第五条规定，"征地工应以用地单位负责安置为主"，如确有困难的，可以按照三个途径处理：一是进入劳务市场，实行"双向选择"和"竞争就业"。"职业介绍所根据征地工的条件，向用工单位推荐，经用工单位和本人同意，办理招工手续。"其养老金的缴纳以办理招工手续为界由不同的主体负责，"征地工从办理'名义招工'手续的次月起，由介绍所为征地工按月缴纳养老保险金，缴纳年限最长为 10 年。在办理招工手续后，养老保险金由招工单位缴纳，介绍所缴纳养老保险金的时间与招工单位的投保时间合并计算为缴费年限"。二是自行参加社会招工。"征地工两次不接受推荐，解除'名义招工'合同，介绍所不再负责推荐，一次性发给一定数额的生活补助费。给予办理'农转非'后，参加社会招工。"三是自谋职业。"征地工愿意自谋职业，介绍所发给一次性4000 元补助费，并为其缴纳养老保险金，缴纳时间最长为 10 年，介绍所应与本人签订好协议，办理公证手续。"

第四，对年龄大的失地农民实行保养、退休政策。

除此以外，针对一些年龄较大、就业竞争力薄弱的失地农民，《暂行规定》还制定了相应的保养政策，即男年满 45 周岁、女年满

35 周岁以上未安置的征地工可享受保养、退休待遇。"未达到国家规定退休年龄的，由介绍所每月发给生活费 80 元，今后随物价因素，作适当调整，并为其缴纳养老保险金 10 年；到达规定退休年龄后，由市社会劳动保险机构，按规定发给退休养老金。"

第五，鼓励用地单位、非用地单位、乡（镇）村吸收失地农民。

该文件规定，"凡用地单位直接安置征地工，根据安置的人数以及年龄、文化等情况相应返回劳力安置费"，"非用地单位需要劳动力，应优先安置征地工，凡安置征地工，给予补助一定的劳力安置费"。用工单位与征地工必须签订五年以上劳动合同，五年内除开除、除名、违纪辞退等原因外而解除合同的，用工单位应按相应比例退回劳力安置费。"乡（镇）村也要积极安置征地工，发展乡（镇）村办工业和第三产业，乡（镇）村安置征地工，其劳力安置费划拨用人单位，并与劳动部门签订协议。"

1993 年《暂行规定》主要针对的就是失地农民的安置问题，对此，政策主要从两方面入手，即促进就业和买养老保险。从政策设计来看，失地农民的就业主要还是靠用地单位吸收解决，除此之外还采取了两个方法来解决就业困难：一是进入劳务市场竞争就业，并配以给予企业补助的措施，企业招收一名失地农民可以获得5000—6000 元的安置补助费，以此鼓励企业招收失地农民，一些年纪轻、具有一定劳动技能的失地农民可以获得更多的就业机会；二是鼓励失地农民自谋职业，如果自己有门路的，可以自己解决职业的，经劳动部门同意，签订自谋职业协议，一次性发给 4000 元补助费，并根据其在农村的劳动年限，为其缴纳最长不超过 10 年的养老保险金，户口"农转非"。这些方法主要针对的是中青年被征地农民，年纪大的失地农民就业能力相对较弱，就业也更为困难，针对他们的实际情况制定了保养政策，男的年满 45 周岁、女的年满 35 周岁以上还没到退休年龄的，给他们交好 10 年的养老保险金，每月发给生活补助费 80 元，有点生活来源，再打打零工，也可以生活，达到退休年龄后即可享受养老保险待遇。

1997年5月，嘉兴市劳动局发布了《关于嘉兴市区土地征用工安置问题的补充意见》（嘉市劳〔1997〕51号），结合1993年《暂行规定》三年来实际运转的情况，对《暂行规定》进行了补充①：一是明确规定了征地单位的安置比例。征地单位应按一定比例安置征地工，首次安置比例一般在30%—50%，确有困难的，由征地单位在以后的招（聘）工中再接收。二是加大了奖励幅度。为了鼓励企业招收征地工和征地工自谋职业，对支付标准作适当调整，用地单位接受一名征地工，补助6000—8000元劳力安置费；自谋职业的征地工，一次性补助费调整为5000元；为鼓励征地工离土不离乡，对在乡、村企业就业或者从事其他职业，经本人申请、村委会同意，一次性发给养老、生活等补助费12000元，并办理农转非手续，终止关系。三是开展技能培训。经市职业介绍所同意，征地工可参加市职业技术培训中心或劳动部门举办的各种技能培训班，每人限一次，持结业证可报销300元以内的培训费。四是提高生活补助费的标准。征地工生活补助费调整为每人每月150元，并随生活补助费每月发放医疗费10元，包干使用。五是征地工男满60周岁、女满50周岁后，办理退休手续，发给"嘉兴市土地征用工退休证"，享受退休待遇，由职业介绍所随养老金每人每月发医疗费20元，包干使用。

从1993—1998年的政策变化可以看出，这一阶段在嘉兴市区范围内实行政府统一征地，改变了以往"谁征地，谁安置"模式下操作随意性大的状况，无论何种项目，一律采取同样的政策和标准，避免了用地单位和农户之间的相互攀比、抬价，大大减少了征地纠纷。这一时期在失地农民的安置上还是以用地单位招工安置为主，政府介入后，通过发给企业补助、鼓励失地农民自谋职业等方法来促进就业，同时，引入养老保险机制，将失地农民安置与社会保障结合起来，配合保养政策，尽可能保障失地农民的基本生活。而且，由于政策实施的范围仅限于市本级，征地规模有限，涉及人数不多，购买养老保险的额外支出也并不很大，制度创新的成效还是很显著的。

---

① 详见《关于嘉兴市区土地征用工安置问题的补充意见》（1997）。

（二）1998—2001 年："土地换保障"安置制度的博弈和定型

1998 年 12 月，嘉兴市政府发布了由市劳动局、国土资源局制订并经市政府常务会议研究同意的《嘉兴市区土地征用人员分流办法》（嘉政发〔1998〕200 号），对实行了 5 年的征地政策进行调整。关于调整的原因，《嘉兴市区土地征用人员分流办法》一开始就有所提及，1993 年制定的《嘉兴市区土地征用工安置暂行规定》的实施，"对加快市区开发建设，促进经济发展和保持社会稳定起了积极作用"。但随着社会主义市场经济体制的建立和就业方式的逐步转变，"原有的安置办法已不适应，因此，根据国家有关政策规定和市区实际，对市区征用土地人员（以下简称失地农民）提出新的分流办法"。[1]

1998 年安置政策调整的原因讲得很明白，原有的安置政策到1997 年年底就已经无法继续操作下去了，困难主要来自三个方面：一是随着就业的市场化转型，由政府计划安置失地农民就业的方式已行不通。1992 年，党的十四大将建立社会主义市场经济体制作为经济体制改革的目标，从此开始了中国从计划经济向市场经济的转型。市场化转型体现在就业上，就是赋予企业等用人单位在招工数量、方式、时间和地点等方面的自主权。市场化转型的变化是巨大且深远的，1993 年，用地单位尚有可能吸收失地农民，提供就业岗位，而到了 1997 年年底，在"政府促进就业，市场调节就业，个人自主择业"的大背景下，通过行政力量来解决失地农民就业的模式已山穷水尽，知识和技能相对匮乏的失地农民在就业竞争中并无优势，企业改制、产业结构调整、失业下岗职工增多的形势更是雪上加霜，能顺利实现就业的人数极为有限。二是由此带来安置经费的大幅增加，政府兜底的压力骤增。因为失地农民的就业无法实现，原来在制度设计时设定的暂时性的保养费用就变成了长期的支出，"待业""待岗"的失地农民越来越多，使得保养费用大大提升，靠政府兜底越来越困难。与此同时，养老保险的缴费年限也发

---

① 详见嘉兴市政府文件《嘉兴市区土地征用人员分流办法》（1998）。此处的"征用土地人员"就是指土地被征收后需要"农转非"就业或安置的失地人员。

生了改变，从原来的 10 年上升为 15 年，相应的开支也在增加，安置经费出现严重赤字。三是按照 1993 年的政策操作运行，嘉兴地区的征地成本比周边地区高，招商引资的竞争力就会受到影响。这对于地方政府的政绩考核显然是不利的，一些部门和官员也呼吁调整之前的政策。20 世纪 90 年代末，土地的价值开始凸显，各地开始了城市经营土地的热潮，很多地方的工业园区、新区的开发建设如火如荼，其操作模式往往靠着政府所提供的发展用地和从财政借来的启动资金和银行贷款，进行集体土地征收，在此基础上进行基础设施建设，再通过招商引资出让土地，用土地出让的收益来偿还财政借款和银行贷款。由于嘉兴实行"土地换保障"的征地安置政策，相比于"一脚踢"式的货币安置模式，手续复杂，征地、拆迁耗时费神，成本又高，导致嘉兴的土地费用和周边的福建、江苏、上海等地相比没有优势，这在一定程度上削弱了新区和工业园区招商引资的竞争力。

因此，1998 年出台的分流办法改动最大的地方就是在就业市场化和削减安置费上做文章：一是强调"个人自主择业，市场调节就业，政府促进就业"的分流原则，在失地农民的就业问题上从原来依靠政府安排就业转变为强调市场就业，同时鼓励自谋职业和自主择业，政府的责任转变为提供就业服务；二是继续社会保障安置的思路，但降低了保养和养老保险费用的支出，将之与最低保障线挂钩，按照不同的年龄阶段采取不同的分流安置办法。具体内容如下。①

（1）不同年龄阶段的失地农民按照"个人自主择业，市场调节就业，政府促进就业"的原则进行分流。

身体健康、处于劳动年龄阶段的失地农民应根据自身条件和用工需求，在劳动力市场中实行"双向选择""竞争上岗"，积极主动寻找就业岗位。劳动部门为其办理《征地人员手册》，并为其缴纳养老保险统筹费，计算的方法是"以征地时（其）在农村的劳动年

---

① 详见《嘉兴市区土地征用人员分流办法》（1998）。

限（年满 16 周岁起算）为基础，每满两年为其缴纳一年的社会保险统筹费，最高不超过 15 年"。嘉兴市社保处为其"设立个人账户，进行管理，达到退休年龄后发放养老金"。发放办法是："缴费满 15 年及以上的，按月发给直至死亡，死亡时发丧葬费，终止保险关系，不满 15 年的，一次性发给。""就业后或自行缴纳的养老保险缴费年限与征地时给予缴纳的年限可合并计算。"

如果失地农民未就业，对其"发放生活补助费、医疗包干费，每人每月 160 元，最长不超过 24 个月。对大龄（征地时男 45 周岁、女 35 周岁以上）人员，可增发 12 个月的生活补助和医疗包干费"。"享受生活补助期满，仍未就业者，可按城镇新增失业人员规定进行失业登记"，其中"生活困难，符合社会救济条件的，经民政部门审批可给予救济"。鼓励失地农民自谋职业，"凡与劳动部门签订自谋职业协议的，允许将未领完的生活补助费、医疗包干费一次性领取，并保留已建立的养老保险关系。"

对已达到退休年龄（男 60 周岁以上，女 50 周以上）的失地农民，"为其向市社保处一次性缴纳 15 年的养老保险统筹费，然后按月领取养老金"；对征地时未达到劳动年龄的失地农民或者在校学生，"给予办理农转非手续，当其进入劳动年龄或学习毕业后，即作城镇新生劳动力"。

（2）明确规定了失地农民的分流费用。

失地农民的分流所需费用，由征地单位在移交失地农民名单时，一次性转入市劳动部门的职业介绍中心，每人标准为：征地时按当年标准计算的养老保险统筹费；三年生活补助费、医疗包干费的总和；1000 元的征地人员调节费。劳动部门在收到失地农民名单和所需费用后，给予办理农转非手续。就业管理服务机构进行事务管理，提供劳动就业服务。为鼓励征地单位自行安置失地农民，凡与失地农民签订五年以上劳动合同的，只缴纳失地农民调节费。

（3）建立多层次的分流工作网络，强调征地的强制性原则。

征地和失地农民的分流政策性较强，要多方参与，建立多层次的分流工作网络。其中，各乡政府、街道办事处、村（居）民委员会协助土管部门做好宣传、教育、思想工作；劳动部门及下属的乡（街道）劳动管理所要积极开展职业介绍、信息传递、就业服务工作；失地农民所在村（居）委员会配合劳动部门做好有关的手续办理、就业服务及补助费、养老金发放等工作；土管、城建、财政、物价、银行等部门要做好相关协调服务工作。同时，失地农民应服从国家建设的需要，不得以无理要求妨碍土地征用。对违纪违法者，依法追究其责任。

1998年出台的新政策和1993年相比，在失地农民的安置上费用降低，待遇退步。特别是未到退休年龄的失地农民，一方面，市场就业导向将他们直接推向市场，竞争就业，政府不再直接负担安置就业的责任和义务；另一方面，养老保险的统筹费按农龄的长短算，每满两年为其缴纳一年的社会保险统筹费，最高为15年，46周岁以下（无论男女）的人都不可能交满15年保险金，剩余部分要靠就业后缴纳或者自己承担，无疑增加了负担；与此同时，生活补助费的领取也有了24个月的时间限制，一旦领光就面临着生活无来源的可能。生活困难且符合社会救济条件的，经民政部门审批方可领取救济。

《嘉兴市区土地征用人员分流办法》于1999年1月1日开始实施，与1993年的政策相比，安置标准有所下降，这导致失地农民极为不满。市场经济条件下，随着商品意识的增强，农民逐渐认识到土地价值随经济发展而增值，他们虽然无法拒绝征地，但会在征地补偿和安置问题上与征地方进行激烈持久的讨价还价。[1] 在嘉兴，这种讨价还价就集中反映在对安置政策的博弈中，一方面，政府希望通过调整政策，强调市场就业和降低保障费用来减轻负担，另一方面，失地农民为争取切身利益，强烈反对这样的改变。在此期间，农民通过抵制征地、到政府反映情况和讨说法、信访、人代会提议案等各种途径表达他们的意见和态度。双方的博弈一直持续到2000年，由于农民的强烈反对，其间嘉兴市区范围内未能有一块土

---

① 张汝立：《农转工——失地农民的劳动与生活》，社会科学文献出版社2006年版，第8页。

地顺利征收，包括现在嘉兴市政府所在的土地也无法征收，土管局的征地工作无法顺利开展。面对这样的情况，嘉兴市劳动局向市政府提交了《关于市区土地征用人员分流办法补充意见的请示》（嘉市劳〔2000〕98号），市政府办公室最后以一纸抄告单结束双方的争议。该抄告单（嘉办〔2000〕第43号）对此做出相应批示：

> 征地时女35周岁、男45周岁以上，不到退休年龄的土地征用人员，生活补助费和医疗包干费发放期限调整为签协次月至退休年龄，给予一次性缴纳养老保险统筹费，时间为15年。上述人员在领取生活补助费期间，可以自费参加大病医疗统筹或基本医疗保险；就业或从事个体经营的，可申领《征地人员手册》，其生活补助费、医疗包干费从次月起停发。重新就业可继续缴纳各项社会保险统筹费。
>
> 鼓励土地征用人员（不包括女35周岁、男45周岁以上，16周岁以下）自谋职业。在征地时一次性选择办理自谋职业的，发给自谋职业费8000元，并按其在农村实际劳动年限，缴纳养老保险统筹费，最高为15年。自谋职业后，本人可以自费参加大病医疗统筹或基本医疗保险。两年后，如失业或歇业的，可申领《征地人员手册》，进入劳动力市场自主择业。①

从批示的内容看，政府在大龄失地农民的生活补助发放期限和养老统筹费、自谋职业费及自谋职业者的养老保障缴纳年限等方面做出了让步。博弈的结果是除了市场化就业的趋势无法改变，养老保险和保养政策基本回到1998年文件之前的水平上，农民成为1993年开始实施的安置制度的既得利益者，在他们的坚持下，1993年形成的制度基本得到了延续，征地也得以顺利进行。

（三）2001年以后："土地换保障"征地模式的确立及推广

2001年，鉴于征地实践中出现的诸多问题，国土资源部开始进行征地制度试点改革，嘉兴市国土资源局对市区九年来的实践探索

---

① 详见《嘉兴市人民政府办公室抄告单》第一、第二条。

进行总结，着手制定《嘉兴市征地制度改革试点方案》，其间召开多次座谈会、研讨会，集思广益修改草案，定稿后的《嘉兴市征地制度改革试点方案》（以下简称《试点方案》）被国土资源部正式批准，嘉兴也因此获批成为首批征地制度改革试点城市。2002年5月，嘉兴市政府以嘉政发〔2002〕36号文件批转了该试点方案，在全市范围推行，要求各县（市、区）人民政府按照国土资源部提出的"以社会保障为核心、以市场为导向，采用多种途径安置被征地农民"的总体目标，结合各地实际情况认真试行该方案。①

与此同时，嘉兴的社会保障安置模式也开始得到广泛的关注，到嘉兴来观摩学习的各地考察团络绎不绝，"嘉兴模式"得到了肯定，2002年，国土资源部下发《国土资源部关于切实维护被征地农民合法权益的通知》，强调"征地工作事关国家经济建设，涉及被征地农民的切身利益和长远生计。当前在新的形势下，做好征地补偿安置工作尤为重要"。②

嘉兴试点改革的指导思想是维护土地所有者和使用者的合法权益，实现失地农民的长期生活稳定，建立高效、新型的征地工作运转机制。基本原则是：坚持落实土地基本国策，保障建设用地；坚持依法征地、合理补偿；坚持公开、公正和高效；尽量不增加政府财政负担和坚持维护社会稳定。改革的目标和任务是：通过推行社会养老保险安置和改革征地程序来解决现阶段和今后一个时期的征地矛盾③，进一步完善以社会保障为主要内容的安置政策和操作办法，建立适合社会主义市场经济体制的征地补偿安置新制度；同时，优化、规范征地工作程序，建立一个高效、新型的征地补偿安置工作运转机制，为国民经济的快速发展提供用地保证。

征地安置模式的创新是嘉兴试点改革的亮点和特色，为此，

---

① 参见《嘉兴市征地制度改革试点方案》（2001）。

② 《国土资源部关于切实维护被征地农民合法权益的通知》，《国土资源通讯》2002年第8期。

③ 参见嘉兴市人民政府文件《关于批转嘉兴市征地制度改革试点方案的通知》（2002）。

《试点方案》在总结以前经验的基础上，更为详细地规定了失地农民社会养老保险安置的具体内容。①

一是明确了土地征收工作的责任部门。

土地的征收工作由市、县政府按统一政策，统一办理。失地农民的安置工作由政府统一负责，劳动保障、国土资源两个部门具体承办。②

二是进一步明确了失地农民社会养老保险安置的经费来源及使用方式。

根据《土地管理法》的规定，征地补偿费包括土地补偿费、安置补偿费、地上附着物补偿费和青苗补偿费四部分。除了青苗补偿费和地上附着物补偿费按照《土地管理法》的规定直接支付给农民，嘉兴市对土地补偿费和安置补偿费的发放办法进行改革，针对村级财务混乱且难以管理，村民对此不放心的现状，安置补偿费不再支付给被征地村集体，而由市、县政府根据当地实际，按照具体的安置补助标准，将该费用划入劳动保障部门设立的"安置费"专户，实行封闭运行，统一用于失地农民社会保险统筹和生活补助，真正落实到被安置人员个人；同时，适当调整了土地补偿费的用途，明确土地补偿费除国家规定的用途外，还可用于解决失地农民的生活出路，从而明确了失地农民社会养老保险安置的经费来源。

由于社会保障安置成本相对较高，《试点方案》在改革安置补偿费与土地补偿费的使用方向之外，还强调要多渠道筹集失地农民的安置资金，规范土地补偿费使用。具体包括：原有的土地补偿费及安置补偿费可用于解决生活确有困难的原有失地农民的生活出路问题；新发生的部分土地补偿费可与安置补助费一并考虑，用于解决失地农民（含原失地农民）的生活出路问题；安置补助费可突破法定标准，并由用地单位负责交纳，进入劳动部门设立的"安置费"专户；有条件的农村集体经济组织可以将集体资产用于提高本

---

① 详见《嘉兴市征地制度改革试点方案》（2001）。

② 王国和、曹建强、沃云：《土地换保障——嘉兴市土地征用制度改革纪实》，《浙江国土资源》2003年第1期。

集体经济组织成员的养老保险待遇；失地农民"农转非"后，生活确有困难，符合最低生活保障条件的，经民政部门审核批准后给予最低生活保障；撤销建制或"拆村建居"的村、组，土地补偿费（包括原有的安置补助费）应由村民委在县、乡（镇）政府的监督指导下，遵循公开、公正、公平的原则，通过建立基金、股份化等形式合理配置给原集体经济组织的成员。对原一次性领取安置费的失地农民要重点照顾，但征地时已达到退休年龄并已按月领取养老金的失地农民，则不再考虑。

三是确定以不同年龄段为对象的分流安置具体办法。

分流办法以年龄段进行划分，实行不同的分流安置办法，具体见表4－1。

表4－1 失地农民分流安置具体办法

征地时的年龄	分流安置办法
男满60周岁，女满50周岁	户口"农转非"，并为其一次性缴纳15年养老保险统筹费，从次月开始按月发放养老金
男45—60周岁，女35—50周岁	户口"农转非"，并为其一次性缴纳15年养老保险统筹费，到退休年龄后按月发放养老金，退休前每月发给一定的生活补助费和医疗包干费
男16—45周岁，女16—35周岁	户口"农转非"，具体安置方式可由本人选择： （1）自谋职业加养老保险。一次性发给部分自谋职业费（8000元/人），并根据其在农村的劳动年限（从16周岁起算），每满一年为其购买一年的养老保险统筹费，最高为15年，本人可以继续参加基本养老保险和大病医疗保险。两年后没有职业的，可申领《失业证》 （2）自主择业。征地时发给《征地人员手册》（凭该手册可享受与城镇失业人员《失业证》同等待遇，即在市区范围内可享受招工、经商、税收等方面的各项优惠措施），直接进入劳动力市场。并按其农村劳动年限，每满两年为其购买一年养老保险统筹费，最高为15年。对未就业者每月发放生活补助费和医疗包干费，最长不超过两年 （3）自谋职业。自愿办理自谋职业手续的，一次性发给全部自谋职业费，由本人继续参加基本养老保险和大病医疗保险。两年后没有职业的，可申领《失业证》

征地时的年龄	分流安置办法
征地时未满 16 周岁的失地农民或在校学生	以每人 3000 元为基数，再按每岁 200 元的标准一次性发放征地安置补助费，给予办理"农转非"，当其进入劳动年龄或学习毕业后，发给《失业证》，进入劳动力市场

自 2002 年《试点方案》在全市范围推广之后，在实践中不断总结经验，加以完善，并结合国土资源部和省政府的一些文件精神，进一步推进、深化制度改革。

一是政府主导，通过行政力量在全市范围内推进和落实《试点方案》。

在被列为改革试点城市之前，嘉兴社会保障安置模式的实施仅限于市区范围，涉及范围和人数相对有限，实施的阻力不大。但是，该模式在全市范围推广还是面临阻力的。尽管从市区近 10 年的实施效果来看，失地农民对养老保险安置很欢迎，但是，按照这样的安置模式操作，征地成本很高。当时曾按照嘉兴市区失地农民养老保险的缴费标准做过估算，2002 年一名失地人员的安置费用就已经达到 6.8 万元，如果再加上退休年龄前领的补助费，要 8 万—9 万。因此，一些基层干部就有顾虑，担心这样操作会提高征地成本，影响招商引资的"竞争力"。2001 年，嘉兴的改革方案得到了国土资源部的肯定并被列为全国征地制度改革试点。改革试点的确立不仅意味着之前的"土地换保障"改革思路和措施得到了国土资源部的肯定，更为重要的是，结束了当时围绕保障失地农民长远生计和低成本招商引资之间的争议和分歧，为失地农民社会保障安置在全市范围内推广和完善扫除了障碍。2002 年，嘉兴市政府批转了《试点方案》，开始在全市范围推行，在全市的推广过程中得到了领导班子的大力支持，征地制度改革被列为当时政府报告中今后 5 年市场经济体制建设中的一大课题，市政府领导也在很多场合宣传征地制度改革的紧迫性和必要性，市人大、政协的领导对嘉兴市区的征地制度改革都给予了充分肯定，从上到下对推行征地制度改革达成共识。针对当时市属的五个县（市）和市本级的两个区并未实施社会保障安置模式的现实情况，《试点方案》在推进时，各区域工作侧重点有所区分，嘉兴市区的工作重点是进一步完善"土地换保障"制度，五个县（市）和市本级两个区的重点放在逐步推行《试点方案》上。根据当时的部署，2002年主要在市本级及有条件的县（市）城关镇规划区范围内试行，2003年推行到全市所有建制镇规划区范围内，其他范围内的零星征地、跨区域的线性工程征地，安置补偿仍按原有的办法实行。同时，强调各地在推行时要规范程序与阳光操作，并在总结实践经验的基础上进行完善。

2003年8月，浙江省政府出台了《关于加快建立被征地农民社会保障制度》（浙政发〔2003〕26号），开始在全省范围内推广社会保障安置，这样的政策导向进一步推动了嘉兴市制度推广的进程，自2004年开始，在全市建制镇以上城镇规划区内全面推行养老保险安置办法，并且采取相应的惩罚措施，逾期不改革的地区，暂停农用地转用审批，补偿安置政策不能及时到位的征地项目，国土资源部门不予办理供地手续。[①] 在这样的强烈推动下，到2005年年初此项改革在城镇规划区的推进已基本到位，遍及全市57个乡镇、17个街道。

二是制定并实施征地补偿"区片综合价"，适当提高补偿标准，建立征地调节基金。

2004年国土资源部提出要制定征地补偿"区片综合地价"，嘉兴市政府根据这一要求发布《嘉兴市人民政府关于市本级征地补偿实行"区片综合价"的通知》，制定了市本级的"区片综合价"并加以实施。"区片综合价"包括土地补偿费和安置补助费两部分，其制定要依据地区的经济发展现状、进行养老保障安置所需的费用以及土地类型的差异等诸多因素，市本级的农地被划分为两个区片，采取不同的综合补偿标准，市区城市规划区的土地为一级区

---

① 浙江省嘉兴市国土资源局：《确保农民长远生计无忧——浙江省嘉兴市实行征地制度改革的做法》，《国土资源通讯》2006年第6期。

片，水田、旱地及养殖用地等每亩补偿2.5万元，市本级其他区域为二级区片，同类土地每亩补偿2.25万元，另外，对专业桑园、果园、蔬菜基地、其他用地等也都分别制订了综合补偿标准。[①] 实行"区片综合价"后，征地补偿标准整体有所提高，由于提高的部分全部用于失地农民的社会养老保障统筹[②]，这也在一定程度上缓解了社会保障安置的经费问题。同时，为解决国家重点工程跨区域征地补偿标准不一的实际问题，建立征地调节资金，实行同类土地同价补偿，通过这样的制度安排来减少或避免可能引发的征地矛盾。

三是逐步统一全市各地安置保障办法，完善补偿安置政策。

由于改革推进并非同步进行，嘉兴市不同区域的具体政策存在差异，很多征地矛盾因此而产生。2003年8月，嘉兴市政府出台《关于贯彻浙政发〔2003〕26号文件的若干意见》（嘉政发〔2004〕67号文件）进行调整：一方面，强调全市对失地农民实行统一的养老基本生活保障和社会保险相结合的办法，以避免今后再产生历史遗留问题；另一方面，采取措施改变不同区域养老保障待遇标准差距较大的现状，具体操作办法是以2004年全市失地农民养老保障金的平均值为指导线，全市统一建立养老基本生活保障金增长机制，每年以当年的指导线为全市调整养老基本生活保障金的限额，不得突破。各地根据本地经济社会发展水平确定具体标准，月享受标准低于指导线的，应逐步提高，月享受标准已经高于指导线的，可暂不调整，以达到缩小差距乃至趋同的目标[③]，最终要使失地农民养老保障金执行标准逐步趋同。

四是出台就业扶持政策，促进失地农民实现就业。

---

① 浙江省嘉兴市国土资源局：《确保农民长远生计无忧——浙江省嘉兴市实行征地制度改革的做法》，《国土资源通讯》2006年第6期。

② 2009年嘉兴市政府发布《嘉兴市征收农村集体所有土地管理暂行办法》（嘉政发〔2009〕70号），从2009年10月开始适当提高"区片综合价"，以市区为例，调整后的一、二级片区的水田、旱地、养殖用地等综合价分别提高到3.25万元/亩和3万元/亩，并确定以后每隔2—3年调整一次。

③ 浙江省嘉兴市国土资源局：《确保农民长远生计无忧——浙江省嘉兴市实行征地制度改革的做法》，《国土资源通讯》2006年第6期。

为了促进失地农民市场化就业，嘉兴市先后出台了一些就业扶持政策，市劳动与社会保障局专门成立了就业科，负责失地农民的就业问题，并在市、县、区各级政府设立相应的职能部门，实现层级网络化管理，以保障失地农民问题能够得到快速有效的处理①；给失地农民发放《再就业优惠证》，与城镇下岗失业人员享受同等的再就业优惠政策；推出小额贷款担保、减免税费、统筹解决经营场地、开展创业培训等优惠政策，鼓励有条件的失地人员自谋职业；通过优惠政策诸如给予减免税、社会保险补贴、贷款优先等，鼓励企业吸纳失地失业农民就业；政府筹集资金，开展免费的非农技能培训和就业指导，提升失地农民的就业竞争力；积极开发社区服务、家政服务等就业岗位，采取优先吸收失地农民就业等措施，来促进失地农民尽快实现非农就业。

五是出台政策，解决历史遗留问题。

针对历史遗留问题，特别是 1993 年之前失地的农民，嘉兴市政府要求县、市两级政府从征地收益中拿出一部分共同解决，采取"三个一点"办法，即由参保人员、村组集体、市区政府三方面按一定比例筹集参保费用，鼓励改革之前的失地人员参加养老保险。2005 年，经市政府同意，嘉兴市劳动和社会保障局、嘉兴市国土资源局共同出台了《关于市区 1993 年前部分被征地农民实行养老生活补助办法的意见》，集中处理符合一定条件的失地农民养老生活补助问题。该政策主要针对市区范围内的两类失地农民，一类是1993 年之前未建立失地农民社会保障制度的失地农民，另一类是按"土劳比例"政策规定纳入安置范围且一次性领取安置补偿费的失地农民②，由本人自愿申请，对符合条件的失地农民给予一定的养老生活补助，经费筹集来自个人筹措缴纳、村（组）集体经济组织适当补充和统筹资金三部分，资金到位且失地农民符合享受待遇年

①　于森、伍建平：《浙江嘉兴"以土地换保障"的经验及其反思》，《中国农业大学学报》（社会科学版）2006 年第 2 期。

②　张建华：《失地农民安置"嘉兴模式"的问题与应对策略》，《嘉兴学院学报》2012 年第 1 期。

龄（男年满 60 周岁、女年满 50 周岁）条件的次月起，由社保经办机构按月发放养老生活补助金，具体有两个档次，分别为 150 元/月和 230 元/月，直至其死亡[①]，该养老生活补助金标准根据经济发展水平和物价调整等因素适时逐步提高。

三　"土地换保障"的效果分析

嘉兴自 1993 年开始尝试以社会保障方式安置失地农民，经过十几年的征地实践，逐步探索了一套"土地换保障"的农地征收模式。通过对现行征地制度中的补偿安置政策进行改革，"土地换保障"的农地征收模式将市场化就业与社会保障安置结合起来，符合社会经济发展的长远趋势，同时也为失地农民的长远生计提供了相应的制度保障。

嘉兴市政府的相关文件对 1993 年《暂行规定》中政府的安置意图和想法做了总结，提升为嘉兴征地制度改革中政府的指导思想和基本观点：一是征地是政府行为，安置也应该是政府行为，政府有权征收农民土地，更有责任为失地农民提供长期的生活保障；二是政府必须统管土地征收工作是解决多头征地和顺利推进城市化的要求；三是失地人员已不再是农民，将其纳入城镇居民管理和保障范围是突破城乡两元结构的必然要求；四是土地补偿费和安置补偿费应保证失地农民生活水平不下降并逐步有所提高，应该突破现有法律的限制，改革计算方法，提高补偿标准；五是鉴于村级财务管理中存在的问题，应该尽量减少支付给村组集体的土地补偿费，提高用于社会保险的人员安置费，以保证专款专用，解决失地农民的实际问题。[②]

---

① 两个档次主要取决于被征地农民个人筹措缴纳的标准：个人筹措缴纳 8000 元后，每月享受养老生活补助金 210 元；个人筹措缴纳 2000 元后，每月享受养老生活补助金 150 元。

② 王国和、曹建强、沃云：《土地换保障——嘉兴市土地征用制度改革纪实》，《浙江国土资源》2003 年第 1 期。

（一）"土地换保障"安置模式的实施效果

嘉兴市实施"土地换保障"的失地农民安置制度以来，成效十分明显。

1. 社会保障安置着眼于保障失地农民的长远生计，减少了土地征收中的纠纷和矛盾，促进了社会的稳定与和谐发展

新中国成立以来，我国实行的是城乡有别的二元社会保障制度，改革开放后，城市的社会保障基本上形成了较为规范、相对完整的体系，但农村社会保障则远未建成，基本上还是沿袭传统的土地保障模式。对农民而言，土地具有提供基本生活保障、提供就业机会、为后代提供土地继承权、资产增值、直接收益等多重功能。[1] 随着城市化的推进，一旦农村集体土地被征收，这意味着农民不仅失去了赖以生存的生产资料、熟悉的谋生手段和重要的收入来源，而且也丧失了土地所带来的保障权利。

在"土地换保障"的征地安置模式下，失地农民长远生计获得了一定的制度保障。嘉兴市的安置政策按照不同年龄区别对待，考虑了失地农民不同群体应对生存风险的差异，实行倾斜性政策。政策最优惠的群体是已到退休年龄的老年农民，一次性缴足养老保险统筹费，次月开始领取养老金；对青年农民而言，由于嘉兴地区经济较为发达，就业机会充足，很多青年农民已经实现非农就业转变，因此，领取一定数额的自谋职业费以及按农龄交纳一定年限的养老保险也是可以接受的选择；中年失地农民就业相对困难，特别是"4050"人员，虽然设有保养政策，可以领取生活补助费，但很有限，还需要通过促进就业等其他途径来增加收入。从实施效果来看，青年农民和老年农民对"土地换保障"政策较为满意，中年农民希望能提高养老金发放标准，就总体而言，失地农民对这一安置政策还是很认同的，在笔者的田野调查过程中，虽然调查对象也表达了不少意见，但对这一安置模式都很肯定。

---

① 吴次芳、鲍海君：《论失地农民社会保障体系建设》，《管理世界》2002 年第 10 期。

　　"土地换保障"的制度设计立足于失地农民的长远生计，通过实行养老保险安置，在一定程度上缓解了农民失地后对生活保障的担忧。自1993年实施至今，取得了很好的效果。在1993—2003年嘉兴市区范围采取"土地换保障"安置模式的这十年间，未发生过一起越级上访案例。[①] 2003年该模式安置开始在全市范围推广，据市国土资源局称，2003—2006年，全市一共征收土地17.28万亩，安置了一大批被征地农户，基本上没有碰到抵制土地征收的"钉子户"，也未发生过对安置政策不满而造成的群体性上访事件。[②] 在实践中，因征地引发的矛盾和纠纷不可避免，但几乎没有对社会保障安置方式不满的，嘉兴地区失地农民上访案件非常少，这在因征地拆迁导致社会矛盾激化、征地上访及群体性事件频发的背景下，足以显示出该制度所具有的促进社会稳定与和谐的积极效果。因此，社会保障安置作为征地安置的一条有效途径，可以在有条件的地区加以推广。

　　2. 促进失地农民市民化，推进了城市化进程

　　嘉兴"土地换保障"制度出台时，就已经考虑到征地后农民市民化的问题，农民失地后其实就是非农人员，就应将之纳入城镇居民的范畴，享受相应的待遇。因此，对其户口"农转非"，进行养老保险安置，统一纳入城镇居民社会保障体系，有助于失地农民实现身份和心态的转变，更快融入城市社会。城市化不仅体现在城市范围的扩张上，更应体现在农业人口的非农转化上，这一制度无疑会加快失地农民的市民化进程。

　　3. 扩大了社会保险覆盖面，增强了社会保险的调节功能

　　实行养老保险安置以后，失地农民的征地安置补助费统一纳入了政府的社保资金专户，增强了社保资金的调节功能。根据嘉兴市政府部门的数据反馈，2003—2005年，市本级因征地纳入养老保障

---

　　① 卢余群：《嘉兴市被征地农民利益补偿与保障机制研究》，硕士学位论文，浙江工业大学，2004年。
　　② 浙江省嘉兴市国土资源局：《确保农民长远生计无忧——浙江省嘉兴市实行征地制度改革的做法》，《国土资源通讯》2006年第6期。

范围的共 42651 人，参保率达到 97.83%。[1] 从全市范围来看，截至 2006 年年底，嘉兴市参加基本生活保障和基本养老保险的被征地农民达到 19.6 万，占被征地农民总数的 66.4%，相比浙江省 25% 左右的失地农民社会保障参保率来说，覆盖面和普及度都高了很多。[2] 截至 2009 年年底，全市已有 35.9 万名被征地农民参加养老保险，应保对象的参保率达到 100%，其中 11.19 万人正在按月领取养老金。[3] 目前整个体系运行状况和财务状况都很好，不存在拖欠问题，并且保证达到年龄的失地农民均可纳入养老保险中去。这样的安置模式符合市场经济体制下加快建立社会保障体系的大势。

（二）"土地换保障"制度实施中存在的问题

1. 政策形成过程没有进行精细测算，资金缺口大，财政负担较重，需要强大的地方财政作为后盾，否则会存在运行风险，可持续性和扩展性值得思量

嘉兴"土地换保障"制度的重点在于失地农民的养老保障，其制度设计起点较高，直接把失地农民纳入城镇职工基本养老保险体系，即将其所需社保安置费用一次性划转到劳动社保部门，统一纳入城镇职工养老保险。这样的做法保障水平较高，和周围地区相比，嘉兴的失地农民养老金领取标准相对较高，对于保障失地农民长远生计而言是很有利的，同时，参照城镇职工基本养老保险办法来设计，将来与城镇基本养老保险制度衔接并轨也更容易。而且，嘉兴的失地农民养老保障安置模式不同于商业保险安置，是将失地农民全部纳入了社会保障体系，由财政统筹支付，也就是说最后要由政府财政来托底。据嘉兴市社会保障局的一位负责人介绍，目前

---

① 嘉兴市国土资源局文件《市本级征地补偿安置调研报告》。

② 2003 年浙江省在全省 11 个市、50 多个县（市、区）推行社会保障安置，成为全国率先建立失地农民社会保障的地区。截至 2003 年年底，被征地农民达 200 万人，约有 39 失地农民参加基本生活保障，加上其他保障方式（参加城镇职工基本养老保险、"双低"办法的养老保险和商业保险）的近 13 万名失地农民，全省已经纳入社会保障范围的失地农民总计达到 52 万人左右，约占失地农民总数的 1/4。

③ 金雯：《维护被征地人员权益　促进社会和谐建设》，《浙江国土资源》2010 年第 4 期。

一次性打入社保局的钱按照现在的支付水平只够维持失地农民七年半的养老金发放，剩下的缺口都要由政府财政来托底支付。

从嘉兴"土地换保障"的制度变迁过程来看，1993 年的制度设计基于当时的情势，征地数量有限，远非今日的规模；实施范围仅限于市区范围，涉及的人数较少；当时的养老保险缴费起点低，年限短，资金缺口不大，由政府来托底的额外支出尚不是很大。当时出台政策主要是为了应对面临的征地安置矛盾和冲突，基本上还是属于"摸着石头过河，走一步算一步"式的改革模式，因此，在制定时并没有进行严格精确科学的论证、测算和设计，随着"土地换保障"模式在全市范围的推广以及缴费标准的提高，政府的财政压力也在不断增大。

而且，从嘉兴前 10 年的实践来看，一些因素进一步加大了政府的财政压力和制度风险：一是缴费标准偏低，时间偏短。失地农民平均缴费 1.5 万元，缴费年限为 10.66 年，与每年 5 万—10 万元的缴费盈亏平衡点、不低于 15 年的缴费年限差距很大。[1] 二是基金积累期短。在一次性补缴的形式下，保障基金积累期短，有约 40% 的失地农民是缴费后马上就享受养老保险金。三是缴费基数和比例偏低。失地农民是以职工平均工资的 85% 为基数，按照 17% 的比例缴纳保险费的。四是待遇相对偏高。失地农民享受的养老保险金绝对额偏低，但如果仅考虑其缴费水平，享受的待遇是偏高的。以 60 岁的男性被征地农民为例，按照 398 元的月给付标准，应一次性缴纳保险费 9.6 万元，而实际只缴纳 3.2 万元。[2] 再加上大龄失地农民的保养费支出，存在较大的缺口。2006 年，市财政每个月为失地农民支付的养老保险金达到 984 万元[3]，达到退休年龄领取养老金的

---

① 卢海元：《嘉兴市失地农民社会养老保险制度调研报告》，《征地事务动态》2004年第 1 期。

② 卢余群：《嘉兴市被征地农民利益补偿与保障机制研究》，硕士学位论文，浙江工业大学，2004 年。

③ 于淼、伍建平：《浙江嘉兴"以土地换保障"的经验及其反思》，《中国农业大学学报》2006 年第 2 期。

失地农民数量将逐渐增多，这笔支出在逐年递增。而且，养老保险缴费也会随着经济社会发展不断提升，2009 年市区一级区片的最高缴费标准已达到每人 8.55 万元，加上每月 160 元的生活补助费，养老保险费缴费标准最高年龄档实际缴纳费用总额已达 11 万元左右①，政府的财政负担会越来越大，随着土地资源的减少，政府的土地收益也会减少，支付风险会提升。因此，这样的操作模式对政府财政要求很高，并不适用于所有地区。

2. 制度推进存在时间和区域的差异，改革前后的政策衔接和城市规划区内外的政策衔接难度较大，历史遗留问题解决较为困难

嘉兴"土地换保障"失地农民安置制度是由点到面逐渐推进的，由于历史、行政区划调整等原因，在全市范围内各地征地补偿、安置政策不尽统一，引发一些问题很难解决。

一是不同时期的征地政策对失地农民的安置补偿政策差异较大，致使同类人员可能享受的待遇差距悬殊。

1993 年征地制度改革之前，市本级征地对失地农民安置主要是招工安置和货币安置，最初货币安置的补偿费只有每人 3000 元，后来逐步调高到 7000 元，这样安置涉及的失地农民有 2600 多人，由于没有参加养老保险，他们不能像 1993 年后的失地农民一样领取养老金，包括每月的生活补助费，两者相比较存在较大的差异。即便是纳入养老保险范围，从"土地换保障"相关政策变化过程来看，后来政策制定的安置补偿标准显然比前面的高很多，这都会导致以前的失地农民心理不平衡，引发一些矛盾。这种历史遗留问题较难解决，不同时期的政策也是依据当时的实际情况制定的，1993 年之前征地地价低，补偿少，征地主体多元复杂，而且已发放的征地补偿费目前大多已经被用完，现在再来解决他们的社会保障问题难度很大，但是如果搁置在那里，始终是问题。

二是不同区域政策实施进度不同，安置补偿政策存在较大差距，

---

① 金雯：《维护被征地人员权益　促进社会和谐建设》，《浙江国土资源》2010 年第 4 期。

并且因行政区划调整而加剧，难以化解。

　　嘉兴市的征地政策在实施过程中还存在着区域政策的差异，从行政区域的设置来看，市本级和下设的秀洲、南湖两个区虽然都为失地农民缴纳社会养老保险统筹费，但具体政策上存在差别，主要体现在两方面：一是社会养老保险统筹费缴纳标准有差异。市本级是从16周岁算起，农龄满一年买一年保险，但下设的两个区都是每满两年买一年，也就是说市本级的失地农民年满31周岁以上的，15年的养老保险就已经全部缴纳，但是下设两个区的失地农民至少要到年满45周岁才能买足15年的养老保险。此外，市区和南湖区征地政策规定，为16周岁以上需办理一次性自谋职业的失地农民，每人发放一次性安置补助费12000元，而秀洲区政策却没有这项规定。二是生活补助政策也存在差异。大龄失地农民的生活补助费每个月160元，市本级的政策是一直发到拿养老金，还对男45周岁、女35周岁以下的失地农民每人发放8000元的自谋职业费，但是下设两个区的大龄人员生活补助费只发放24个月，之后就不再发放，8000元的自谋职业费也没有。造成差异的主要原因是征地实施时间和具体情况不同：市本级征地自1993年就开始实施"土地换保障"的政策，当时征地拆迁的地域范围有限，涉及的农户数量不多，早期的养老金缴纳金额较低，政策起点就较高。南湖和秀洲两区直到1999年才开始实行养老保障安置，养老金缴纳成本已提高，征地范围大，涉及农户人数多，按照市区的标准操作，两个区政府的财政无法承受，在操作标准上就一直存在差别。

　　这样的差距在遇到行政区划调整后更为明显。2000年5月，嘉兴市本级进行行政区划调整，2001年，下设的秀洲区和南湖区又先后进行撤乡并镇，这样的调整导致不仅是市本级与两个区之间、区与区之间的政策存在差异，而且同一行政区内镇与镇甚至同一建制镇内部的征地补偿安置政策也不同。征地补偿安置政策区域差异直接引发了失地农民的相互攀比，甚至因此出现过几起群体上访事件。由于目前还未建立起征地补偿安置争议裁决机制，政府与失地农民的谈判最终都是以政府做出让步、突破现行政策规定、提高补偿安置标准为结果，这又进一步加剧了政策不平衡与矛盾。

政策的区域差距也导致失地农民养老保险存在隐患。相比于市区范围的养老保险缴纳情况，秀洲区和南湖区失地农民的养老保险情况存在一定的问题。按照两区的具体政策，未满45周岁的失地农民缴纳养老保险年限均达不到15年，退休后要享受养老待遇必须自己拿钱续缴养老保险，有相当一部分失地农民因家庭经济困难等原因而没有续缴养老保险，会影响其今后享受养老保险的待遇。据秀洲区2005年年初的摸底调查，在被调查的24763人中，养老保险费缴费年限未满15年的有9597人，占被调查人数的38.8%，其中1004人由单位续缴，占未满人数的10.5%；6046人以自谋职业方式续缴养老保险，占未满人数的63%；2547人没续缴，占未满人数的26.5%，未续缴的失地农民养老保障不可避免会受到影响。

三是征地实施主体的多元化导致了政策执行上的不规范。

《土地管理法》中规定的征地补偿标准按照土地年产值的倍数计算，但是补偿的倍数只规定了上限，为实践操作中的随意性埋下了伏笔。由于缺乏明确、统一的政策，在征地补偿标准执行上不可避免地存在随意性和不规范性。市本级的土地补偿政策还是基本一致的，征收耕地的土地补偿标准都是按照被征收土地前三年平均年产值的8倍来计算的，其他土地的补偿标准也相差不大。但在政策的具体执行上，市区与南湖、秀洲两区存在很大差别：市区自从实行失地农民养老保险安置政策以来，一直把土地补偿费全部支付到村组，而南湖、秀洲两区将土地补偿费全部用来为失地农民支付养老保险金，没有支付到村组，直到市本级征地补偿实行"区片综合价"政策以后，才出台有关政策规定把部分土地补偿费支付到村组。由于两区的土地补偿费中的到村资金都没有到位，这将为今后撤村建居时把村集体资产量化到村民个人埋下隐患。

虽然政策规定是政府统一征地，但由于统一征地工作机构人员有限，难以承担全市所有的征地工作，仅负责市区城市规划区的部分农用地征收，其他区域不可避免要委托多元主体参与征地工作。目前，仅城市规划区内就有市统一征地办公室、经济开发区管委会、市城投公司、南湖风景名胜区管委会、湘家荡旅游度假区管委会等多个征地实施主体，南湖区、秀洲区所管辖乡镇的征地工作分别由两区新区管委会和各镇的工办（有的称为镇村建设办，有的称为镇中小企业服务中心）组织实施，市本级的线型工程的征地则由交通工程建设主体单位自行实施。由于征地实施主体的多元化，在具体实际操作中，操作不规范的情况就难以避免，有的部门征地实施主体急于取得项目用地，乱开政策口子，造成相互攀比，进一步加剧政策不平衡的矛盾。

3. 制度保障的重心定位于养老风险的防范，对医疗风险和失业风险的保障力度较小，有待进一步提升和完善

众所周知，在城乡二元社会结构下，中国土地承载着农业生产与农民社会保障的双重功能，并且随着城市化的发展及人口的增加，这种双重功能正在演变为"保障重于生产"。失去土地对农民而言不仅仅意味着失去了最重要的生产资料，同时也失去了最基本的生活保障。因此，在指导思想上，"土地换保障"的征地安置模式已经考虑到农民失地后在生活、养老、失业、医疗等各方面的风险保障问题，力图为失地农民的生计提供长远的保障，抵御可能发生的各种风险。相比于货币安置方式，这样的制度安排显然更符合失地农民生存和发展的实际需要。

但是，目前"土地换保障"的制度保障重心定位在养老风险的防范与保障上，对医疗风险和失业风险的保障力度较小，在现实生活中，对于中青年失地农民而言，失业和医疗问题比养老更为直接和严峻。

从失地农民的养老保障来看，虽然相对于其他地区，嘉兴市以地方财政托底的方式，直接把失地农民纳入城镇职工基本养老保险体系，保证了相对较高的领取标准和参保比例。但受制于缴费金额和经费来源，失地农民养老保障的定位仅限于最基本的生活保障。按照政策规定，失地农民的养老保险金是参照城镇企业职工最低养老金标准设置的，1998 年为每月 398 元，现增至 550 元，虽然这个数额随着经济发展水平及生活消费水平的提高会做相应调整，有所

提升，但如果仅仅依靠这一来源，其保障力度是有限的，仅能维持最低层次的生活需求。①

除了养老保障，医疗保障也是失地农民普遍关注的问题。虽然在社会保障安置制度的构建过程中，也有过建立失地农民医疗保险的意愿和提议，但由于成本过高，最后不了了之。目前，失地农民的医疗保险主要依托城乡居民合作医疗制度。嘉兴市是全国较早建立新型城乡居民合作医疗制度的城市，在推行城乡一体化战略的过程中，依照"政府（集体）出一点，个人出一点"的缴费方式，低水平、广覆盖的新型城乡居民合作医疗制度实现乡镇、行政村全覆盖，农民参保率高达97.5%。② 根据笔者的相关调查，嘉兴市失地农民城乡居民合作医疗的参保比例很高，以此获得了一定的医疗保障。但城乡居民合作医疗的保障水平也较低，主要是针对大病保险，在访谈过程中，很多已经"农转非"的失地农民表示，"交的钱是不多，大家都拿得出来，但是生病以后能报的钱不多，门诊基本要自己掏，只有生大病住医院才能报，而且也是按照比例来报销的，用得越多报得越多，自己也要拿出一部分，当然这比以前没有报销还是好多了"。随着医疗费用的不断提升，失地农民"因病致贫"的风险也在增大。

根据嘉兴市的政策，失地农民"农转非"后，仍未就业或生活困难，其中符合社会救济条件的，经民政部门审批后将给予生活救济，这意味着失地农民也被纳入城市居民最低生活保障制度。但城镇低保的条件很严格，只有共同生活的家庭成员人均月收入低于最低生活保障标准才能成为救助对象，真正符合条件的对象不多。该制度主要针对一些缺乏劳动能力的人员，对于劳动年龄段以内有劳动能力的失地农民，政策特别强调要通过劳动自食其力，劳动部门和街道、社区要积极支持和鼓励其就业，帮助介绍、推荐与其劳动

① 胡平：《"土地换保障"征地模式下失地农民社会支持的现状及思考》，《乡镇经济》2009年第11期。

② 《嘉兴在长三角异军突起——嘉兴新八大现象观察》，http://finance.eastmoney.com/news/1350, 2010071583904986.html, 2010年7月15日。

能力相适应的劳动岗位。对于经介绍、推荐 3 次以上，因个人因素不愿就业的，在第三次介绍、推荐满 1 年后，不再纳入市本级居民最低生活保障范围。①

从嘉兴试点改革的实施效果来看，"土地换保障"征地安置模式的制度设计考虑到农民失地后的长远生计以及可能面临的养老、失业、生活等诸多风险，力图在失去土地保障后为他们提供替代性的制度性保障，尽管目前保障并不完全且水平较低，但相比于货币安置方式，该政策已显示出其积极的作用，不仅得到了失地农民的广泛支持，而且大大减少了征地纠纷，促进了社会的稳定和地区经济的发展。因此，社会保障安置不失为一条征地安置的有效途径，可以在有条件的地区加以推广。

与此同时，"土地换保障"安置模式的成效不仅仅取决于其制度设计，同时也离不开当地独特的经济环境、政治环境和文化环境，包括较为强大的地方经济实力和财政的支持，发达的民营经济提供的较为充裕的非农化就业机会，东部地区长期对外开放和市场化转型过程中培育的面对实际、敢于创新的政府，较早推行城乡统筹、城乡一体化改革试点的配套措施和经验，秉礼勤劳、精明理性的农民以及崇尚务实包容、进取求新的地域文化等，这些独特的制度环境较难复制，这意味着，"土地换保障"模式的适用条件较高，在推广时要注意诸多因素和具体条件，盲目推广会带来一些问题。

---

① 胡平：《"土地换保障"征地模式下失地农民社会支持的现状及思考》，《乡镇经济》2009 年第 11 期。

第五章 "嘉兴模式"之"宅基地换住宅"

农村集体土地征收，不仅限于农用地的征收，还包括宅基地的征收，而征收宅基地就必然涉及农村集体土地房屋的征收和拆迁问题。嘉兴的征地模式不仅通过"土地换保障"的安置模式来实现对失地农民长远生计的保障，同时，还以宅基地征收过程中的农房征收安置政策为配套，通过有利于失地农民的拆迁政策和灵活的拆迁手段来减少矛盾，增加其在征地拆迁中的补偿和收益。

一 农村集体土地房屋征收及法律缺位

农村宅基地与房屋产权关系在新中国成立后也经历了一个变迁的过程。新中国成立初期实行的是农村宅基地与房屋产权"房地合一"，归农民所有，这种状况一直延续到人民公社化初期。1962 年中共中央八届十中全会通过《人民公社工作条例修正草案》，规定宅基地"归生产队所有"，社员"不准出租和买卖"，"社员的房屋，永远归社员所有。社员有买卖或者租赁房屋的权利"，其后，宅基地所有权与房屋所有权分离，这种状况一直延续至今。[①]

在这样的产权关系下，归集体所有的宅基地一旦被征收，建造在宅基地之上的房屋就必然面临被征收和被拆迁的命运。农民的宅基地使用权和房屋财产权因农地征收而发生的改变，从法理上看，

---

① 郭书田：《"宅基地换社保"的三个前提》，《中国土地》2009 年第 8 期。

同样可以视为对公共利益做出的特别牺牲，应该获得相应的补偿。如何补偿以及补偿多少显然需要制定普适性的法律来进行规范，明确权利义务关系，保障合法利益不受侵害。

根据我国的立法程序，凡涉及非国有财产的征收必须制定法律①，但时至今日，我国尚未有针对房屋征收及拆迁方面的立法，仅在一些法律中出现过少许涉及拆迁的内容，诸如《中华人民共和国测绘法》中关于测绘标志拆迁的规定、《中华人民共和国文物保护法》中关于文物拆迁的规定以及《中华人民共和国归侨侨眷权益保护法》中关于华侨房屋拆迁的规定等，相关法条简单抽象，适用范围较为有限，缺乏对农房征收拆迁的适用性和可操作性。

然而，在城市化进程中，随着城市范围向农村的不断扩张，现实中农村集体土地上的农房征收规模远远超过了国有土地上的房屋征收。相比于受到较多关注的国有土地上的房屋征收，农村集体土地征收及农房征收中的问题更多，矛盾更突出，冲突更激烈。②2009年国土资源部的调研组对农村集体土地房屋征收拆迁补偿问题进行了专题调研，发现：因土地征收造成农房拆迁的规模在不断扩大；在农房拆迁中，主体混乱、征收拆迁补偿标准低是普遍现象；而相关的管理政策几乎空白，地方各自为政，参照依据和标准差异很大，容易引发纠纷，各地农村群体抗拒拆迁的行为时有发生，亟须引起各方重视。③

农房拆迁与土地征收成为中国城市化进程中的醒目标志，同时也成为最易引发社会矛盾和冲突的事端。于建嵘（2011）在对群体性事件的研究中发现：在所有的群体性事件中，农民问题占30%—40%，其中涉及征地和拆迁的占60%—69%。但这并不能简单地归结为拆迁很困难，造成目前拆迁矛盾突出的最大问题是不顾或滥用法律政策与民争利，突破底线对民众掠夺式地强制拆迁。问题如果

---

① 参见《中华人民共和国立法》第八条。

② 王克稳：《"房屋征收"与"房屋拆迁"的含义与关系辨析——写在〈国有土地上房屋征收与补偿条例〉发布实施之际》，《苏州大学学报》2011年第1期。

③ 李珍贵：《农村房屋征拆情况调查》，《中国土地》2010年第1期。

不解决，拆迁矛盾只会愈演愈烈。①

房屋拆迁按照标的的不同可以区分为农村房屋拆迁和城市房屋拆迁两类。由于土地产权的性质不同，两类拆迁补偿安置的法律依据也有区别：凡在城市规划区国有土地上实施房屋拆迁，其拆迁安置补偿适用城市房屋拆迁安置补偿办法；凡在农村集体土地上按照农村房屋的审批程序和面积标准建造并持有"宅基地使用证"的房屋，其拆迁安置补偿适用农村房屋拆迁安置补偿办法。

就立法而言，城市房屋拆迁虽然没有基本法律可依据，但是尚有直接针对性的法规来规范实践操作，其中立法层级较高的规范性文件当属国务院颁布的条例。自1991年起，每隔十年，国务院都会出台一部针对城市房屋拆迁的条例，对国有土地上的房屋征收及拆迁补偿安置事宜做出规定，至今已有三部，分别为：1991年3月颁布的《城市房屋拆迁管理条例》、2001年6月新修订的《城市房屋拆迁管理条例》（2001年11月1日起施行，原《城市房屋拆迁管理条例》被废止）以及2011年1月21日发布并实施的《国有土地上房屋征收与补偿条例》。除此之外，还有一些与之相关的行政规章，主要是由建设部发布的一些规范性文件，包括《城市房屋拆迁单位管理规定》（1991年8月起实施，2011年2月被废止）、《中华人民共和国城市房屋拆迁行政裁决工作规程》（2003年12月30日发布，2004年3月1日起实施）和《城市房屋拆迁估价指导意见》（2003年12月1日发布，2011年1月被废止）等，针对拆迁单位管理、拆迁行政裁决和拆迁评估等内容进行了详细规定。因此，虽然城市拆迁的规范性文件随着实践的发展变动较大，但至少这些条例和规章的出台为不同时代背景下的城市拆迁实践提供了操作指导和法定依据。

和城市房屋拆迁相比，农村集体土地房屋拆迁基本处于无法可依的状态，至今为止还没有一部专门的法律法规。在《土地管理

---

① 于建嵘：《从维稳的角度看社会转型期的拆迁矛盾》，《中国党政干部论坛》2011年第1期。

法》和《中华人民共和国物权法》（以下简称《物权法》）中，农
房只是被包含在"地上附着物"之中被非常简略地提及：《土地管
理法》只是泛泛地规定，征收耕地的补偿费用包括土地补偿费、安
置补助费以及地上附着物和青苗的补偿费[①]；《物权法》也有同样的
规定。[②] 这样的规定只是表明征收集体土地应当对地上附着物（包
括农房）给予补偿，但由于缺乏对补偿方式与补偿标准的具体规
定，在实践中几乎不具有可操作性。

　　然而，随着农村集体土地征收规模的不断扩大，宅基地征收、
集体土地房屋征收及拆迁在实践中无法避免，由于法律的缺位，农
村集体土地房屋拆迁无法可依，随意性极大，由此引发了大量的拆
迁矛盾和冲突。在全国性农房拆迁立法迟迟不出台的情况下，一些
有立法权的地方政府只能通过制定地方性法规、规章来进行规范和
调整，诸如北京市政府发布的《北京市集体土地房屋拆迁管理办
法》（2003）、上海市政府发布的《上海市征用集体所有土地拆迁房
屋补偿安置若干规定》（2002）、浙江省的《杭州市征用集体所有土
地房屋拆迁管理条例》（1998）及《宁波市征收集体所有土地房屋
拆迁条例》（2006）、江苏省的《南京市征地房屋拆迁补偿安置办
法》（2007）等。由于立法主体是地方政府，这些法律文件在适用
时有明确的地域限制，仅在本辖区内生效，而且，这些规范性文件
所规定的农房拆迁补偿安置政策做法不一，较为混乱，存在一些缺
陷。而对于大多数没有立法权的地区而言，农房拆迁的法律法规适
用至今仍是一个难题，既无集体土地房屋拆迁的法律法规可参照又
无法回避实践操作的需要，地方政府只能根据自己的意志出台相关
的农房拆迁政策。各地的政策及实践操作方式差异极大，在很大程
度上取决于地方政府决策层的态度和立场，不同的政策直接决定着
拆迁各方之间的利益分配与博弈空间。

---

①　参见《中华人民共和国土地管理法》第四十七条。
②　参见《中华人民共和国物权法》第四十二条。

二　嘉兴市农村集体土地
房屋征收的制度安排

作为浙江省的一个普通地级市，嘉兴市政府没有立法权，不可能像杭州、宁波一样通过地方立法来解决农村集体土地房屋拆迁的法律依据问题。在实践操作中，除参照国务院颁布的《城市房屋拆迁管理条例》（2011 年被废止之前）以及浙江省的《城市房屋拆迁管理细则》（1992）、《城市房屋拆迁价格评估暂行办法》（2002）之外，直接的政策依据是 2002 年市政府出台的《嘉兴市城市规划区内农民住宅房屋拆迁安置补偿办法》。该文件主要规定了农村集体土地房屋征收拆迁的补偿安置办法及补偿标准，对农村房屋征收拆迁的程序规定没有涉及，程序方面的规定在 2011 年《国有土地上房屋征收与补偿条例》实施前主要是参考《城市房屋拆迁管理条例》的有关规定。也就是说，在嘉兴市集体土地房屋拆迁的操作实践中，农房拆迁补偿安置的实体部分依照《嘉兴市城市规划区内农民住宅房屋拆迁安置补偿办法》执行，程序部分则参照《城市房屋拆迁管理条例》进行操作，基本实现了农房征收拆迁的有据可行。

（一）农村集体土地房屋拆迁补偿安置方式的选择与确定

城市房屋拆迁的补偿安置方式主要有两种：一为货币补偿，二为产权调换。2001 年《城市房屋拆迁管理条例》规定，"拆迁补偿的方式可以实行货币补偿，也可以实行房屋产权调换。其中，货币补偿的金额，根据被拆迁房屋的区位、用途、建筑面积等因素，以房地产市场评估价格确定。实行房屋产权调换的，拆迁人与被拆迁人应当计算被拆迁房屋的补偿金额和所调换房屋的价格，结清产权调换的差价。除了一些特殊情况，被拆迁人可以选择拆迁补偿方式"。[①] 2011 年《国有土地上房屋征收与补偿条例》对此未做改动，

_____

① 《城市房屋拆迁管理条例》，《中华人民共和国国务院公报》2001 年第 23 期。

继续沿用了货币补偿和产权调换两种方式，"被征收人可以选择货币补偿，也可以选择房屋产权调换。被征收人选择房屋产权调换的，市、县级人民政府应当提供用于产权调换的房屋，并与被征收人计算、结清被征收房屋价值与用于产权调换房屋价值的差价"。①显然，前后两个条例都强调了货币补偿和产权调换的方式，并在一般情况下赋予被拆迁人以选择的权利。

农村房屋拆迁在沿袭城市房屋拆迁安置方式的基础上，结合农房拆迁的实际情况，在实践中主要有三种方式：一是货币安置，即拆迁人直接向被拆迁人支付货币补偿，被拆迁人获取补偿后自行解决安置住房；二是产权置换，也称为调产安置，指由拆迁人提供住宅进行产权调换，安置被拆迁人；三是迁建安置，是由拆迁人提供迁建用地和费用，由被拆迁人自行建造安置用房。在适用时，货币安置和产权置换多用于建设拆迁，迁建安置多用于单独选址项目建设拆迁；城市规划区内以货币安置为主，调产安置为辅，规划区外主要采取迁建安置。② 三种方式各有利弊，对拆迁人而言，货币安置方式最简便，只要支付一定的补偿金即可，不需要提供安置房或迁建土地。但在目前农房拆迁补偿标准低而商品房价格渐长的情况下，由被拆迁农户自行解决安置住房较为困难，处置不好会出现被拆迁人流离失所的情况，因此，完全"一脚踢"式的操作较少；产权置换方式对促进农民市民化有益，但政府的拆迁成本相对较高；迁建安置方式可以降低拆迁成本，但缺点是将来会面临二次拆迁或者"城中村"问题。

农房拆迁的政策定位很重要，会产生"路径依赖"的效应，对将来会产生深远的影响。在不同时期，受制于各方面的现实条件，嘉兴市不同区域的农房拆迁安置方式存在着差异。嘉兴市本级大多定位较高，建设住宅小区和被拆迁农户进行产权置换，而非建设专门的农民新村、农民公寓等形式安置失地农民，直接一次到位，安

---

① 详见《国有土地上房屋征收与补偿条例》第二十一条。
② 李珍贵：《农村房屋征拆情况调查》，《中国土地》2010 年第 1 期。

排他们进入功能齐全的城市住宅小区，这种产权置换的方式虽然近期成本高，但从长远来看，有利于促进失地农民融入城市，更符合城市化的长远目标。也有些区域是按照迁建安置的方式来操作，通常是在土地征收拆迁之后，另外划一块地给被拆迁的农户用于建房，选择这样的方式也基于一定的情况，主要是在一些土地储备较少、城市化进程不快的地方，失地农民户口"农转非"以后，还能批出宅基地使用证。迁建安置可以解决政府当时面临的征地拆迁成本过高的问题，同时，由于浙江省外来人口多，安置地通常离城市很近，农民建造的房屋很容易出租，这样操作农户也较欢迎。但是，迁建安置也存在着一些不利后果，农民在宅基地上新造的房子无法上市交易流转，小区的管理还是村集体管理而非物业管理。从长远来看，随着城市的继续扩张，这些住宅可能会面临"二次拆迁"的问题，不仅将来的拆迁成本会更高，而且重复拆迁也不可避免会造成浪费，如果不拆就会形成像广东"城中村"那样的问题，管理麻烦，也不利于农民的市民化。经过一些实践尝试后，有条件的地区都逐渐趋向于产权置换的住宅小区安置，异地迁建基本上只有乡镇一级还会采用。

在总结实践经验的基础上，嘉兴市主要采取了"产权置换、货币补偿"的拆迁安置方式，被拆迁人有选择的自由。但是，如何进行计算和产权置换？在这个问题上，城市房屋的计算标准和方法显然无法作为参考。因为，国有土地上的房屋可以上市流通，可以市场评估价来确定补偿金额，而集体土地房屋目前尚不能上市流通，以市场评估价方式来确定农房拆迁的货币补偿价格显然是行不通的。因此，需要通过制定政策，提供具体的可参照的农房拆迁安置补偿标准。

（二）农村集体土地房屋拆迁安置的价格评估与计算标准

农房征收拆迁实践产生了制度需求，就要求有相应的制度供给。2002年，嘉兴市政府出台了《嘉兴市城市规划区内农民住宅房屋拆迁安置补偿办法》（嘉政办发〔2002〕44号，以下简称"44号文件"），对农村房屋拆迁安置补偿的具体方法与评估标准做出规定。该文件适用于市区100平方公里城市规划区范围内，凡属于按照农民住宅的审批程序和面积标准建造并持有"宅基地使用证"的房屋拆迁补偿和安置。① 具体包括农村集体土地房屋的价格评估标准、拆迁安置房的面积计算及置换标准两大部分。②

1. 农村集体土地房屋的价格评估标准

农房征收拆迁首先要对因宅基地征收而需要拆迁的集体土地房屋进行价格评估,根据评估的价格给予补偿。如何对将被拆迁房屋进行价格评估,44号文件制定了较为明确具体的评估标准,包括房屋拆迁价格标准、成新率标准、拆迁附属物补偿标准和主要装潢部位材料补偿标准四部分。

一是城市规划区内农民住宅房屋拆迁价格标准。

根据农民住宅的实际情况,将其分为楼房、平房、临时用房和简易房四种类型,在此基础上再细分等级,规定不同的价格标准(见表5-1)。

表5-1　　　　城市规划区内农民住宅房屋拆迁价格标准

类型	结构等级	标准（元/平方米）	备注
楼房	砖混一等	265—340	建筑面积
	砖混二等	195—265	同上
平房	砖混	160—195	同上
	砖木一等	120—150	同上
	砖木二等	110—135	同上
	砖木三等	100—120	同上
临时用房		80—110	同上
简易房		25—60	同上

二是城市规划区内农民住宅房屋成新率标准。

农民房屋的价格评估还要视其新旧程度,对成新率也有详细的

①　详见嘉兴市政府文件《嘉兴市城市规划区内农民住宅房屋拆迁安置补偿办法》第二条。

②　以下内容参见嘉兴市政府文件《嘉兴市城市规划区内农民住宅房屋拆迁安置补偿办法》(嘉政办发〔2002〕44号)。

规定（见表5－2）。①

表5－2　　　城市规划区内农民住宅房屋成新率标准

建成时间（从原批手续时间下一年计）	成新率
1995—2001 年	9—10 成
1991—1994 年	8—9 成
1986—1990 年	7—8 成
1981—1985 年	6—7 成
1976—1980 年	5—6 成
1975 年以前	4 成以下

三是城市规划区内农民住宅房屋拆迁附属物补偿标准。

对农民住宅附属物的拆迁补偿范围及标准也有较为具体的规定（见表5－3）。

四是城市规划区内农民住宅拆迁房屋中主要装潢部位材料补偿标准。

表5－3　　　城市规划区内农民住宅房屋拆迁附属物补偿标准

序号	项目	单位	单价（元）	备注
1	电话移机费	只	按现行实际报支	
2	农村有线电视初装费	户	按现行实际报支	
3	分体式空调移机费	只	300	
4	窗式空调移机费	只	100	
5	标准晒场及水泥道路	平方米	20	临时浇水泥场地的，一律按标准的2—3折计算
6	标准帮岸	米	80	
7	水井	口	250	
8	灶头	眼	50	

---

① 因该文件制定于 2002 年，以后在操作时年份以此类推。

序号	项目	单位	单价（元）	备注
9	围墙	平方米	12—30	简易：12 元/平方米；普通：20 元/平方米；标准：30 元/平方米
10	门墩	座	最高 2000	按质论价
11	粪缸	只	20	
12	河埠	座	100	
13	化粪池	只	200	
14	防盗门	扇	150—300	临时安装防盗门窗的，一律按照标准的 2—3 折计算
15	防盗窗	平方米	15—30	
16	综合性一次补偿	户	1000—2000	一户合法建筑面积 200 平方米以上补助 2000 元；100—200 平方米补助 1500 元；100 平方米以下补助 1000 元

农民住宅的原有装潢也要给予适当补偿，对此也有具体规定（见表 5 - 4）。

文件还规定，对于未列入附表的其他各类装潢材料，可套用市场平均价格的代表品种相近档次作适当补偿。

2. 拆迁安置房的面积和价格计算标准

如果选择货币补偿，只需按照评估标准算出价格直接给予补偿。但是，如果是要"产权调换"的话，还要涉及安置房的面积和价格的计算。

表 5 - 4　城市规划区内农民住宅拆迁房屋中主要装潢部位材料补偿标准

主要部位	档次	材料代表品种	单位面积补偿标准（元/平方米）
地面部分：地板及地砖	高档类	樱桃木、红榉木地板、花岗岩地砖	80
	中档类	硬木类地板、镜面砖、大理石地砖	60
	低档类	杉木、杂木、小拼木地板、同质釉面地砖	40

续表

主要部位	档次	材料代表品种	单位面积补偿标准（元/平方米）
墙、顶面部位：护墙及吊顶	高档类	花梨木、红木夹板护墙及吊顶	25
	中档类	水曲柳夹板护墙及吊顶	15
	低档类	普通型三夹板护墙及吊顶	10
墙面部位：墙内瓷砖、外墙砖	不分高、中、低档		20
阳台（窗）部位	铝合金封阳台（指楼层栏杆以上部位封阳台）		80
卫生设施	卫生设施齐全		500

一是安置面积的计算标准。

安置面积主要根据拆迁前的人均建筑面积和人口数量来计算。根据 44 号文件的规定，城市规划区内农民住宅安置面积的计算按照其原住宅的人均建筑面积大致划分为三个标准（见表 5 - 5）。

表 5 - 5　　城市规划区内农民房屋拆迁安置面积计算标准

人均住宅建筑面积	安置面积的计算
低于 15 平方米	按人均建筑面积 15 平方米安置
15 平方米以上、30 平方米以下	按原人均建筑面积安置
高于 30 平方米	按人均建筑面积 30 平方米安置

根据这样的标准计算出来的面积按照安置标准价来调换，由于安置面积的置换价格较低，因此，政策在设计时有一定的倾斜，适当地照顾了一些原来住房较困难的农户，同时，还考虑了独生子女农户在人口计算上的劣势，规定原使用人系独生子女的（独生子女已结婚的除外），在计算安置面积时，可增加一个安置人口。[①] 安置面积的计算仅限于被拆迁户的原住宅，其原批准的生产用房、临时

①　详见嘉兴市政府文件《嘉兴市城市规划区内农民住宅房屋拆迁安置补偿办法》第三条。

用房和其他附属用房，不计入被拆迁户人均住房建筑面积，由拆迁人一次性给予经济补偿。

二是安置房价格的计算标准。

要进行产权调换，被拆迁的原住房和新建安置房之间的置换价格如何计算呢？44号文件规定，被拆迁户安置房的面积在安置标准以内的，按安置标准价格结算；安置房超过安置标准但未突破原住宅面积的部分，按新安置房成本结算；超过原住房面积的部分，按商品房价格结算；对安置标准以外的原住宅建筑面积部分原则上采取货币补偿的办法，即在原实物折价外，再给予700元/平方米的经济补偿；因特殊情况需要安置的，其超过安置面积但不足原建筑面积的部分，实物折价补偿后，给予200元/平方米的经济补偿。① 其具体价格如表5-6所示。

表5-6 城市规划区内农民住宅房屋拆迁安置补偿标准

类别 计费标准	单位（元/平方米）	层次差价（元）						
		底层车库	一层	二层	三层	四层	五层	六层
安置标准价	420	自行车库	+5	+60	+120	+100	-285	
新安置房成本价	760	400元/平方米	+5	+60	+120	+100	+15	
商品房市场价	购入价		+5	+60	+120	+100	+15	-300

文件还规定：在拆迁公告规定范围内的各类违章建筑及超过批准期限的临时建（构）筑物，必须在规定拆迁期限内无条件地自行拆除，不予安置补偿。经批准建造的临时建筑未到期限者，必须在规定期限内自行拆除，拆迁人按残值给予补偿。

---

① 虽然44号文件强调对安置标准以外的原住宅建筑面积部分原则上采取货币补偿的办法，但根据笔者的调查，在实践操作中往往正好相反，随着城市房价的上涨，除个别农户因经济条件限制选择部分面积领取货币补偿外，绝大多数农民都愿意尽可能拿足面积指标，而不是选择货币补偿，即便是超出面积是按照商品房市场价来计算，但是这个市场价其实还是远远低于市场标准的，通常为1200—1360元，所以进行产权置换拿房子是较为划算的选择。

三是搬家补偿费的计算标准。

搬家补偿费按原使用人具有正式户口的常住人口每人30元的标准，一次性发给；一户人口为一人的，一次性发给50元的搬家补偿费。使用临时周转房的，在迁往正式安置房前需要再次搬家时，按上述标准再次发放。

（三）农村集体土地房屋拆迁的程序设定

房屋拆迁涉及国家行政权力的实施，其程序的设定与规范极为重要。嘉兴市集体土地房屋拆迁工作的程序主要参照的是2001年《城市房屋拆迁管理条例》，其基本程序如图5-1所示。

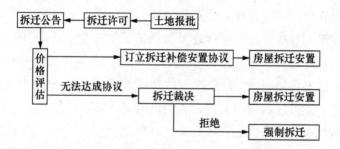

图5-1　农村集体土地房屋拆迁的基本程序

第一步：土地报批。

按照建设部《城市房屋拆迁管理条例释义》的规定，要进行集体土地上的房屋拆迁，应当先行征收土地，将集体土地国有化之后再进行房屋拆迁，即先征地后拆迁。有项目需要征地，农用地要转为非农用地，先要到省土管部门进行征地审批，获批后才能进行房屋拆迁。

第二步：拆迁许可。

房屋拆迁是政府动用行政力变更被拆迁人财产权利的行为，因此，拆迁人必须先取得房屋拆迁许可证，其后才可以实施拆迁。拆迁人应向房屋所在地的市、县人民政府房屋拆迁管理部门提出拆迁申请并提交相关资料，管理部门对此进行审查，符合条件的，颁发房屋拆迁许可证。①

第三步：拆迁公告。

房屋拆迁管理部门在发放房屋拆迁许可证的同时，应当将房屋拆迁许可证中载明的拆迁人、拆迁范围、拆迁期限等事项，以房屋拆迁公告的形式予以公布，以保证被拆迁人的知情权。②

第四步：价格评估。

由于集体土地房屋产权的特殊性，无法像城市房屋拆迁那样按照市场价格来评估，农房价格评估的具体标准参见嘉兴市44号文件，主要从被拆迁农房类型、成新率、建筑面积、装潢、附属物等方面，对被拆迁房屋的价格进行评估。

第五步：订立拆迁补偿安置协议。

拆迁人与被拆迁人就拆迁补偿的方式和金额、安置用房面积和地点、搬迁期限、搬迁过渡方式和过渡期限等事项达成一致，订立拆迁补偿安置协议。③ 如果双方按照此程序进行，按照协议规定履行义务，则拆迁就顺利完成，否则就会进入裁决阶段。

第六步：房屋拆迁安置的具体过程。

房屋拆迁的具体操作，可以分为前期准备和实施拆迁两大阶段，每个阶段都包括一些基本步骤，具体如下：

前期准备阶段

1. 调查摸底

调取拆迁区块土地现状图，根据现状图确定拆迁范围；

发出停止新建、改建、扩建及装修房屋的通知；

在有关部门调取人口、土地、房屋的原始资料；

对人口、土地、房屋开展现场调查核实，作为评估参考依据。

2. 拆迁准备

根据区政府有关规定，结合拆迁区块实际，指定操作办法；

---

① 《城市房屋拆迁管理条例》，《中华人民共和国国务院公报》2001年第23期。

② 同上。

③ 同上。

办理拆迁许可证等手续；

制定拆迁安置宣传等方案，编制有关宣传资料；

根据拆迁安置规划设计方案，做好房源、车库搭配；

落实拆迁资质单位、评估单位和拆房单位，办理好各项报批手续。

实施拆迁阶段

1. 张贴拆迁公告，召开动员会议，发放宣传资料；

2. 确定拆迁领牌时间、地点，发放拆迁须知和随机摸取评估顺序号通知书；

3. 在指定地点、指定时间随机摸取登记评估顺序号；

4. 对房屋及有关设施评估，与拆迁农户签订房屋及附着物补偿单；

5. 挑选安置房，签订房屋拆迁安置补偿协议；

6. 被拆迁户按协议搬迁、交旧房钥匙，领取奖励费及过渡费，由拆迁单位进行拆房；

7. 结账，领安置房钥匙。

以上为顺利的农村集体土地房屋拆迁流程，但在现实生活中，农房拆迁也会在价格评估阶段遇到问题，双方无法达成合意而进入拆迁裁决阶段。

第七步：拆迁裁决。

农房拆迁进入拆迁裁决程序主要有两种情况：一是拆迁补偿安置协议已经订立，但被拆迁人或者房屋承租人在搬迁期限内拒绝搬迁，拆迁人既可以依法向仲裁委员会申请仲裁，也可以依法向人民法院起诉；二是拆迁人与被拆迁人或者拆迁人、被拆迁人与房屋承租人无法达成拆迁补偿安置协议，经当事人申请，由房屋拆迁管理部门或同级人民政府裁决。对裁决不服的，还可以依法向人民法院起诉。① 最终双方行政裁决或法院判决书为依据，进入房屋拆迁安

---

① 《城市房屋拆迁管理条例》，《中华人民共和国国务院公报》2001 年第 23 期。

置阶段。

第八步：强制拆迁。

如果被拆迁人在裁决规定的期限内未搬迁，可以申请强制执行。拆迁人未按裁决意见向被拆迁人提供拆迁补偿资金或者符合国家质量安全标准的安置用房、周转用房的，不得实施强制拆迁。强制执行一般有两种：一种是司法强拆，由房屋拆迁管理部门依法申请人民法院强制拆迁；另一种是行政强拆，由房屋所在地的市、县人民政府责成有关部门强制拆迁。

强制拆迁是行政强制力在特别状态下的运用，在程序上有严格的设定，具体有几个方面的要求：一是听证程序，即房屋拆迁管理部门在申请行政强制拆迁前，应当邀请相关管理部门、拆迁当事人代表以及具有社会公信力的代表等，对行政强制拆迁的依据、程序、补偿安置标准的测算依据等内容进行听证，其目的是通过多方的介入，仔细审查申请强制拆迁的必要性和合法性。二是集体讨论决定。房屋拆迁管理部门申请行政强制拆迁，必须经领导班子集体讨论决定后，方可向政府提出强制拆迁申请，以示慎重，避免个人意志决定。三是告知义务。强制拆迁决定做出后，在实施行政强制拆迁前，房屋拆迁管理部门应提前告知被拆迁人，并做好宣传解释工作，动员被拆迁人自行搬迁，既是保障被拆迁方的知情权，同时也是通过最后动员和解释，努力争取被拆迁人自行搬迁，避免强拆的后果。四是依法进行。行政强制拆迁应当严格依法进行，进行强制拆迁，应当组织街道办事处（居委会）、被拆迁人单位代表到现场作为强制拆迁证明人，并由公证部门对被拆迁房屋及其房屋内物品进行证据保全。五是监督及惩处。各级房屋拆迁管理部门要加强对拆迁程序执行情况的监督检查，对不依法行政、滥用职权、侵害拆迁当事人合法权益并造成严重后果的工作人员，要依法追究责任。

（四）嘉兴农村集体土地房屋拆迁制度安排的分析

第一，制度安排的方针是低进低出，政策保持稳定，避免引发矛盾。

从理论上说，拆迁补偿标准带有很强的政策性，应当随着经济社会情况的发展变化及时进行修改和调整，以适应变化的形势。但在实践中，新老政策交接时期往往是矛盾高发期，政策经过调整，前后之间往往存在差异，如果不能很好解决，很容易引起矛盾和纠纷，形成历史遗留问题。嘉兴的宅基地征收和农房拆迁政策选择了稳定性策略，44 号文件制定于 2002 年，以今日之眼光审视，其中的农村集体土地评估标准和安置房补偿标准是不合时宜的低价，相比于城市房屋拆迁补偿标准根据市场价格每年调整基准价的情况，该政策一直保持不变，价格也未做改动。该政策运行的整体方针便是低进低出，即农房的拆迁补偿标准低，安置房的价格也低，既不影响农户的利益，同时也尽力避免因政策变动而引发的矛盾。

第二，农房拆迁的制度安排比城市房屋拆迁优惠，这是实践中农房拆迁受欢迎的主要原因。

在嘉兴，城市房屋拆迁和农村房屋拆迁都采取产权置换、货币补偿的方式，但是，从制度安排来看，农房拆迁要比城市拆迁优惠。随着嘉兴城市发展呈块状区域推进，农地拆迁和城市拆迁都实行住宅小区安置，有些小区甚至实行混合安置，安置的房源、区域大体差不多，同样按照拆迁面积安置及进行产权置换，农民在宅基地上自建的房屋，其面积远远大于城市居民的房屋面积。城市房屋拆迁受制于原有房屋的面积，往往只是一套换取一套，而农房却大多能置换出好几套房子，3—4 套是较为普遍的情况。而且，农户原有的房屋无法上市流通，价值无法体现，而获得的安置房随着城市房价的渐长立显其价值，本地农房拆迁之后的"暴发户"现象使得拆迁成为很多农户的期盼。

第三，着眼长远，安置方式选择适合城市化发展的趋势。

成片征地拆迁主要发生在城市近郊，在早期，异地迁建方式因拆迁成本低、操作简单而在一些地区实施过。随着城市化的推进，其弊端逐渐显现，安置方式逐渐向采取统一住宅小区的安置模式集中，尽可能一步到位，直接将失地农民安置进入功能齐全的城市住宅小区，促使其尽快融入城市社会，符合城市化的发展趋势。

第四，农村房屋拆迁工作逐渐从依靠行政手段向法律手段转变。

2001 年之后，嘉兴市农房拆迁的主体发生改变，政府不直接参与拆迁。而且，2002 年 44 号文件出台后，农房拆迁不再依据下级政府及分支部门制定的"土政策"，而是统一按照 44 号文件来操作。2001 年之前，嘉兴没有动用过行政力量强制拆迁，政府比较谨慎，强调征地拆迁的协商与谈判，被拆迁农户也比较心平，不会漫天要价。2003 年以后，农户的要求越提越高，拆迁谈判难度逐渐增大，为此，政府选取了具体"钉子户"个案，走了强制拆迁程序的全过场，从行政裁决到行政诉讼，历经一审、二审，最后依照合法程序进行强制拆迁，既适当约束了被拆迁户的行为，同时也为其后的拆迁提供了合法操作程序的典范。

第五，在农房拆迁程序方面缺乏直接的政策依据，需要采取变通手段。

嘉兴农房拆迁的实体内容尚可依据 44 号文件，然而，在拆迁程序方面只能大致参考《城市房屋拆迁管理条例》。农房拆迁和城市房屋拆迁性质和对象均存在较大差异，不可能完全参照，需要在实践中采取变通手段来处理问题，缓和拆迁矛盾。

三　农村集体土地房屋拆迁的利益博弈与平衡

2001 年，国务院对 1991 年颁布的《城市房屋拆迁管理条例》进行了调整，严禁政府直接参与拆迁，在此之前，政府就是拆迁人。按照《城市房屋拆迁管理条例》的规定，各地都应成立专门负责农房拆迁的机构，成为拆迁人。[①] 农房拆迁形成三方主体的架构，即政府、拆迁人及被拆迁农户。政府退居幕后，但仍然是征地拆迁

---

① 嘉兴成立了嘉兴市建设发展投资公司，专门负责农房拆迁，其性质为国有公司，带有政府背景，此外，还成立了两家专业的拆迁公司。

的主导者；拆迁人实施具体的拆迁工作，代表的是政府的利益；被拆迁农户是直接利益相关人；村集体在农房拆迁中是配角，主要负责联系、摸底等工作。此外，还有拆迁公司、评估公司等中介机构参与。虽然多方参与农房拆迁过程，但其实质与核心的关系仍是政府与被拆迁农户的关系。

（一）拆迁利益双方的意愿分析

1. 政府的征地拆迁动机及成本分析

政府是农房拆迁的方案制定者，同时也是利益相关人。随着城市范围的向外扩张，不光农用地被征收，农民的宅基地也会成为征收的对象。将农地转为非农用地，无论是工业园区开发，还是作为商业、房地产业用地，都能极大提升农村土地的级差地租，给地方政府带来可观的收益，因此，政府征地拆迁的动机非常明确。

从最近几年的情况来看，地方土地收入连年上涨。2007年全国土地出让收入近13000亿元；2008年受房地产市场低迷影响，土地出让收入缩水，但仍维持在9600亿元的水平上；2009年攀升至16000亿元；2010年更是大幅上升到27000亿元。虽然这些土地收入中还需支付征地、拆迁、补偿、税费等征地拆迁成本，但据测算，地方政府的土地出让净"收益"一般在40%以上。[①] 与此同时，地方政府对土地财政的依赖也较为严重。截至2010年年底，全国地方政府性债务余额107174.91亿元，其中政府负有偿还责任的债务67109.51亿元，占62.62%，而在地方政府负有偿还责任的债务余额中，承诺用土地出让收入作为偿债来源的债务余额为25473.51亿元，共涉及12个省级政府、307个市级政府和1131个县级政府。[②] 这说明，无论是较高的土地出让收益的激励，还是政府债务的压力都驱动着地方政府征收农地，在农地征收和农房拆迁中，政府是主要的倡导者。

[①] 《地方四成债务依赖土地收入　下半年或加紧卖地》，《第一财经日报》2011年6月28日。

[②] 数据来源于国家审计署2011年6月发布的《全国地方政府性债务审计结果》。

由于法律的空白，宅基地征收及农房拆迁的补偿和安置标准完全由政府制定，政府的拆迁成本定位极为重要。一方面，在现有的财税体制下，城市发展对政府财政的压力很大，拆迁补偿来自政府财政，为了缓解财政困难，降低征地拆迁成本是政府理性的必然选择；另一方面，随着农民土地权益意识的不断增强，补偿价格太低，会引发被拆迁农户的抵制和反抗，影响政府形象和社会稳定，也会与中央政府从国家利益层面出发维护被征地拆迁农民利益的意愿相违背。因此，地方政府在制定制度和政策时必然要在两者之间寻找平衡点，运用正式制度及非正式制度来实现征地拆迁的顺利进行。

2. 农民对土地所有权的认知和对征地拆迁的态度

在农业集体制时期，村民的集体成员资格是从户籍身份中自然获得的，这种成员资格的获得与土地产权的获得有某些关联之处，都是伴随社会政治运动直接重新分配土地产权的结果。这导致了农民看待土地所有权的复杂心态，认可土地是国家和集体的，但坚持在承包期内对土地拥有"准所有权"。因此，农民在即将失去土地时，不接受带有剥夺性质或者补偿极低近似于"白拿"的做法，但接受"交换"，即带有互惠色彩的做法，要求双方交换的不只是利己更是利他的行为，以便达到两者共同受益的公平公正的结果。①

下面三个个案的访谈记录较为典型地反映了嘉兴地区农户对待征地拆迁的态度。

个案1：失地农民C　女　45岁

基本情况：农用地已征收，宅基地尚未征收

我家那里的土地都已经征完了，但是宅基地还没有征，所以还没有拿到拆迁安置的房子。我觉得我们这里的征地政策还是蛮好的。征地的时候我正好满35周岁，征完地就买好了15

---

① 折晓叶：《合作与非对抗性抵制——弱者的"韧武器"》，《社会学研究》2008年第3期。

年的养老保险，到50岁可以拿养老金，现在每个月有500多元，估计等我退休的时候肯定还要高些。35—50岁还可以每个月拿160元的经济补助，虽然钱不多，算起来拿到50岁也将近有3万元，有总比没有好，自己再去找点活干，生活应该没什么问题。我老公相比就不划算了，男的要满45周岁才够得上这个档次，他当时年龄不到，只好拿了一次性8000元的补助金，15年的养老保险倒是买好了，但是拿不到160元的补助。这也没办法，完全按政策"一刀切"，哪怕差一天也不行。

我娘家那边已经拆迁了，我哥哥他们连土地带房屋都征掉了，安置房在重点中学附近，现在那边算是学区房，房价涨得很高，非常划算，但是我结婚以后户口已经迁出来了，只能等自己这边轮到拆迁。就我们家目前的情况来说，拆不拆都可以，如果不征地拆迁的话，家里的日子过得也不错，我们和公婆住在一起，家里剩下的一点地主要是种种蔬菜，还有一点粮食，主要是供自己吃，省得花钱去买，地里的活主要是老人在干，我和丈夫早就不务农了，他在厂里打工，一个月有1500元的保底工资，奖金不确定，我以前在一家服装厂做检验，每个月可以拿到2500元左右的收入，但是这个活要经常加班，后来我自己在市里租了一个店面，做服装生意，主要是卖学生的衣服，到上海和杭州拿货，生意还不错，扣除开支，比给人打工好多了。我家里还自建了好多房子，租给外地人住，房子租金每个月也有2000多元，所以就这样过过日子也很舒服，吃的不用花什么钱，房子也是自己的，倒也不是很巴望着拆迁。不过，如果轮到拆迁我们家按照现在的政策估计可以拿4—5套房子，自己留两套，剩下出租也可以赚钱，应该也不错，如果可能的话我还想要店面房，店面房升值快，更划算。

现在我们农村年纪轻的人都希望征地拆迁，反正他们也不愿意做农活，家里的地对他们来讲没什么意思，农村房子虽然大，但是也没什么娱乐设施，生活很单调，他们待不住，拆迁拿到房子，就可以到城里生活。年纪大的人还是习惯农村生活，但是征地拆迁之后有养老金可以拿，每个月都能领点钱在手，老人也高兴，不用完全靠子女了。现在医疗保险我们也可以参加，每年交100元，村里补贴一些，如果生大病住医院可以报销50％，如果超过1万元，比例还要高，门诊也可以报一些，也还不错，比以前好。

我有一个儿子，我们文化水平都不高，就希望他好好读书，将来能读大学，找个好工作，现在都是独生子女，肯定不可能再去种地吃苦，将来我们肯定是要到城市里生活的，所以，早点拆迁也好，可以早点到城里生活。

个案2：失地农民D　女　38岁

基本情况：农用地与宅基地均已征收

我家是郊区的，户口一直在我爸爸那里，结婚后也没有迁出来。我们姐妹三人，大姐和我的户口都没迁，小妹的户口迁到她老公那里去了，等到我们那里拆迁，我爸爸拿到了四套房子，因为我家原来的房子就蛮大的，有400多平方米。我拿了一套110平方米的，我姐姐也拿了一套差不多大小的，我爸爸拿了两套120多平方米的，我爸爸的房子不用出钱，因为老房子评估了25万元，折抵过来差不多，我的房子要出2万多元，我姐姐的要出6万元，还是蛮便宜的。最近我们家刚装修好，搬进了新家。拆迁安置房和商品房相比虽然有些差异，房子的外观没有商品房那么漂亮，绿化和设施也要差一些，但在城里有这么一套房子，我是很满意的。我们三家的房子都是一个小区的，互相照顾也很方便。

我们那里的征地拆迁政策还是不错的，周围大部分人家和我们差不多，如果家里开厂的就更划算了，不仅可以拿到200多万元的补助费，还可以划一块地给你再去建造新厂房。我妈妈年龄已经到政策规定的50周岁，养老保险已经买好了，现在每个月拿550元的养老金。我爸爸拆迁时年龄还不到60周岁，差了3岁，他自己补交了3年的养老金，还多交了一点，靠上了更高的标准，现在每个月可以拿900多元的养老金，现在还在外面帮人家看仓库，一个月也有800多元收入，还有一套房子的租金，两个老人过过日子还不错。我和老公本来就在城里上班，我在商场里上班，一个月保底工资1500元，提成要看生意好不好，我老公是厂里做工的，一个月也就1000—2000元的收入。如果不是家里有地，按照我们的收入想在市里买房子几乎是不可能的，所以说现在城市附近有地的农民还是不错的，至少可以通过征地拆迁拿到一笔钱，房子也解决了。最苦的还是那些城市里打工的人，夫妻两个3000多元钱的收入，加个孩子，生活很艰苦。我的一些城里的同事都很羡慕我，她们都没能力买房子，有的还是住在以前的小房子里，有的甚至结婚了还和父母住在一起。

个案3：失地农民E　女　58岁

基本情况：农用地与宅基地均已征收

我们对拆迁的态度一下子也讲不清，我们夫妻年纪也大了，种了一辈子田，其他也不会做，离开土地心里总还是舍不得的。可是儿子和女儿这一代农活也不太会做，也不愿意种地。儿子和媳妇都在附近的企业上班，每个月2000元左右的收入。女儿以前读大学，现在在医院里当护士。原来家里的地也是我们两个来种，家里的地也不多，主要是我在弄，我丈夫可以到外面找活做赚点钱，年纪大起来也越来越种不动了。

现在地收掉了，我们有劳保了，每个月可以领养老金，看病参加了合作医疗，也能报一些，多少也可以减轻小孩的负担。家里的房子拆迁以后换了三套，我们自己一套，儿子、女儿各一套，他们也蛮高兴的。现在日子过得还不错，就是吃用开销比较厉害，样样都要自己买。靠每个月近1000元的养老金不太够用，我们还干干活赚点钱，子女有的话也补贴一些，自己平时也比较节俭，也还过得去。就是现在生活不太习惯，我们以前家家户户都认识，每天都走来走去串门聊天，打打麻将，很快就打发时间了。现在大家都独门独户，以前的邻居有的也安置到其他小区了，虽然也不远，但是见面比以前少多了，子女上班忙，也没地可种了，闲下来觉得有点冷清，只能看电视打发打发时间。晚上会到小区门口和熟人聊聊天。

从笔者的田野调查情况看，嘉兴地区的农民对征地拆迁的态度并不排斥，甚至是带着些许期盼的，许多农户希望能"轮到拆迁"，甚至还抱怨为什么邻近村组拆迁而自己村组却被排除在外。在对实施拆迁的工作人员及一些相关部门工作人员的访谈中，他们也认同了这一点，在嘉兴农房拆迁中，真正抗拒拆迁的情况比较罕见。王锋等（2010）在浙江湖州的问卷调查也发现，在浙江省农村征地拆迁实践中，真正拒不搬迁的"钉子户"并不多，强行拆迁的现象也很少，对拆迁的不满主要集中在征地拆迁过程运作和补偿安置政策落实方面。[1] 被拆迁农户这样的态度正是基于多方面的理性考量。

农民是理性的行动者，他们对拆迁的态度和行动反映了其基于不同理性视角做出的选择。在农民理性研究的三个层面，即生存理性、经济理性和社会理性中，生存理性是最基础的。[2] 生存理性源自斯科特的农民道义经济学分析，他发现，农民在特定条件下出于生存理性首先考虑的是安全第一，而非追求效益的合理化和最大化，因此，凡是触犯到农民生存底线的社会安排，都会被其视为不道德、不公正，招致其激烈反抗，这就是农民的"道义经济学"。斯科特认为，"安全第一"原则并非出于农民特别的天生伦理偏好或道德良心，而是在缺乏土地、资本及外部就业机会条件下为求生存的被迫选择。[3]

土地对农民的意义不言而喻，是其安身立命的基础，因此，国家与集体在土地产权及使用等方面的任何改变，一旦损害、减少农

---

① 王锋、赵凌云：《浙江省农村征地拆迁政策存在的问题与对策》，《农业考古》2010 年第 3 期。

② 文军：《从生存理性到社会理性选择：当代中国农民外出就业动因的社会学分析》，《社会学研究》2001 年第 6 期。

③ 毛丹、王燕锋：《J 市农民为什么不愿做市民——城郊农民的安全经济学》，《社会学研究》2006 年第 6 期。

民已经获得的权益的安排，都会被视为损害其安全，引起农民的反感和抵制。毛丹、王燕锋（2006）对浙江 J 市城郊村"撤村建居"案例的分析表明，在政府所推动的城市化进程中，农民原来的安全条件很容易被破坏，而替代方式却未能建立，甚至还没有得到重视，城郊农民出于"安全第一"的生存理性考虑，抗拒"撤村建居"与城市化。①

以此来考察嘉兴的实际情况，情况恰恰相反。在整个制度安排上考虑了农民的生存理性，"土地换保障"的设计就是为了解决失地农民的养老保障和最低生活保障问题，现行城乡居民合作医疗制度的建立和普及也使农民获得了一定的医疗保障，制度性保障的供给与健全很大程度上消除了农民对日后生存的不安全感，同时，由于地处经济发达地区，较多的就业机会进一步消解了农民对征地后生活来源和经济安全的担忧，正如他们所说，"只要不挑不拣，工作肯定找得到"。如果征地拆迁并不会危及他们的生存，农民在对待这一事件时就会表现出强烈的经济理性，通过对拆迁后果的仔细计算和反复考量来追求利益最大化成为其行动的目标。

在农民的计算和考量中，影响其态度最主要的因素是农房拆迁可以给他们带来的收益。嘉兴现行的农村房屋拆迁政策设计较多考虑了农民在农地征收过程中的特别牺牲，通过"产权置换，货币补偿"的操作给予农民一定的优惠。这里的优惠体现在几个方面：一是农房拆迁置换的面积计算和价格比较优惠。相比于城市拆迁而言，农村拆迁安置房的面积计算标准是按照人数来算，一个人 30 平方米，未婚的独生子女加倍，按照 60 平方米计算，安置房的价格在这个范围内很优惠，只要 420 元/平方米，农村住房的人口相对较多，因此有相当大的安置面积是以非常低的价格来置换的；除此之外，超过这个部分但不到原住房面积的，按照 760 元/平方米来计算，同时，由于在实际操作中安置房的面积正好和原来住宅面积完

---

① 毛丹、王燕锋：《J 市农民为什么不愿做市民——城郊农民的安全经济学》，《社会学研究》2006 年第 6 期。

全一样是比较困难的，所以还可以稍微超一点面积，超出原住房面积的部分是 1200 元/平方米。总体上说，这三档价格和当地的商品房价格相比都低很多。二是通过产权置换可以得到实惠和收益。嘉兴农村住宅通常面积都很大，在产权置换之前，农民的房子既不能上市交易，也不能变现和抵押，其价值无法体现，拆迁之后置换成安置房就不同了，安置房大多数在城市附近，这几年商品房价格上涨的情况农民心里也很清楚，所以绝大多数农户都选择"产权置换"，很少有选择货币安置的，而且，他们一般都会计算好，把可以置换的面积指标用足。虽然置换房子要贴钱，但是拿到的是商品房，无论是出售还是出租，资产的增值都是非常可观的。在笔者的调查中，一户人家置换三四套小区住宅是比较普遍的情况，有些农户甚至可以置换五六套，不仅解决了自己和子女的住房问题，还可以带来直接的经济收益，正如个案 2 的情况。三是通过产权置换改善了被拆迁农户的居住环境。在农房拆迁过程中，大部分农户居住的房屋是 20 世纪 80 年代建造的，到现在房龄已经 30 年左右了，如果轮到拆迁获得安置房，就可以搬到新建的居民小区去生活，居住环境可以大大改观。在笔者的调研中，也有个别家庭经济条件比较困难、原住房面积不大的农户，尽管在产权置换过程中未能拿到多套房子，但也通过拆迁置换拿到了上百平方米的新房，对此，他们也是满意的。因此，有相关部门的负责人表示，拆迁后的总体评价还是比较好的，80%—90% 的人的生活比以前有提高，满意度较高。

影响农民征地拆迁态度的另一个重要因素是土地收益，如果土地收益高的话，农民也不愿意离开土地。由于嘉兴本地个体私营经济发达，非农就业机会较多，相比之下，土地收益就很有限，从事农业生产收入低，这就导致农村劳动力逐渐流向非农产业。在笔者的调研中，嘉兴本地的青壮年基本上都去企业上班或者去做生意，纯农户很少，主要是一些年纪较大的农民，他们种地的主要目的也并非为了从中牟利，而是为了解决自己家的粮食需要。但是，由于现行制度下土地流转的不确定性，农民即使不种地，也并不愿意主动无偿放弃土地权益。很多当地农户选择把土地承包给一些来自安徽、江西的种粮大户，以应对土地欠耕导致的收田以及农业税的缴纳等问题，在忽视土地生产收益的同时保有土地，等待时机获取收益。在这样的状况下，当外力介入侵占土地或耕地时，农民的经济理性便会凸显出来，只要对征地补偿满意，农民就没有激励去保护耕地①，他们就更容易接受征地拆迁。

非农就业的可能性也很重要。非农就业机会越多，就业越容易，农民越愿意拆迁。从地域上看，越是工业化、市场化发展迅速的地域，就业机会越多，拆迁越顺利；越是靠近城市，房价越高，拆迁越受欢迎。反之，越偏僻的地块则越难拆，这些地方的政府往往也喜欢用异地安置的方式。在笔者的调查中，不同年龄的人对拆迁的态度也有差异。年轻的（男 45 岁以下，女 35 岁以下）的农民一般都愿意征地拆迁，由于本地的民营经济较为发达，非农就业机会多，如同个案中的情况，年轻的农村居民基本都已不再种地，进入第二、第三产业就业，一旦轮到征地拆迁，他们的住房和社会保障的问题都得到解决，还可以拿到一些补偿费，一般都很欢迎征地拆迁。有顾虑的通常都是年纪偏大的，特别是男 45—60 岁、女 40—50 岁的，主要是这个年龄就业相对困难，家庭生活负担大，征地拆迁"农转非"以后，政府往往特别关注这个年龄段的就业问题，会有相应的就业扶持措施，包括提供就业培训和就业信息、服务等，尽可能提供一些符合他们年龄和体力的工作，比如城市绿化养护、保洁、保安、仓库管理等，这些岗位在招工时会有针对性地向失地农民倾斜，其中 60%—70% 的人员能解决就业，也有 20%—30% 的人找不到较为稳定的工作，往往打打零工，做做小生意来维持生计。已到退休年龄的失地农民已无就业的压力，但是他们的心态比较矛盾，他们对征地拆迁政策还是比较认同的，很多老人对自己可以从社保机构领取养老金感到满意，觉得每个月有收入来源，不需

① 梅东海：《社会转型期的中国农民土地意识——浙、鄂、渝三地调查报告》，《中国农村观察》2007 年第 1 期。

要过多依赖于子女，同时，加入城乡居民医疗保险之后，生病也有了一定的保障，也让他们感觉慰藉。但是，对土地的留恋和以往生活方式的怀念以及对陌生城市生活方式及环境的不适应往往是他们多次提及的问题。

从就业的角度看，已实现非农就业的农民早已不再是传统意义上的农民，他们离开了土地，也渴望离开农村进入城市生存发展。但是城市房价对于工薪阶层来说还是一笔不小的开支，要在城市安家落户，对他们而言，自己拿出几十万甚至上百万的钱来购房还是有困难的。因此，一旦轮到拆迁，通过拆迁产权置换，不能上市交易的农村宅基地上的房子通过置换，既解决了农民转居民的住房问题，还可以出租或变现，获得资金进行创业或经营生意。

王克强（2005）通过对上海、江苏、湖北、甘肃四地的问卷调查，调查了农民心目中农转非的条件及其排序，根据调查结果，其顺序依次为"有份经济收入比较稳定的工作""有房子住""享受与城镇人口一样的社会保障""集体或者国家对自己放弃土地给予经济补偿""户口农转非"。[①] 而从嘉兴的情况看，在现有的制度安排下，这几个条件基本都具备，因此，彻底离开土地，实现非农转化成为嘉兴大多数农民可以接受的选择。

（二）农房拆迁的利益博弈：降低拆迁成本与追求利益最大化

在拆迁意愿上，嘉兴政府和农户分歧不大，因此，其博弈主要集中在拆迁安置补偿上，政府一方希望拆迁安置成本低，但也不希望出现太大的拆迁纠纷和矛盾，而农户则是要想尽办法争取自己利益的最大化，但也不希望拆迁无法进行。在基本的底线下，双方追求各自的利益目标，进行博弈，现有的拆迁制度政策是他们进行讨价还价的知识或策略。从嘉兴的征地拆迁具体实践看，博弈主要集中在以下方面。

博弈点之一：缺乏明确规范的全国性立法，农房拆迁具有明显

---

① 王克强：《中国农村集体土地资产化运作与社会保障机制建设研究》，上海财经大学出版社 2005 年版，第 56 页。

的法律缺陷。

任何制度都具有滞后性特点，在实践中都会暴露其不完备性，这是制度创新或变迁的主要动力。农房拆迁制度的滞后性极为突出，时至今日，没有一部全国性的法律法规来规范农房拆迁，无法可依的现状使得利益各方，特别是被拆迁方为维护自身利益必须进行博弈。

由于缺乏统一立法，在农房拆迁时依据的就是政府制定的相关政策和规章制度，而政府作为相关利益主体之一，其在制定政策时的倾向性就至关重要。从目前的情况看，国家也不太可能很快出台一部针对农房拆迁的法律，全国各个地区情况差异太大，很难制定统一的标准，因此，只能由各省按照本地区情况制定。由于地方政府是农地征收及农房拆迁的利益相关方，其在立法上的倾向性也较难避免。而且，就发展阶段而言，中国目前正处于城市化大力推进的阶段，政府作为其中的主导力量，在资金有限的情况下，在全国范围内快速推进，每年所涉及的拆迁数量极大，在这样的形势下，完美的拆迁是难以达到的。这和西方发达国家的情况不同，很多发达国家已经经过了这个阶段，城市化水平高，一年没几个拆迁的个案，补偿和程序都可以做得很到位，能充分考虑到被拆迁人的愿望和诉求。目前，政府的拆迁政策也只能定位在保证被拆迁人员的生活比征地前略有提高，在制定政策时要注意把握度，受资金的限制既不可能太高，也不能太低，要考虑到被拆迁农户将来的生存和发展，也应该让他们享受城市化的成果。

博弈点之二：无立法权的地方在参照相关法律时不可避免存在实体和程序的瑕疵。

在嘉兴市的农房拆迁实践中，征地许可证的问题就是一个典型。根据政府文件规定，市建设局是嘉兴行政区域内房屋拆迁的行政主管部门，对房屋拆迁实施监督管理，包括房屋拆迁的指导、监督、协调和房屋拆迁有关具体业务等工作。但是，在实际生活中，在农房拆迁许可证的发放上存在着矛盾，这也成为拆迁人在农村集体土地房屋拆迁过程中博弈的一个弱点。

　　房屋拆迁需要申请拆迁许可证，经过主管部门审批。依照现行法律规定，农村房屋拆迁许可证的申请存在着法律程序上的问题。嘉兴市房屋拆迁的主管部门为建设局，建设局审批的房屋拆迁许可证必须是国有土地上建造的房屋，城市房屋拆迁没有问题，但是，农房拆迁要申请拆迁许可证，必须先把农村集体土地转为国有土地，才能到建设局获批拆迁许可证。由于村宅基地和房屋是合二为一的，这在实践中很难操作。如果农村宅基地上的房屋申请拆迁许可证，建设局依法是不发放拆迁许可证的，因为如果先发拆迁许可证，就会涉及程序违法的问题，法律对行政行为的程序合法性要求严格，如果程序有问题，那就会影响到整个行为的合法性。依照《土地管理法》，房屋属于地上建筑物，应该由土地管理部门管理，但法律对此管辖的归属也未明确。有一定立法权的地方政府，如浙江省的杭州市和宁波市政府可以通过制定政府规章，明确规定农村土地的拆迁许可证由土地管理部门负责。但是，嘉兴市政府没有制定规章的权限，无法通过立法来明确拆迁许可证的职责归属。国土资源部门的组织架构是垂直领导，地方政府不能干预，加上房屋拆迁容易引发矛盾，在没有地方政府规章明确规定管辖权限的情况下，国土部门也不便管理。无法取得拆迁许可证就成为一些地方农房拆迁所面临的程序问题。

　　在实际操作中，由于程序性问题，有些农房拆迁是没有拆迁许可证的。为了回避这个程序上的矛盾，嘉兴的农村土地拆迁一般先走协议拆迁的途径，也就是说，如果双方能就农房拆迁安置问题达成协议，就不需要办理拆迁许可证。一旦协商不成，为了保证程序合法，就必须办理拆迁许可证，这时就只能到地方政府可以施加影响的建设局去办理。因此，在农房拆迁过程中，能否达成合意、签订拆迁安置协议就非常重要。在拆迁之前，如果没有拆迁许可证，拆迁人就发放告知、须知，告诉被拆迁农户他们要征地多少、如何安置以及可以拿多少钱，由于绝大部分农户都倾向于接受拆迁置换和补偿，大家的关注点主要集中在补偿上。在评估和协商过程中，双方也往往在拆迁补偿上做文章，只要不是"狮子大开口"，一般还是可以找到双方可以达成一致的价格。这样操作过程中会非常强调协商的作用，往往要通过多次沟通才能达成一致，一旦遇到"钉子户"，也存在着可能导致整块地的拆迁无法进行下去的风险。

签订协议的重要性还体现在其后的执行上。因为无论有没有拆迁许可证，只要签订协议就可以进行裁决，法院也可以受理，这时候就不是拆迁纠纷了，而是依照《中华人民共和国合同法》追究违约责任，可以进行房屋腾退纠纷诉讼，有协议在手，被拆迁一方往往会败诉。但是如果签不了协议，如果被拆迁农户拒绝搬迁，就要看拆迁的程序是否合法、手续是否完备，如果程序不合法，哪怕行政裁决会维护拆迁方，到了司法程序还是会以程序违法来裁决。

博弈点之三：强制拆迁的尽力避免。

由于《土地管理法》没有对农村房屋拆迁问题做出规定，农民房屋拆迁随意性大，低成本拆迁是目前拆迁实践中的普遍情况。一些地方在农房拆迁遇到农户阻拦时，直接参照《城市房屋拆迁管理条例》中强制拆迁的程序规定，进行强制拆迁。强制拆迁是国家强制力在拆迁活动中的集中体现，强制拆迁不是暴力拆迁。从程序上看，被拆迁人或者房屋承租人在裁决规定的搬迁期限内未搬迁的，可以向有关部门提出强制拆迁申请。由于农房拆迁缺乏明确的立法依据，《城市房屋拆迁管理条例》只是作为参考，在实践中，地方政府在运用强制拆迁手段时会有所考量。强制拆迁可以体现出国家强制力的效果，震慑一些"钉子户"，但操作不好会使政府处于被动地位，影响政府形象乃至政绩，因此，在权衡之下，地方政府会结合本地的情况做出不同的选择。

就嘉兴的情况而言，政府层面比较倾向于通过协商、调节的手段来解决农房拆迁中的利益冲突。一方面，嘉兴本地的个体私营经济较为发达，民间的力量比较强，被征地拆迁的农户中也不乏一些有资源、有能力的人，他们能动用一定的力量表达自己的诉求，也懂政策和法律，既有较强的维护自身权益的意识，同时也懂得讨价还价及妥协的底线。地域文化崇文尚礼，老百姓也较为通情达理，遵守规则，因此，这就要求政府在进行农房拆迁时要注重规范性和合法性，尽可能避免违规行为和强制执法，使自己陷入被动。同时，政府通过合法途径、规范化操作和谈判协商的方式来完成拆迁工作也具有现实的基础。另一方面，强制拆迁在实际操作中不仅费时费力，而且容易产生不利影响。强制拆迁成本高，行政强拆需要市政府领导牵头，要调集相关政府部门协调共同进行，要保证各方面手续规范完备，每个环节不能有一点儿差错，否则会带来很多麻烦；司法强拆也一样，只要程序或者理由站不住脚，法院就要承担责任。即便是这样，征地拆迁本身是政府推动和主导的事情，一旦动用强制力，哪怕是合法的，都容易引发老百姓的情绪，影响政府的形象和威信。

同时，被拆迁农户一方也不愿意强制拆迁。拆迁双方的争执是为了找到平衡点，被拆迁农户基本倾向是愿意拆迁的，之所以要"闹"，只是为了争取自身利益的最大化，并非是不愿搬迁，一旦要闹到出具裁决申请书时，被拆迁人基本上也会退一步，重新要求协商解决。因为，如果真的走到强制拆迁的地步，被拆迁户往往也不会得到所希望的收益，这种情况下，征地拆迁在手续和程序上都没有瑕疵，政府费时费力地搞一场强拆，就是要告诫一些"钉子户"，所以一旦动用强拆手段，被拆迁农户最后就是按照政策的底线来补偿，一切按照正常程序走，比如违章建筑就按照规定一分也不给，面积计算时一点儿多余的也不给，挑选房源的时候好房源也不会给你挑，所以双方心里都明白，讨价还价要在底线范围内进行。

因此，直到现在，嘉兴市农房拆迁动用强制拆迁的情况是极少的。2003年之前基本没有动用强制拆迁的手段，2003年操作了强制拆迁个案，主要是为了显示拆迁的强制性，树立政府的权威和执行力，防止农民无理取闹，以当"钉子户"来要挟。2004年提出了"依法拆迁、有情操作"的口号，强调拆迁程序的规范化和操作手段的情理化。从制度安排上，44号文件的设计意图就是要用较为优惠的拆迁政策来避免政府与农户之间的利益冲突。由于农房拆迁之后往往会出现一批身价倍增的拆迁户，这一政策甚至被称为"暴发户"政策。在农房拆迁的操作过程中也强调人性化操作，在制定具体政策时，政府层面以及中介公司会顾全到被拆迁人的利益，力图达到"双赢"的目的。当然，在调查中，也有直接负责拆迁工作的人员感慨，强制手段用得少，有些农户漫天要价，有时候一块地因为几家"钉子户"而无法完成拆迁，一些很好的项目也由于延误而最终流失。

博弈点之四：制度及政策安排的不平衡性。

政府在制定拆迁安置政策时针对的是普遍情况，考虑的是整体情况，保护的是大多数人的利益，而且适当还要向条件差的农户倾斜，整个政策制定的理念是低进低出，政策规定的补偿标准比较低。所以，在实际操作中，具体到不同住房条件和情况的农户，涉及的利益就有很大的差别。通常来讲，原住宅标准越低的房子拆迁安置收益越大，而建筑标准越高的房子相对较吃亏。例如，在新旧程度上，新造的农房显然不合算；在面积测算上，人均面积大的农户比较吃亏；在装修补偿上，新装修的、标准高的农房就不合算；在建造类型上，小别墅类型的农房就不太能够得到满意的补偿。因此，在操作中肯定会遇到一些农户的质疑，引发他们的不满和矛盾，制度及政策安排的不平衡性带来了双方围绕此类问题的博弈，需要根据实际情况在具体操作中进行协商、沟通、调整，才能达成一致。

从笔者调研的情况看，针对这样的情况，拆迁人往往会视不同对象的态度在政策允许的范围内采取一定的变通办法，尽可能保证他们原来的建筑成本能够得到补偿，即使按照政策的最高标准也无法补偿，在评估时也会通过其他方式来给予一定的补偿，以尽可能缓和矛盾，保证拆迁工作的顺利进行。尽管这样的变通是有原因的，但是这样做也产生了一些不利的后果。这是因为，实际情况千差万别，在实际操作中很难形成统一的依据，变通的尺度把握有难度，有些农户反而会有意见；而且，这样操作，以后的农户可能会胃口越来越大，要求越来越高，"钉子户"也可能会越来越多，拆迁的工作也会越来越难。所以，规范立法和明确依据尽管困难，但还是必不可少的。

博弈点之五：不同阶段拆迁政策的前后差异。

由于国家拆迁立法与制度建设的滞后，农房拆迁只能依靠地方政府制定政策，无论是中央还是地方，其所制定的法规政策都只是一种暂时性的政策，缺乏长远性和可持续性。政策的滞后与多变极易导致农房拆迁工作的混乱，带来许多矛盾和纠纷。

笔者在调研中了解到有这样的案例。20世纪末，某园区在兴建时进行征地拆迁，涉及当地的一个村的土地，当时由于资金比较紧张，按照政策是让被拆迁农户异地翻建，建房的标准是参照当时省里规定的农民建房的最低标准来定的，每户可自建房屋两层，每层面积最高为100多平方米。后来政策放开了，这个村子的隔壁村则是按照两层半的标准来造的。一开始，由于当时房屋的价值不高，租金也不多，所以还相安无事。后来随着外来人员的增多和房屋租金的上涨，房租收入成为这一区域失地农民的主要收入来源之一，有些家庭一年的房屋租金可以高达几万元。于是，这个村的被征地拆迁人员就开始上访，要求允许他们加盖一层或者给予补偿。这个情况发生后，相关部门也进行了研究，站在既尊重历史又面对现在的视角来加以解决。其采取的相应对策是否定了该村村民提出的加盖一层的要求，但是对一些居住确实有困难的农户，政府从现有的安置房里拿出一些，以较低的价格卖给他们；对翻建后面积比以前住房面积小的农户，就差额部分给予一些货币补偿；同时，引导他们申购经济适用房。这样处置之后，一些农户表示接受，但是仍然有一些人继续到省里甚至北京去上访，相关部门把情况写成书面材料，向省里和国家汇报并得到了他们的理解。这样的案例表明，不同阶段拆迁政策的变化极容易引起农户的比较，引发矛盾，如果不能得到他们的理解，类似的情况会再次发生。因此，现在嘉兴市农房拆迁执行的政策是2002年制定出台的，至今都保持稳定，不敢轻易变动，但是，随着经济社会发展，政策滞后性的问题又会随之产生。

（三）争取利益最大化的策略与行动

马克思指出，人们为之奋斗的一切，都同他们的利益有关。[①]
在农房征收和拆迁过程中，利益各方都会运用正式制度和非正式制
度来进行讨价还价，通过对成本收益的计算，采取相应的策略与行
动，以获取利益最大化。

1. 拆迁人的策略和手段：正式制度和非正式制度

根据诺思的观点，制度分为正式制度和非正式制度两种，正式
制度是指正式的规则、法律法令、规章条例等，非正式制度是指社
会认同的习俗惯例、伦理道德、行为规范、意识形态等。在一定意
义上，非正式制度是正式制度产生的基础和有益补充，两者共同发
生作用。在农房征收和拆迁的过程中，拆迁人将正式制度与非正式
制度结合起来，以达成拆迁的目的。

第一，调查摸底。

调查摸底是农房拆迁前的准备工作，包括：调取拆迁区块土地
现状图，根据现状图确定拆迁范围；发出停止新建、改建、扩建及
装修房屋的通知，防止农户得知拆迁消息后违章乱建；到有关部门
调取人口、土地、房屋的原始资料，以备拆迁评估需要；对人口、
土地、房屋开展现场调查核实。为评估参考提供依据。调查摸底既
是去了解土地、房屋等征收拆迁对象，更重要的是去了解被拆迁户
的态度和要求，做到心中有数。为此，拆迁实施人往往会进行一些
拆迁调查，通过发放调查表、上门调查、开户长会等方式进行拆迁
的摸底工作，了解被拆迁的村组及被拆迁人的态度和要求，然后进
行可行性研究，确定拆迁的难度系数及大致成本，为后面的拆迁工
作做准备。

这样的摸底无论是对具体拆迁安置方案的制定还是农房拆迁工
作的进行都有着重要的作用。对于具体政策的制定者而言，农房拆
迁前的摸底调查可以帮助拆迁安置方案的制定者了解被拆迁人的想
法和意愿，在制定安置方案时尽可能考虑他们的要求和有价值的建

---

① 《马克思恩格斯全集》第 1 卷，人民出版社 1995 年版。

议，这样在实施过程中可以大大减少不必要的冲突。比如，某新区在拆迁安置房的房型上，在条件允许的情况下尊重他们的意愿，采取集中建造联排式农民新村的方式操作，符合农民原先独门独户居住的生活习惯，同时考虑到整个环境的协调性，统一规划、统一户型、建筑形式和用地标准，还配置必要的公共服务设施及基础设施，这样，双方都能接受。考虑到农民失地后就业的问题，在安置区还规划了较多的商住楼，这主要是考虑今后招商引资后会有很多外来务工人员，而被拆迁农户失地后可能会遇到就业困难，这些商用楼可以用来开店，一举两得。

在具体的农房拆迁进程中，摸底工作也同样重要。在拆迁开始前，拆迁人通常都要进行调查摸底的步骤，借此来了解被拆迁农户对本次拆迁的整体态度，是欢迎还是抗拒，并由此大致可以掌握之后拆迁工作的进程、难度和重点。同时，在调研中，很多拆迁项目的工作人员都表示，通过摸底可以了解被拆迁户的各方面情况和背景资料，做到心中有数，为以后的工作提供必要的准备。如果遇到一些很难做工作、无法沟通的农户，这些资料有时候也会产生作用。比如，了解被拆迁户的政治面貌，相对而言，党员身份对说服被拆迁户服从大局、配合拆迁工作还是很有用的；有些家庭的成员在政府部门或者事业单位工作，如果在拆迁中需要做工作的，也可以通过他们所在单位的相关部门，这些资料对后来的工作很有作用。

第二，鼓励提前拆迁的措施：奖励和挑房顺序。

为了鼓励被拆迁人配合拆迁，在拆迁中会制定一些有针对性的办法和安排。44 号文件对此也有规定，提出为加快房屋拆迁的进度，拆迁人可对被拆迁人提前签订协议、搬迁采取奖励的办法，来加快房屋拆迁的进度，但是文件并没有规定明确的奖励标准，而是下放给各拆迁人，由其根据具体情况来制定。

在实践操作中，主要有奖励和挑房顺序安排两种方式。奖励主要是发放提前签约奖励、提前搬迁奖励等。提前签约奖励是对在拆迁公告期内签订拆迁协议的农户进行奖励，自签约之日起，由拆迁人按照房屋产权证、宅基地使用证等有效发证面积发给被拆迁农户一定数额的签约奖励费,其目的是鼓励农户尽早签约。提前搬迁奖励是对提早搬迁的农户给予奖励,自被拆迁人搬迁完毕交出原住房钥匙次日起,拆迁人按上述有效发证面积给予被拆迁人提前搬迁奖励费,以鼓励村民积极搬迁。

除奖励之外,还可以通过挑房顺序的安排来鼓励被拆迁人尽快确认评估和签约。对此,从下面区政府的一个说明书可以详细了解这一程序安排。

房屋拆迁有关事项说明

(一)领取评估顺序号后,不配合评估或评估后不签字确认评估结果的,不得选订安置房源,此顺序号隔日作废,需另行按先后顺序领取顺序号,办理有关拆迁手续。被拆迁户确认评估结果、选定房源后,未签订拆迁安置协议的,原选房源仅限于当日有效,过期顺序号及所选房源无效,需重新按先后顺序领取顺序号,办理有关拆迁手续。

(二)评估中遗漏可补偿的项目,在签协议后两天内要求评估人员核实并确认,超过时间一律不予补偿;已评估物品不得拆除搬迁。

(三)评估人员必须按被拆迁户领取的顺序号依次评估。被拆迁户要积极配合评估工作人员工作,不得无理干扰评估工作的开展。在评估和签协议过程中,拆迁人需要被拆迁户提供的证明材料必须真实。在评估和签协议过程中发现被拆迁人或评估签约工作人员弄虚作假的,一律不予认可,需重新核实后确认,鼓励群众举报监督。

(四)被拆迁户在公告规定的拆迁期限到期后,经做工作仍不同意签订拆迁补偿安置协议的,申请有关部门裁决后,依法强制拆迁,对该户的新房安置实行指定安置,所有奖励不得享受。

拆迁工作按照先签协议先安置的办法进行，评估顺序和挑房顺序就很重要。评估顺序最初是农户抽签决定的，这样做较为公正，凭各自的手气，可以减少纠纷。评估完成后如果签约，就可以去挑选房源了。但是，如果不配合评估或者不确认评估的，顺序号过期作废，然后按照顺序重新走一遍程序。这个方法是为了防止被拆迁户在评估结果上的纠缠，通过挑房顺序来给予奖惩。挑房顺序不仅影响到拆迁户能否挑到自己满意的房子，同时还会影响他们房产的市场价值，因此这一措施还是相当有效果的。

　　我们在策划中也会制定一些有效的办法，比如"先评估的先挑房子"，农户早评估签约就可以早挑选安置的住房，这样就可以挑到满意的楼层、结构、朝向等。个别"钉子户"虽然到最后可能比别人多拿到一些货币补偿，但是在房源的挑选上往往会吃亏，剩下的房子都是挑剩下来的，这几年房地产升值很快，好的房型和楼层升值更快，因此，这样操作下来，"钉子户"也未必占到便宜，很多拆迁户考虑到这些，一些小的利益就不会太过于计较了。（资料来源：某拆迁公司工作人员 A 访谈记录）

第三，拆迁评估的适当让步与沟通。

拆迁评估的分寸把握很重要，太高就会提高拆迁成本，太低容易引发不满。因此，具体拆迁实施人一般会有一个评估的余地，但也不是很大，据他们内部所称，是10%—15%。在遇到一些麻烦的拆迁户时，适当做些让步，以获取拆迁的顺利进行。协商的前提是"钉子户"是少数派，在这样的情况下，通过协商缓解矛盾，在一定程度上满足被拆迁农户的利益诉求来达成合意，但协商是有限度的，需要在双方的限度内找到平衡点。

　　在评估中我们非常强调协商，总的来说，本地拆迁"钉子户"、遗留户并不多，能协商就协商解决，减少矛盾。但是，协商也要把握分寸，也是有限度的，不能无理由地让步，否则会给以后的工作带来麻烦。（资料来源：农房拆迁的具体实施人 A 访谈记录）

评估是很重要的环节，既直接关系着拆迁的成本，也决定着被拆迁人最后可以获得多少补偿，处理得不好会影响整个拆迁工作的进程。在具体操作中，我们首先要求评估人员要清楚相关法律法规，掌握好政策，在评估时一般尽可能上高线，就高不就低，该给老百姓的不要克扣，在处理具体问题时要灵活，尽可能减少拆迁矛盾。（资料来源：某拆迁公司项目负责人 A 访谈记录）

拆迁会遇到各种情况，肯定会遇到一些要求苛刻的对象。针对一些难弄的农户就要求我们的工作人员多做工作，往往需要多次上门进行沟通，将相关政策法规讲清楚，这对我们拆迁工作人员要求较高，要懂农户的心理，会做群众工作，工作态度要耐心诚恳，要会审时度势，及时把握对方的期望值以及协商的关键所在，还要懂得谈判技巧。当然，尽管这样做，还是有一些人不肯妥协，那就只能看情况处理了。有些时候等到大部分人都签约，有了压力，他们也可能在多得到一些补偿的情况下与我们协商成功，也有家里遇到一些变故主动上门要求协商的。如果最后实在没办法协商的，那就要看具体情况了，如果土地征收经过省里批准的、已征为国有的就可以通过裁决申请强制拆迁，如果不是的话那就只能放弃，只要这块地不是地块的中央，在使用的时候还是可以避开的。（资料来源：某拆迁公司工作人员 B 访谈记录）

第四，中立第三方的介入。

地方政府、拆迁人和被拆迁人在农房拆迁中利益诉求的对立和博弈，会在一定条件下导致矛盾激化，甚至可能演化成暴力拆迁事件，影响恶劣，不利于社会和谐。对此，有学者提出第三方介入拆迁的解决思路，基于第三方的非政府性、公共性和中介性的地位特征，其介入拆迁矛盾的调停处理可以构建相对均衡的互动结构，避免或缓解公民个体与强势利益群体的直接碰撞，维护公民个体利益，实现社会和谐。① 在嘉兴的农房拆迁实践中，这样的思路早已被运用，并取得了较好的效果。其中，专业性较强的律师团队的介入在提供法律服务、协商咨询、解释政策、化解矛盾等方面具有明显的优势和发挥作用的空间。

　　我们律师事务所很早就开始介入嘉兴市城市房屋的拆迁工作，做了以后反响比较好，政府也比较满意，后来也开始参与农房拆迁。在整个拆迁过程中，我们主要是代表拆迁人。早期并没有深入参与，开始只是在申请房屋拆迁许可证的资料准备上提供法律指导，出具一些法律文书。后来开始逐渐深入参与整个拆迁过程，当然，一般的情况不需要我们介入，我们参与的主要是针对"钉子户"的协商、谈判工作。在协商时，对农户的拆迁补偿要求可以在政策范围内适当增加，当然漫天要价是要制止的，但也不能损害被拆迁人的利益，这个分寸把握很要紧。相对而言，律师在法律政策的把握方面还是比较专业的。而且，我们介入之后，居中协调拆迁人和被拆迁农户之间的对抗关系，作为缓冲，双方的对立情绪会相对淡化些，便于协商达成一致。如果被拆迁人坚持无理要求，无法达成一致的，我们会代表拆迁人向房屋拆迁主管部门申请裁决，进入拆迁裁决程序，组织协商、听证等，程序完成后，代表拆迁人申请政府部门或法院实施强制拆迁，并在实施过程中，尽量组织协调。除此之外，在政策不明确的时期，也参加拆迁政策的设计评估工作，提供一些法律依据和合理化建议。在我们参与合作之后，政府在制定相关政策时会听取我们的意见，有涉及法律的问题也会来咨询，对于提升政策制定的合法性与实际操作的规范性

---

① 周锦章：《"第三方介入"：城市管理者破解拆迁难题的新思路》，《领导科学》2011 年第 2 期。

还是起到相应的作用的。（资料来源：参与农房拆迁的律师 A 访谈记录）

第五，充分利用人际关系网络。

每个人都生活在特定的生活环境中，在个体社会化过程中逐渐形成一个以自我为中心、各种社会关系相互交织的关系网络，其中每个人与自我的关系有远近之别，形成"差序格局"状态。① 人际关系网络是非正式制度运作的重要方式，这在农房拆迁中也是拆迁人运用的手段之一。以下便是两个例子。

农村社会大家都熟悉，乡里乡亲的，很多人家还有着远远近近的亲戚关系，在调查摸底的时候，我们也蛮注意这些信息的收集。如果遇到拆迁困难，我们直接做工作效果不好，就会找一些关系近的人去劝说和协商，再适当做些让步，有时候效果还不错。（资料来源：农房拆迁具体实施人 B 访谈记录）

有些户主是年纪比较大的农户，已经很习惯农村的生活，会出于各种原因不愿意拆迁，这往往不是征地补偿多少的问题。像这种情况，我们通常会找他们的子女去做劝说。农户的子女大部分都向往城市的生活，他们自己人比较容易，效果也好。（资料来源：某拆迁公司项目负责人 B 访谈记录）

第六，对待"钉子户"的策略。

根据《现代汉语词典》的解释，"钉子户"是指在城市建设征收土地时，讨价还价，不肯迁走的住户。出于不同的原因，在各地的征地实践中都可能会出现这样的"钉子户"，但在对待"钉子户"的态度和处理方法上却大相径庭。有些地方会采取暴力的方式解决"钉子户"问题，但从对嘉兴的调研来看，整体上还是强调尽量采

① 卜长莉：《"差序格局"的理论诠释及现代内涵》，《社会学研究》2003 年第 1 期。

用协商的方式，哪怕是动用强拆的手段，也非常重视程序的规范化和合法性，以求做到合情合法，有理有节。这在一些访谈中都有提及。

> 拆迁过程难免会遇到"钉子户"，从策略上，主要有几种方式：一是走司法途径，直接申请法院强制执行。但这样做一般要求手续完全合法，各种形式要件具备，即便如此，法院原则上也不予受理，他们内部有规定，除非项目很紧急，由政府和领导协调，才会采取司法措施，所以这条途径比较难。二是通过行政手段。就是去建设局申请行政裁决，然后申请行政强制拆迁，但是要会同很多部门一起进行。这容易引发冲突，政府来拆老百姓的房子，影响也不好，所以这种方式也很少采用，偶尔也有，一般全市二三年会有一例，主要是起到警示作用，不然无法控制"钉子户"的蔓延。三是进行协商。这个较为普遍，一般要经过多次磨合，找到双方都能接受的补偿方案。四是动用社会关系。有时候怎么也协商不了，那就会通过社会关系来解决，就是要找到一些关键人，比如一些近亲属、朋友等，由他们出面去劝说，这样效果比较好。五是抓小辫子。有时可以看看对方是否有一些违法行为，比如违章建筑、偷税漏税、违反计划生育，可以用处罚来施加压力。反正是要各种方式都尝试，所以拆迁工作很不好做。（资料来源：某拆迁公司项目负责人 A 访谈记录）

在 2001 年之前，嘉兴没有动用行政强制拆迁，政府在拆迁中比较谨慎，强调协商、谈判，被拆迁户也比较心平，不会漫天要价，双方通过协商达成一致。2003 年以后，房价上涨，农户的要求越来越高，拆迁谈判难度增大，"钉子户"开始出现。当时嘉兴有一块地拆迁遇到"钉子户"，提出无理要求，始终无法协商，最后申请了司法强制拆迁，基本上是把程序走了全过场，行政裁决，不服裁决，提起行政诉讼，再历经一审、二审，最后强制拆迁。这次强拆成为以后操作程序的典范。通过

这样的一个过程，起到了一定的震慑作用，适当显示了行政执行力的力量。（资料来源：参与农房拆迁的律师 B 访谈记录）

在处理"钉子户"的问题时，有时看拆迁项目的具体情况。如果是政府项目，往往会通过其他途径来解决，司法途径往往是最后的选择。如果是房地产开发项目，主要是依靠律师的力量，通过司法途径解决的较多。（资料来源：参与农房拆迁的律师 B 访谈记录）

整个拆迁过程要经历调查摸底、动员、评估、协商谈判、解决难题、强制执行等一系列过程才能完成。在具体操作过程中，有些环节是必经阶段，有些则视情况而定。但从整体来看，嘉兴的农房拆迁很少动用强制手段，较多运用的是各种正式制度安排及非正式制度手段。在实践中，拆迁矛盾也普遍存在，但是在地方政府的适当妥协和有效策略下，农房拆迁基本呈现出较为和谐的状态。

2. 被拆迁农户的策略和行动

对农民来说，世代定居是常态，迁移是变态[1]，离开土地对农民而言都是一种极大的改变。由于集体土地使用权不稳定，农民只能以无奈和所谓的"理性"态度对待政府的征地行为[2]，面对征地拆迁的后果喜忧参半，选择的策略是既然无法抵抗征地拆迁，就采取相应的措施，包括尽可能地搜集各种关于征地补偿的政策和资料、返迁户口等，来争取利益的最大化。同时，拆迁政策在执行过程中存在着变通的空间，这也为农民的行动提供了实现的可能。下面一位村主任的话就反映了这样的情况。

因为这一片要建造园区，我们村大部分土地都被征了，拆迁过程还是比较顺利的。相比于征地，老百姓对拆迁的满意度要低。这主要是因为征地过程很透明，每家的地有多少，大家

---

① 费孝通：《乡土中国　生育制度》，北京大学出版社 1981 年版，第 57 页。
② 蔡运龙、霍雅琴：《耕地非农化的供给驱动》，《中国土地》2002 年第 7 期。

都很清楚，测量也是在大家眼皮底下进行的，弄下来也没什么意见。但是，拆迁测算里面有很多猫腻。有些人家抢装修，可以多要装修补偿，有些人家搭建违章建筑，也能多少要到点好处，还有人去搞关系，在评估时可以评估得高点，总的来说，老实人一般都要吃亏点，不好说话的人家一般得到的补偿会多些。虽然每户人家协商好以后，拆迁公司都要求保密，但是一个村里相互打听，总会知道的，一比较，有些人就心理不平衡了。所以，这样的做法还是有问题的，可以调节的尺寸幅度太大，难免就有人为的因素在里面。可能这一次我们这里拆好了，但是传出去以后，将来其他地区的拆迁就难搞了，大家都去看样做"钉子户"。（资料来源：被拆迁村村主任访谈记录）

具体来说，被拆迁农户为争取利益最大化而采取的策略和手段主要可归为以下几类。

第一，抢建违章建筑和抢装修。

关于抢建违章建筑和抢装修，王三意和雷洪（2009）曾专门对此进行过研究，将这种现象形象地称为"种房"，即在待征农地上抢建一些劣质建筑或房屋，这些建筑往往"地下无桩，墙上无窗，砖内无浆，夜里无光"，其目的不是为了住人，而是为了在征地中获得补偿。他们分析了农民"种房"的行动理性问题，认为农民"种房"本质上是一种争取自身利益的行动，也是一种主动选择的行动。[1] 在嘉兴的征地拆迁过程中，这种情况被称为"抢装修"，一旦拆迁的风声传出来，先得到消息的征地区域的农户会买些劣质的建筑材料来装修，只是"装装样子，有些人家买些很便宜的地砖，连水泥都不用，直接放在地上"，其目的是为了获取装修补偿。

在我们的拆迁工作中，大部分农民对拆迁本身争议不大，

---

① 王三意、雷洪：《农民"种房"的行动理性——对 W 市 S 村的个案研究》，《社会》2009 年第 6 期。

一部分人是不反对拆迁的，另一部分人是觉得这件事也是无法阻挡的，因此，农民的主要精力就放在如何争取自己利益最大化上。他们会去积极了解拆迁政策，到已经拆迁的村组打听情况。一些农户会采取一些手段，比如抢建违章建筑、"抢装修"。如果被拆迁的地方这种情况很多，首先说明农户是愿意拆迁的，只是希望能多得到些补偿。我们面对这种情况往往也不去拆穿他们，根据测算的结果，给予一定的补偿，一般掌握在标准装修补偿100%，非标准装修补偿20%，让他们得到一点微利，以换得拆迁进展顺利进行。（资料来源：某拆迁公司项目负责人 B 访谈记录）

就政策而言，44 号文件对此有专门的规定，"临时装潢（包括新铺地板、新装夹板护墙及吊顶、铝合金封阳台）一律按标准的 2—3 折计算，符合标准的除外"。[①] 为了减少在此问题上的纠结和冲突，拆迁人通常会给拆迁公司一定的尺度，在实践中在可能的范围内视情况适当给予一些补偿。

第二，找关系。

作为生长于熟人社会的农民而言，深谙人情，熟人好办事的理念根深蒂固，找关系来获取消息，在拆迁过程中动些手脚，都可以使自己获益不少。"关系"的运用在农房拆迁过程中也有一定的普遍性。

有关系总是要好办事，消息比别人知道得早，动作也要快，要是早点知道动迁的消息，就可以早点做准备。在评估的时候，评得高点低点也是有办法的，如一些违章建筑怎么计算。我有亲戚在拆迁公司，在评估的时候算得就高些，有些人有本事的，早就知道消息，还把已经迁出的子女户口迁回来，这样按人口

---

① 详见嘉兴市政府文件《嘉兴市城市规划区内农民住宅房屋拆迁安置补偿办法》（嘉政办发〔2002〕44 号）。

计算就可以置换更多的面积。（资料来源：被拆迁村村主任访谈记录）

我们在做评估的时候，有些人会来找，先是聊天拉家常，讲自己家的情况，希望能评估得高点，有些还会拿香烟、酒之类的东西来拉关系，托熟人来攀交情，还有一个老头，想避开人塞红包给我。这些我们肯定不会收的，这个工作本来就很难做，处理不好就容易产生矛盾，要是拿了东西那不是自找麻烦吗。其实我们在评估的时候也不会苛刻的，毕竟大家都不容易，该给他们算的肯定不会少给他们，他们不放心，我们就解释给他们看，但是不合理没依据的也不能算，办事总要有个规矩和尺度吧。要一碗水端平不容易，要他们认同更难。（资料来源：某拆迁公司项目负责人 A 访谈记录）

第三，寻求法律帮助。

农民文化程度整体不高，对政策的了解也不是很清楚，因此，为了避免吃亏或者对政策执行有意见的，也会寻求法律帮助。有律师介入的农房拆迁，往往经常会被问及相关政策的适用问题，有些社会资源多的农户，则直接会去律师事务所或者打法律热线打听。特别是一些利益相差较大的情况，找律师咨询，通过法律的手段有时会更有效。

到事务所来咨询的还是有的，大部分是停留在对政策的理解上，政府的相关政策文件蛮多的，有些拆迁户不了解，害怕补偿少算了，会过来咨询，但最终走到诉讼程序的倒没碰到过。我也接过农房拆迁的案子，是熟人介绍过来的，那个案子在政策的具体把握上的确有问题，我们调来了具体的政策文件，发现在适用上明显是错的，后来直接按照政策来进行测算，把测算结果和拆迁公司沟通了一下，他们也没话，因为政策摆在那里，后来按照我们的建议重新评估，前后相差有十几万元，弄好之后签了协议。拆迁公司要求我们不外传，这个也能理解，一大片地好多户人家，要在评估上都做得完美无误的确比较难。不过，农房拆迁还是比较敏感的，我们在参与的时候并不鼓励农户把事情闹大，大部分还是低调处理。（资料来源：办理过农房拆迁案件的律师 C 访谈记录）

第四，向上反映情况、抱怨和说坏话。

斯科特在《弱者的武器》一书中分析了农民的反抗特征。他认为，农民反抗强权的方式不是大规模的叛乱和革命，而是以其特有的偷懒、装糊涂、开小差、假装顺从、诽谤、纵火和暗中破坏等方式来进行，这种反抗与他们的日常生活一样平淡无奇，也无须协调，只要利用彼此明知的理解和农村社会的非正式网络，便可进行这样的自助式、"边缘化"的对抗行动，以表达他们对强大权力支配下遭遇到的不公平待遇的反抗。① 同样，当农民对征地拆迁行为、程序、补偿、安置的过程不满时，往往会通过抱怨和发牢骚、诽谤和"说坏话"、向上反映情况等方式来进行维权。

> 村民对拆迁的意见，有些是发发牢骚、宣泄一下，有些到村里找干部，但也有人会去市里的相关政府部门去反映。前几天市信访办就打电话过来，要求我们去核实一些情况，就是村里的一个人去那里信访去了。我们去把情况说明了一下，再把政策讲了一下，他也没话了。（资料来源：被拆迁村村主任访谈记录）

从 2003 年嘉兴某区信访局提供的数据来看，共受理征地拆迁方面的群众来信 34 件次，占总来信的 13.3%，其中联名信 9 件次 369人次；受理征地拆迁方面群众来访 153 批次 530 人次，占总来访的34.9%和 40.9%，其中集体上访 16 批次 311 人次，重复上访 11 批次

---

① 周兆安：《从日常对抗到集体行动的实践逻辑——基于一起城郊农民维权事件的系统性考察》，《内蒙古社会科学》2011 年第 1 期。

14 人次，特别是 2003 年到省里的 6 批次集体上访，都是征地拆迁方面的群众上访。① 这表明，向上反映情况也是农民争取权益的手段之一。

第五，打官司。

总体而言，打官司成本高且结果对失地农民并不有利。根据最高人民法院《关于受理房屋拆迁、补偿、安置等案件问题的批复》（法复〔1996〕12 号文）的规定，拆迁当事人既未达成安置补偿协议又未经裁决而直接向法院起诉民事纠纷的，人民法院不予受理。符合法院立案条件的，如果作为民事案件审理，法院在审理过程中依据的还是政府制定颁布的政策文件，按照原则和程序走，最终裁决得到的往往还不如诉讼前或者调解过程中拆迁人做出适当让步的补偿数额。如果作为行政案件审理，法院审查的重点放在行政行为是否合法上，只要行政行为合法，农民往往会败诉。因此，虽然在理论上这是农民维权的途径，但在实践中却很少使用。

> 打官司没什么意思，到法院要交钱，我们也不懂法，还要花钱请律师，一场官司打起来没完没了，要拖很久，到最后还是会输。不到万不得已，谁会去花那个冤枉钱呢。（资料来源：失地农民 F 访谈记录）

第六，做"钉子户"。

选择做"钉子户"的，往往是两种人：一种是无理取闹型的，就是不管自己的条件和政策，直接"狮子大开口"，提出很高的补偿和安置要求，以做"钉子户"为要挟手段，期望从中大赚一票。另一种是有理有节型的，这种人往往在现行制度安排下利益受损较大，通过协商和政策宣传无法达到自己的要求，期望通过抗拒拆迁来争取自己应有的权益，其中一些人往往拥有较多的经济和社会资

---

① 数据来自嘉兴市秀洲区信访局资料《如何做好征地拆迁信访工作》。

源，对法律政策较为了解，通常也更令拆迁人头疼。以下便是这样的个案。①

被拆迁人的住宅为建造在宅基地上的单体别墅，面积近500平方米，当时的造价40多万元，内部装修很好。被拆迁人认为自己家的房子远远好于别人的房子，按照44号文件规定的标准进行评估不合适，自己吃亏太多，拒绝对原住宅进行价格评估。为此，拆迁公司的工作人员和律师先后三次与之进行沟通，劝说其接受评估，并进行协商。具体情况为：第一次沟通，被拆迁人提出要置换一栋别墅或几间店面房，不要普通的小区住房，拆迁工作人员告知其拆迁目的及相关政策，劝说其接受房产评估，被拒绝。第二次沟通，被拆迁人提出，该块土地是用于商业开发，按照每平方米340元的价格进行评估和补偿损害了自己的权益，再次拒绝进行评估，也拒绝接受普通小区住宅的产权置换或者按照政策估算的货币补偿；拆迁人再次对其解释政策，同时承认该农户的住宅具有一定的特殊性，劝说其先做房产评估，然后再进一步协商。第三次沟通，拆迁方表示经过评估，愿意以相对高的价格——每平方米1000元左右的价格给予货币补偿，但是被拆迁人再次拒绝，表示该补偿金额无法再购买类似的住宅，要求置换一套和原住宅类似的房子或者补偿可以购买类似住宅的货币，拆迁人要求被拆迁人充分考虑农村宅基地住宅与商业住宅存在差异的实际情况，被拆迁人则以商业开发和公益性用地目的不同为由，拒绝协商，双方要求相差悬殊。三次沟通均无进展，无法达成一致。在此情况下，拆迁人只能通过行政裁决或者司法途径来解决双方的争议。

显然，在这个个案中，由于被拆迁户的特殊情况，政府制定的政策及标准与其补偿要求之间差距悬殊，尽管拆迁人在评估方面做了让步，也经过了多次沟通协商，最终也无法达成合意，只能通过裁决途径来解决双方在补偿方式及金额上的争议。

---

① 出于个人隐私，对所在村组做了处理。

（四）小结

在目前农地征收体制下，由于国家层面的立法对征地权的宽松界定甚至法律的空缺，地方政府在行使征地权时自由裁量权很大，其在征地拆迁制度安排、政策设计乃至实践操作中的定位极为重要。

农地征收和农房拆迁涉及产权关系的根本变化和利益关系的重大调整，由此而产生的矛盾和冲突在全国都具普遍性。根据达伦多夫的观点，调节冲突需具备三个条件：一是冲突双方均承认对方有合法的但又相互对立的利益；二是利益群体有自己的组织，有处理争端的公共机构；三是冲突双方都同意遵守一些正式的冲突规则，包括如何谈判、达成协议、违规制裁以及变更规则等，这些规则存在于开放的民主社会中。其中，政府的角色定位非常重要。①

从嘉兴个案的情况看，这样的条件显然并不完全具备，但在征地拆迁的实践中有所体现。"土地换保障"的制度变迁展示了"自下而上"的诱致性制度变迁与"自上而下"的强制性变迁相互推进的过程，政府在现有制度框架下，制订出适合失地农民补偿安置的模式，并动用行政力量进行推广和完善。"宅基地换住宅"的政策设计及实践操作体现了政府与农民对彼此利益关系认可基础上的利益平衡。从政府层面看，在动用强制力进行征地拆迁的同时也承认并考虑了农民的利益和要求，因此，在制度安排上并不涸泽而渔，而是选择贴合失地农民的生存发展举措。从"土地换保障"到"宅基地换住宅"都隐含了对其失地后生活发展的考量和安排，在保障其长远生计的同时，也减轻了政府日后可能面对的问题和压力。从失地农民角度看，也能够较为理性地面对征地拆迁事件，不采用过激手段，同时，运用各种方式尽力争取自身的合法权益，"嘉兴模式"的成功正是基于这样的利益认同和规则遵守。此外，其成功还

---

① 胡文靖：《社会冲突理论视野里的农村征地纠纷》，《山东农业大学学报》2006 年第 3 期。

得益于当地独特的经济、历史和地理环境，是正式制度创新与非正式制度积淀综合作用的结果，这样的模式很难复制①，其推广只能在条件相似的地区。

① 阎炎:《"农地入市"谣言》,《中国土地》2009 年第 12 期。

第六章 若干国家和地区土地征收制度的比较研究

征收权的实施依据是国家主权原则，即国家作为最高统治者可以支配其领土内的一切人和物，必要时可以不经所有人同意将其财产收归国有，这在法理上被称为"最高统治权的行使"。① 从世界范围看，历史上第一部《土地征收法》是由拿破仑建议制定并于1810年3月公布的，此后，各国政府纷纷效仿。经过多年公权与私权的博弈和制衡，发达国家以公共目的、公正程序和合理补偿为核心内容，架构起一套较为完善且具可操作性的土地征收制度，其中，公共目的是征地权行使的合法性基础，合理补偿体现对私有产权的尊重和保护，公正程序则保证在征地过程中双方力量的制约和平衡，从而规范了征地行为的有序进行。

一 欧美国家土地征收制度的设计及比较

土地征收，美国称其为"最高土地权的行使"，英国称其为"强制收买"（也翻译为"强制取得"），法国和德国则称其为"公用征收"（也翻译为"土地征收"）。这四个国家既是欧美诸国经济社会发展水平较高的国家，同时又分别是英美法系和大陆法系的代表，考察其土地征收的制度安排与架构，从中可以借鉴有益的经验。

---

① 李轩：《中、法土地征用制度比较研究》，《行政法学研究》1999年第2期。

（一）　美国的土地征收制度

美国实行的是公私兼有的多元化土地所有制①，其国土面积为937.26万平方公里②，其中联邦及州政府占47%，私人占51%，印第安人保留地占2%。③土地产权关系清晰明确。

征收是政府动用强制手段取代自愿市场交换获得财产的法律权力，从本质上看，它是对产权的再分配。④出于对私有产权的保护，美国政府通常不轻易动用征地权来获取土地，而是更强调通过土地商品化和市场交易方式来实现土地流转。在美国，即使是政府各部门之间的土地流转，也不能平调或者借用，而要通过买卖方式有偿获得⑤，因此，美国的土地征收在大多数情况下被简化为土地市场的交易行为，即直接由用地方和土地所有者以平等主体身份进行谈判，达成双方均可以接受的价格，进行交易。只有当市场方式无法达成且用地涉及公共目的而必须提供时，才可以在立法机构的授权和法庭的监督下动用征收权。

在美国，土地征收被称为"最高土地权的行使"（implementation of supreme land rights），其依据不是国家所有权而是国家主权。⑥根据《美国联邦土地政策管理法》的规定，政府有权通过买卖、交换、捐赠或征收的方式获得各种土地或土地权益。⑦这表明，联邦、州和地方政府享有通过国家征收的方法，不顾所有人的反对而取得私有财产用于公共用途的天然权力⑧，其中包括对土地的征收权。

---

① 孙利：《美国土地管理的机制和特点》，《国土资源导刊》2007年第6期。

② 李茂：《美国土地审批制度》，《国土资源情报》2006年第6期。

③ 陈玫任、林卿：《中外征地制度变迁研究——兼议征地效率与公平》，《技术经济与管理研究》2011年第9期。

④ 刘向民：《中美征收制度重要问题之比较》，《中国法学》2007年第6期。

⑤ 陈玫任、林卿：《中外征地制度变迁研究——兼议征地效率与公平》，《技术经济与管理研究》2011年第9期。

⑥ 江平：《中国土地立法研究》，中国政法大学出版社1999年版，第395页。

⑦ 李珍贵：《美国土地征用制度》，《中国土地》2001年第4期。

⑧ 李长健、刘天龙：《中美财产征收制度中公共利益之比较分析——兼评〈国有土地上房屋征收与补偿条例〉（征求意见稿）》，《山东农业大学学报》（社会科学版）2010年第3期。

美国的土地征收主要有两种形式：第一种被称为"警察权"（police power），主要指政府为了保护公众健康、安全、伦理以及福利而无偿对所有人的财产施以限制乃至剥夺的行为，该权力准许政府规划私人土地而不需要支付补偿，权限很大但适用的场合非常有限，而且要受到法律的严格制约；第二种被称为"有偿征用"或"国家征用权"（eminent domain 或 condemnation），是指政府实体为公共目的征收私有财产尤其是土地，将其转为公用，同时支付合理补偿的权力。① 后者才是本书所研究的"土地征收"。作为一个判例法系国家，美国没有制定专门的土地征收法，关于土地征收的相关规定散见于《美国联邦宪法》《美国财产法》《美国公有牧地改良法》《美国佛蒙特州土地利用与开发法》及《美国联邦土地政策管理法》等相关法律之中。②

美国的征地主体并不仅限于政府，一些从事公益事业建设或经营的法人也可以进行征地。③ 作为一个实行土地私有制、重视私有产权保护的国家，为了限制公权对私有财产的侵犯，美国联邦宪法第 5 条修正案强调，"非依正当法律程序，不得剥夺任何人的生命、自由或财产；非有合理补偿，不得征收私有财产供公共使用"④，该修正案明确规定了行使征收权的三大要件，即公共使用（public use）、合理补偿（just compensation）及正当的法律程序（due process of law），否则就是违宪。美国的征地权分属联邦、州、县三级，各州也有立法权，可以制定不同的土地征收法律法规，但受制于美国联邦宪法第 14 条修正案的规定，即"无论何州，不得制定或施行剥夺合众国公民之特权或特点的法律；亦不得未经正当法律手续前使任何人丧失其生命、自由或财产，并不得不予该州管辖区

---

① 周大伟：《美国土地征用和房屋拆迁中的司法原则和判解——兼议中国城市房屋拆迁管理规范的改革》，《北京规划建设》2004 年第 1 期。

② 鹿心社主编：《研究征地问题　探索改革之路》（一），中国大地出版社 2002 年版，第 281 页。

③ 李珍贵：《美国土地征用制度》，《中国土地》2001 年第 4 期。

④ 彭开丽、李洪波：《美国土地征用补偿制度对我国的启示》，《农业科技管理》2006 年第 6 期。

内之任何人以法律上的同等保护"。① 各州制定的法律原则上不能与
上一级法律相冲突，在对土地征收和房屋拆迁等私有财产的处分上
也有类似的保护性规定。

"公共使用"是动用征收权的首要条件及唯一合法正当理由，
但是对其内涵及范围，宪法第5条修正案并未有进一步的界定。在
实践中，"公共使用"的界定由立法机构而非行政机构做出，同时
由司法机构进行审查。② 普通法院可以对案件所适用的法律进行合
宪性审查，也就是说，只要法院根据相关证据推断征地主体的行为
符合宪法规定的公共使用目的，就可以动用征地权，土地所有者就
不能以私权对抗公权、待价而沽或者拒不交易所争议的土地。

"公共使用"的界定存在狭义和广义之分。狭义的界定是将
"公共使用"视为要求公众实际使用或有权实际使用被征收的财产，
诸如高速公路、机场、水电设施、公共图书馆等公众使用或公共事
业使用。广义的界定则将之视为"公共目的""公共利益"，即强调
它能给公众带来好处和利益。③ 显然，这两种界定在判决中的运用
会产生完全不同的结果，在实践操作中，往往视不同的时期和情势
采取不同的界定标准，经济萧条时期往往倾向于采取相对宽泛的标
准，经济发达时期则又转向较为严格的界定。④ 在早期倾向于狭义
的界定，而1930年之后的司法判例越来越倾向于"广义"的界定，
即只要是为了合法的公共目的而征收财产就属于公共用途。而且，
公共使用规则虽然排除了政府利用行政权力损害某个个体利益的同
时使另一个体受益，但也并不意味着政府征收的财产只能给一般公
众使用，政府征收财产又立即转让给多数私人使用，同样构成公共
使用。⑤

① 李龙：《宪法基础理论》，武汉大学出版社1999年版，第341页。

② 刘向民：《中美征收制度重要问题之比较》，《中国法学》2007年第6期。

③ ［美］约翰·G. 斯普兰克林：《美国财产法精解》，钟书峰译，北京大学出版社
2009年版，第1页。

④ 李长健、刘天龙、梁菊：《中美财产征收中公共利益之比较分析》，《上海交通大
学学报》（哲学社会科学版）2010年第4期。

⑤ 董国强：《美国政府征用权限制的启示》，《特区实践与理论》2008年第5期。

在美国的司法实践中，通过一些典型判例，诸如1954年的伯曼诉派克案（Berman v. Parker）、1984年的夏威夷州住宅署诉米德基夫案（Hawaii Housing Authority v. Midkiff）以及2005年的克罗诉新伦敦市案（Kelo v. City of New London）等①，逐渐形成了"公共使用"的认定标准，具体包括：受益对象标准，禁止特定人在征收中牟取私利或以牺牲另一方利益为代价获利；私益程度标准，禁止以公共利益为附带或借口，由私人推动征收或私人从中获利；公益效果标准，只要征收直接服务于公共或满足了公共利益需要，财产是否转移给私人并不重要；情景必要性标准，只能在别无选择的情况下才可为公共目的征收私人财产；利润分配准则，为公共利益征收

① 伯曼诉派克案源于首都华盛顿特区的旧城改造，政府运用征地权力取得了旧城的破旧地产，打算将这些地产转卖或租赁给私人开发商进行开发，地产的原主人提起诉讼，认为该行为是违宪行为。在此案审理中，最高法院首次明确拒绝采用"公共使用"的狭隘定义，取而代之以广义的界定，即认为第五条修正案的"公共使用"等于"公共利益"，同时，公共利益的界定属于立法范畴，立法机关（不是行政机关，也不是司法机关）才是"公共利益"的定义者。该判例在美国司法史上具有里程碑式的意义。夏威夷州住宅署诉米德基夫案源于夏威夷州政府运用征地权对当地分配极度不均的土地进行重新分配。原土地所有者们认为这种再分配是从私人到私人的财产转移，属于违宪行为，但最高法院一致判决这个土地的再分配属于"公共使用"，再次强调对立法机构关于征收是否为了"公共使用"的判断要给予尊重，指出判断征地是否为了公共使用的标准是"合理基础"检验，即只要征地的行为与一个可预见的公共目的有合理的关联，这种征地行为就是第五条修正案所允许的。在克罗诉新伦敦市案中，新伦敦市政府按照州议会发布的法案强行征收几块不愿自愿出售的土地，交给投资的商家开发海滨经济开发区，以振兴当地经济，原告克罗等将政府告上法庭，要求法院宣布经济发展不属于"公共使用"，该征收违法，最终，最高法院以五比四的判决认定经济发展属于"公共使用"。该案引发了全美关于"公共使用"界定的激烈辩论。其后，美国绝大多数州在立法中明确从"公共用途"范畴中排除了以经济发展、创造就业、增加税收为主要目的的征收，佛罗里达、北达科他、内华达、犹他和新墨西哥五个州在立法中对征收权做出了更为严格的限制，即禁止以经济发展、改造贫民窟为目的的征收。具体参见刘向民《中美征收制度重要问题之比较》，《中国法学》2007年第6期；李长健、刘天龙《中美财产征收制度中公共利益之比较分析——兼评〈国有土地上房屋征收与补偿条例〉（征求意见稿）》，《山东农业大学学报》（社会科学版）2010年第3期；中国社会科学院农村发展研究所宏观经济研究室《农村土地制度改革：国际比较研究》，社会科学文献出版社2009年版，第50页。

的利润分配必须与公共物品分配保持一致。① 这些标准成为衡量政府征地行为是否符合"公共使用"的判断依据。

在美国成立之初，土地征收是没有补偿的。殖民地时期，政府为公共目的征收私人财产的权力得到了广泛确认，但补偿与否却因地而异。从 18 世纪末开始，许多州的宪法开始有了对补偿的规定，至 19 世纪上半叶，这种宪法上的规定才成了一种趋势。② 其后，随着土地的商品化和对私产的保护加强，"合理补偿"成为征收土地的必备要件，并通过一系列法律和制度安排来最大限度地维护被征收方的利益。根据美国的财产法，"合理补偿"是指赔偿所有者财产的公平市场价值（fair market value），包括财产的现有价值和财产未来盈利的折扣价值。这意味着，美国采用了完全补偿原则，即补偿应当使被征收人的生活能够恢复到与土地被征收前相一致的生活状态，使被征收人财产权的侵害降低到最低程度。③ 土地征收补偿以土地征收前的"公平市场价值"为依据，不仅补偿土地所有人的损失，还补偿相关受益人及因征收而导致邻接土地所有者、经营者的损失；不仅补偿土地及其附加物、固定物等有形资产的损失，还补偿地产商誉、感情等无形资产的损失；不仅补偿被征土地现有的价值，还要补偿土地可预期、可预见的未来价值。④ 补偿非常全面，充分保障了土地所有者及相关利益人的权益。除此之外，根据法律，土地被征收方还享有一定的税收优惠，通常比直接出售土地获益更大，因此，土地所有者也乐于被征地。⑤

同时，法律还保障了被征地方的救济权利。如果被征收方对政府的征收行为或赔偿金额有异议，还可以通过上诉进行权利救济。在美国，这种案件往往采取风险收费（不胜诉不收律师费）的方

---

① 李长健、刘天龙：《中美财产征收制度中公共利益之比较分析——兼评〈国有土地上房屋征收与补偿条例〉（征求意见稿）》，《山东农业大学学报》（社会科学版）2010年第 3 期。

② 刘向民：《中美征收制度重要问题之比较》，《中国法学》2007 年第 6 期。

③ 李穗浓、白中科：《美英德征地补偿制度及借鉴》，《中国土地》2014 年第 4 期。

④ 董国强：《美国政府征用权限制的启示》，《特区实践与理论》2008 年第 5 期。

⑤ 李珍贵：《美国土地征用制度》，《中国土地》2001 年第 4 期。

式，诉讼成本不高，法院在审理时也倾向于认定高于政府补偿价格的评估报告，这就迫使政府在谈判阶段不会压低补偿价格。但政府也不会支付过高的补偿，因为其征收开支来自纳税人，要接受公众的监督。如果政府认为补偿金过高，也可要求法院裁决。这意味着，征地价格并不是由单方意志决定的，征地双方都可依据法律程序主张权利，以最终达成双方都能接受的补偿价格。合理补偿是充分足够的赔偿，过多或过高都是不合理的。①

美国联邦宪法修正案第 5 条、第 14 条规定都强调征收私有财产必须经过正当的法律程序。正当法律程序的设计与运作既是英美法系国家的传统，同时也有助于在国家与个人发生利益冲突时确定基本的公平权衡机制，以保护个人权益，限制公共权力。② 在美国，每一项具体的征地行为必须得到立法机关的授权，而且必须在严格的程序规范和司法审查下行使征地权。③ 进行土地征收必须遵循正当的法律程序，具体如下：政府通过公告或者召开听证会等类似的司法程序，向公众预先通告征地事宜；征地方对拟征收的财产进行评估，在实地调查的基础上出具审核报告，提交给负责征地的机构，然后由高级监督员决定是否同意报告中的补偿价格；征地方向被征收方送交评估报告并提出补偿金的要约，被征收方可以就价格提出反要约，双方进行谈判；必要时召开听证会，说明征收行为的必要性和合理性，如果被征收方能举证该征地行为不符合公共利益，可以提出司法挑战，迫使政府放弃征收行为；如果政府与被征收方在补偿数额上无法达成协议，通常由征地方将案件送交法院处理；法庭要求双方分别聘请的独立资产评估师提出评估报告并在法庭当庭交换，进行最后一次的补偿金的平等协商，如果仍不能达成一致，则由普通民事陪审团、法官或特别委员会来确定"合理的补

① 彭开丽、李洪波：《美国土地征用补偿制度对我国的启示》，《农业科技管理》2006 年第 6 期。
② 陈瑞华：《程序正义的理论基础——评马修的"尊严价值理论"》，《中国法学》2000 年第 3 期。
③ 刘向民：《中美征收制度重要问题之比较》，《中国法学》2007 年第 6 期。

偿"价金数额；判决生效后，政府在 30 天内支付补偿价金并取得被征收的财产。① 整个征地程序体现出非常突出的市场交易特色，征地双方地位平等，通过谈判方式来确定征地补偿金的数额，只有在谈判无法达成一致时，才交由法庭裁决，充分体现出意思自治的原则；在程序设定上充分保障了被征地方的知情权和抗辩权，以制约征地权滥用。

在制约公权的同时，也要防止私权过度影响公共利益的实现。美国法律还规定了一套紧急征收土地的特殊程序，主要是针对一些涉及极端公共利益且时间比较紧迫的公共工程，政府、公益事业法人或有关机构在拥有充分征地理由的情况下，可以向法院申请紧急占用土地，事后再商定补偿金数额，也可以由法院判定公平的补偿数额，并委托代管于适当时机交给土地所有者，以防止补偿金无法达成一致及司法程序拖延导致具有公共使用目的的征收受阻。②

即使符合了土地征收的三个限定要件，在现今的美国社会进行土地征收和开发也越来越困难。1991 年美国地产大王特朗普意图在其买下的曼哈顿岛中城西部的一块空地开发高层建筑群，遭到当地社区的强烈反对，在经过长达 10 年的谈判，做出种种让步，包括答应出资整修一个约 23 英亩大小的河边公园、削减豪华住宅项目的投资、雇用 20% 的少数族裔、拿出 50 万美元用于该社区的职业培训、拿出 100 万美元用于附近地铁的修缮并修建一所可容纳 600 人的学校等诸多条件后才摆平各方，得以动工。③ 利益各方的充分博弈极大限制了征地权的行使，动用征收权获取土地的案例在美国已极为罕见，土地流转基本是通过谈判—交易的市场模式来实现的。

（二）英国的土地征收制度

在英国，土地征收被称为"强制收买"。根据英国的《紧急状

---

① 周大伟：《美国土地征用和房屋拆迁中的司法原则和判解——兼议中国城市房屋拆迁管理规范的改革》，《北京规划建设》2004 年第 1 期。

② 彭开丽、李洪波：《美国土地征用补偿制度对我国的启示》，《农业科技管理》2006 年第 6 期。

③ 文车：《美国征地难于登天》，《招商周刊》2003 年第 41 期。

态法》，内阁在紧急状态下，可以征收车辆、土地和建筑物。① 其土地征收的直接依据是 1981 年制定的《土地征收法》与 2004 年的《强制征购土地法》，后者明确规定，只有法定机构才有强制征地权，包括地方政府或政府中负责经济振兴的部门，中央政府的征地权通常用于重大的基础设施项目。② 土地征收的范围是土地的开发和再开发及改良所进行的公益事业③，具体包括贫民区改造、城市综合开发、新城镇建设、交通干线开拓等公用事业。④

英国实行土地私有制，征地必须经过议会的批准才可以进行，而要确认可以强制征购土地的门槛很高。根据 1946 年颁布的《征收土地法案》，首先要由依法征收土地的行政机关向内阁提出请求，征地机关必须证明该项目是"一个令人信服的符合公众利益的案例"。内阁接受申请后，首先要进行公开调查，以便获得相关信息，听取所有利害关系人对动用征地权的意见，然后指定一位独立督察员对此进行评估，并将其评估结果写成报告提交给国务大臣，最后由国务大臣来确认此项目是否适用《强制征购土地法》，并在此基础上来决定是否批准征收土地的请求。⑤ 只有当国务大臣确认土地的使用目的有利于公众利益后，用地部门才可以依法获得强制征收土地的权力。⑥ 在英国，土地征收申请的核准条件很高，程序也很严格，往往要耗费相当的成本及时间，大大限制了政府强制性征地行为。一旦征收申请被核准，议会会发出强制购买令，强制征地程序开始启动。被征收人对强制购买令不服可提起诉讼，但法院只是对行政机关的强制收买行为是否遵循法定征收权限、法定程序进行

---

①　姜贵善、王正立：《世界主要国家土地征用的法律框架》，《国土资源情报》2001年第 3 期。

②　廖红丰：《发达国家解决失地农民问题的借鉴与我国的政策建议》，《当代经济管理》2006 年第 1 期。

③　王正立、张迎新：《国外土地征用范围问题》，《国土资源情报》2003 年第 9 期。

④　朱道林、沈飞：《土地征用制度国际比较及其借鉴》，载鹿心社主编《研究征地问题　探索改革之路》（一），中国大地出版社 2002 年版，第 358 页。

⑤　容瑜芳：《国外土地征用制度及其思考》，《武汉工业学院学报》2006 年第 3 期。

⑥　廖红丰：《发达国家解决失地农民问题的借鉴与我国的政策建议》，《当代经济管理》2006 年第 1 期。

审查，而某块土地是否应当被征收则留给政府来决定，司法机关不作干预。①

被征收土地的所有者和使用者有权获得补偿。根据《都市与乡村计划法（1962 年修正案）》的规定，土地征收补偿以愿意买者与愿意卖者之市价为补偿的基础，补偿以相等为原则，损害以恢复原状为原则。土地征收补偿的价格标准，是以被征收土地所有者在公开土地市场上能得到的出售价格为计算标准的②，即将被征收的土地放到土地公开交易市场上进行询价，以当天土地市场得出的销售价格作为该地块补偿价格计算的标准，房屋或者建筑物也是按照市场价格进行计算的。③ 这样的补偿通常会超过土地的市场价值，以保证被征收人的合法权益以及避免土地资源的浪费，而对于其他损害的补偿标准，则以实际损害为计算标准。④ 土地征收补偿采取的是完全补偿原则，分为土地征收费和土地赔偿款两部分，其中土地征收费主要是被征土地的价值，土地赔偿款是对农民因土地被征收而造成的经济及其他损失的弥补。具体的补偿范围包括五个方面：一是土地（包括建筑物）的补偿，以公开市场土地价格为标准；二是残余地的分割或损害补偿，以市场的贬值价格为标准；三是租赁权损失补偿，标准为契约未到期的价值及因征收而引发的损害；四是迁移费、经营损失等干扰的补偿；五是其他必要费用支出的补偿，诸如律师或专家的代理费用、权利维护费用等。⑤ 如果土地因征收而造成地价上涨，可以考虑某些合理的要求，但原则上补偿价格不包括这一部分。⑥ 补偿的数额先由被征收人与征收机关协商，达成一致；协商不成，可以将争议提交给专门的土地法庭裁判；对

---

① 容瑜芳：《国外土地征用制度及其思考》，《武汉工业学院学报》2006 年第 3 期。
② 同上。
③ 李穗浓、白中科：《美英德征地补偿制度及借鉴》，《中国土地》2014 年第 4 期。
④ 同上。
⑤ 容瑜芳：《国外土地征用制度及其思考》，《武汉工业学院学报》2006 年第 3 期。
⑥ 党胜利：《国外征地经验对我国征地制度改革的启示》，《中外企业家》2015 年第 5 期。

裁判不服还可以提起上诉。[①]

　　在英国，土地征收程序分为四个阶段，即土地征收申请、征收核准、补偿的议定或裁决、让与合同的订立与补偿的给付。[②] 在整个征地过程中非常注重对被征地方权益的保护，例如法律要求土地征收必须公告，请求取得土地的部、地方政府或其他机构必须用一张相关的地图描述所要求得到的土地，至少在一份地方报纸上发布征收通告，并根据提议的征收法令，给所有与征收法令有关的土地所有人、租户和居住者送达通告。通过对土地征收公告程序的重视和强调，来保障土地所有人及相关利益人的知情权，同时，还规定所有收到土地征收通知的人均有权对征收命令提出异议，并有权提起公开审理程序或要求指定仲裁人审查征收命令。国务大臣做出最后决定后，要将其决定及理由以书面形式通知征收机构和异议方，土地所有人对决定不服，有权向高级法院提出申诉[③]，从程序上保障被征收土地权利人抗辩权的行使与实现。

　　除了程序上的设定，为了保障被征地方的权益，英国还设有独立的土地裁判所。土地裁判所既非法院，也不属于行政系统，而是一个具有一定"司法性"的独立的社会机构。从程序上，土地裁决是土地争议案件的前置程序，进入土地裁决阶段，被征地方有权获得诉讼费用的补助和法律方面的咨询服务及帮助，土地裁判所作出的裁决具有执行力，对拒不执行的相对人可以进行处罚或者罚款。如果土地争议双方对裁决结果不满意，还可以通过司法途径寻求救济和保障。

　　自20世纪80年代开始，随着贫民区改造、综合开发城市、新城镇建设、交通干线开拓等项目建设的基本结束，征地需求锐减，英国公共部门的土地征收量大为减少。同时，土地征收牵涉各方利益，手续繁杂，征地过程往往是旷日持久的。据国土资源局的考察报告，截至2007年，英国各种土地强制征收耗时分别为：高速公路9年，规

---

　　① 容瑜芳：《国外土地征用制度及其思考》，《武汉工业学院学报》2006年第3期。
　　② 王正立、姜贵善、刘伟：《世界主要国家土地征用程序比较研究》，《国土资源情报》2001年第3期。
　　③ 同上。

划用地 6 年，住宅用地 4 年，公益事业用地 3 年。① 因此，在实践中，更多是以市场价格为参照进行协议购买。② 为了避免采取强制性手段，有权征收土地的部门也多采取与土地所有者合作的形式获得土地。③

（三）法国的土地征收制度

为了公共利益需要而强制性地取得私人不动产所有权或者其他物权的制度，在法国被称为"公用征收"。该制度建立于大革命时期和第一帝国时期。1789 年颁布的宪法性文件《人权宣言》明确提出，"财产是神圣不可侵犯的权利。除非由于合法认定的公共需要的明显要求，并且在事先公平补偿的条件下，任何人的财产不能被剥夺"。④ 这一规定成为法国土地征收立法的宪法基础，并确定了其公用征收的三大原则，即合法认定公共需要的存在、公平补偿被征收人的损失及在占有被征收财产之前事先支付补偿的原则。其后，经过多次立法规定和判例补充，逐渐形成一整套公用征收的行政程序及司法保障程序。⑤ 其主要规定包含在 1977 年的《公用征收法典》中，按照该法典的规定及行政法院的判例，公用征收只有在有限的范围内进行才合法有效，即有权发动并实施公用征收的主体范围有限、公用征收的对象原则上限于私人不动产及只在达到公用目的必要时才能采取。⑥

作为世界上土地征收最为频繁的国家之一，法国公用征收的范围相对宽泛，体现在三个方面：一是公用征收的客体范围较大，包括私人的一切不动产的各种物权，甚至还包括对国防有价值的发明专利权。二是征地主体范围较广，中央及地方政府、具备条件的公

---

① 陈玫任、林卿：《中外征地制度变迁研究——兼议征地效率与公平》，《技术经济与管理研究》2011 年第 9 期。
② 王华春、唐任伍：《国外征地制度对中国征地制度改革的启示》，《云南社会科学》2004 年第 1 期。
③ 段文技：《国外土地征用制度的比较及借鉴》，《世界农业》2001 年第 11 期。
④ 姜贵善、王正立：《世界主要国家土地征用的法律框架》，《国土资源情报》2001 年第 3 期。
⑤ 李轩：《中、法土地征用制度比较研究》，《行政法学研究》1999 年第 2 期。
⑥ 谢敏：《法国土地征用制度研究》，《国土资源情报》2012 年第 12 期。

益性法人、具备一定条件的混合经营公司、公用事业单位及受当局委托的其他法人均可成为征地主体。① 三是对公共需要的界定较为宽泛，其范围只受到公用目的和公、私财产划分的限制，凡能产生使公产增值法律效果的需要，均视为公共利益的需要。② 在早期，公共利益需要仅限于公共工程建设领域，20 世纪之后则扩大到社会经济生活的各个领域，凡符合一般性社会利益的事业，包括住宅用地建设、协议开发区内的建设以及保留地交换等，都适用公共利益原则。③

　　由于公用征收适用较为宽泛，为了避免征收权被滥用，法国设立了严格的行政程序和司法保障程序。行政程序主要是确定土地征收的目的和可以转让的不动产，具体包括征收申请、事前调查、批准公用目的、公布并收集意见、可转让决定等程序④，其中，批准公用目的是行政阶段最重要的环节。在实际操作中，首先由征地方向市镇首长提出征收申请；市镇首长对申请做出进行调查或者拒绝调查的决定，一旦决定进行事前调查，由当局委派的调查委员开展调查，咨询相关部门的意见，对一些重大征地行为还要举行听证会，充分征求意见，并将调查结论写成报告上报给市镇首长，如果调查被拒绝，申请人不服可向行政法院起诉；在调查结束后一年内，由总理、部长和省长按照事前调查意见、征收项目分类、征收土地分布条件等对土地征收的公用目的进行批准；批准的命令必须在政府公报或地方新闻上发表或张贴于公共场所，征集意见；最后做出可转让决定并通知所有的利害关系人，该决定需在 6 个月内移送普通法院，作为裁判所有权转移的根据，逾期失效。⑤ 除涉及国家重大秘密事项外，整个征收过程都贯穿公告程序，所有情况均向

---

　　① 王华春、唐任伍：《国外征地制度对中国征地制度改革的启示》，《云南社会科学》2004 年第 1 期。

　　② 李轩：《中、法土地征用制度比较研究》，《行政法学研究》1999 年第 2 期。

　　③ 王正立、张迎新：《国外土地征用范围问题》，《国土资源情报》2003 年第 9 期。

　　④ 朱道林、沈飞：《土地征用制度国际比较及其借鉴》，载鹿心社主编《研究征地问题　探索改革之路》（一），中国大地出版社 2002 年版，第 358 页。

　　⑤ 谢敏：《法国土地征用制度研究》，《国土资源情报》2012 年第 12 期。

社会公开，接受公众监督。①

公用征收的司法保障程序分为两方面：一是依照立法规定，法国的行政法院可以受理越权之诉，公用征收的申请单位、被征收不动产的所有者和利害关系人以及与公用征收有直接利益关系的人，不接受批准决定的，均可向行政法院提起越权之诉，由行政法院对公用目的是否合法进行审查，对行政机关的征地行为进行司法监督。提起越权之诉不影响征收程序继续进行，申诉人为了避免因征收程序继续进行可能产生的不可弥补的损失，可以请求受诉法院在正式判决之前，暂时停止征收程序。二是普通法院设有公用征收法庭和公用征收法官，专门处理请求被征收财产所有权的移转和补偿金额确定方面的争议。② 公用征收法庭对所有权转移的争议进行书面审理，一旦行政阶段的各个程序都已完成，该法庭就会做出公用征收裁判。征地双方就补偿金额发生争议的，征收法庭要求用地方与被征地方通过协商确定补偿金，如果双方无法达成一致意见，可以请求法庭确定。法庭做出审判后，当事人不服可以在收到判决书之日起 15 日内提起上诉。如果仍不服上诉法院判决的，还可以在收到判决书之后两个月内向最高法院提起诉讼。③

法国土地征收补偿采用公平补偿原则，即被征收土地的所有者及其他权利人的全部损失都应得到补偿，但也不能超过其损失得到更多的补偿。土地征收补偿的范围取决于被征收土地上所存有的物质因素（如土地本身以及土地上的附着物）和应受补偿的法律因素（如存有地役权、承佃权以及土地上房屋的承租权等）。由于补偿范围宽泛且缺乏明确的立法限定，法官自由裁量的空间也较大。在实践中，法院支持有证据证实与土地征收相关的直接的、确定的物质性损失，这里的直接损失是指与土地征收之间有直接因果关系的损失，确定的损失是指已发生或将来一定发生的损失，物质性损失是

---

① 李轩：《中、法土地征用制度比较研究》，《行政法学研究》1999 年第 2 期。
② 同上。
③ 谢敏：《法国土地征用制度研究》，《国土资源情报》2012 年第 12 期。

指因征收而丧失的不动产所有权和其他权利本身的价值，不包括精神和感情上的损失。① 法国征地补偿以被征土地的市场价格为基础，存在争议时以法院裁定为准，但同时，法国的征地补偿并不按当前用途而是以最终裁决日一年前的土地用途为准确定地价，或以所有者纳税时的申报价格作为参考②，这样操作又在一定程度上降低了征地补偿决定的市场倾向，以便控制征地补偿数额，预防土地投机。补偿方式原则上采用货币补偿，辅以实物补偿等方式，具体视受补偿对象情况和需求而采取适当的方式。

（四）德国的土地征收制度

德国土地以私有制为主，政府为获得公共设施用地通常有三种办法：一是用地单位直接购买；二是通过土地整理，由土地整理参加者协会预先购买土地，再用其与拟征收土地所有者进行交换；三是政府根据土地估价委员会确定的市价强行征购土地，其立法依据是原联邦德国 1949 年基本法第 153 条之规定，"公用征收，仅限于公共福利及有法律根据时，始得行之。公用征收，除联邦法律有特别规定外，应予相当赔偿"。③

德国强调土地使用的公益优先原则，公用征收制度是实现土地利用规划和土地资源优化配置的重要手段。《联邦德国建设法典》第五部分专门有"征收"部分，对征收的目的、对象、许可条件、征收程序、征收补偿等做出明确规定，成为公用征收的主要法律依据。除此之外，还有《土地整理法》《土地评价法》《国土规划法》等相关法律。④ 与此同时，为防止征地权被滥用，德国将土地征收

---

① 谢敏：《法国土地征用制度研究》，《国土资源情报》2012 年第 12 期。

② 王正立、刘丽：《国外土地征用补偿标准方式及支付时间》，《国土资源情报》2004 年第 1 期。

③ 姜贵善、王正立：《世界主要国家土地征用的法律框架》，《国土资源情报》2001 年第 3 期。

④ 施引芝：《联邦德国的土地征用》，载鹿心社主编《研究征地问题　探索改革之路》（一），中国大地出版社 2002 年版，第 294 页。

的主体严格限定为地方政府和依法取得公益建设的单位①；并将动
用征地权的范围明确界定为公共福利事业、为实现地区详细规划所
进行的事业、合理利用空闲地、用于补偿调配地、文物保护用地
等，具体包括公路、机场、发电站、电器化铁路建设等。② 由于土
地征收会影响特定人的权益，除非公共福利之需，且经与拟征收土
地所有权人多次协商购买其土地未果以外，一概不准轻易动用征地
权。③ 德国法律在征收补偿程序中设定了协议价购的前置程序，规
定政府在实行征收行为之前，有义务进行以买卖或互易的方式获得
征收所需土地的协议价购程序④，从而尽可能避免和缓解动用公权
强制征地可能带来的矛盾和纠纷。

德国的公用征收补偿理念经历了从 19 世纪的"全额补偿"到
魏玛宪法时期的"适当补偿"，再到基本法"公平补偿"的变迁，
最后确立了公平补偿原则，即在必须动用征地权时，力求补偿公平
合理。德国的土地征收补偿由三部分构成：一是土地或其他标的物
的损失补偿，其标准为征收机关在裁定征收申请当日的移转价值或
市场价值，以被征收人得以重新获得同质等量的标的物为标准；二
是营业损失补偿，其标准为在其他土地投资可获得的同等收益；三
是征收标的物上的一切附带损失补偿。⑤ 征地补偿范围非常具体、
广泛，例如在附带损失补偿方面，法律规定，因征地导致田地被分
割、切断，补偿还要包括多耗费的汽油支出、受走弯路之苦、土地
边界增加带来的损害补偿金、被损坏的土地界址带来的损失等，足
见其考量之周密，补偿之广泛。⑥

---

①　王华春、唐任伍：《国外征地制度对中国征地制度改革的启示》，《云南社会科学》2004 年第 1 期。

②　石磊：《土地征收三论》，硕士学位论文，中国政法大学，2005 年。

③　刘浩、葛吉琦：《国内外土地征用制度的实践及其对我国征地制度改革的启示》，《农业经济》2002 年第 5 期。

④　李穗浓、白中科：《美英德征地补偿制度及借鉴》，《中国土地》2014 年第 4 期。

⑤　陈和午：《土地征用补偿制度的国际比较及对我国的借鉴》，《调研世界》2004 年第 6 期。

⑥　王正立、刘丽：《国外土地征用补偿标准方式及支付时间》，《国土资源情报》2004 年第 1 期。

在征收补偿标准上，德国比法国灵活，以官方公布征收决定时的交易价格为准。[①] 为增加政府财政收入和防止土地投机行为，政府规定，凡因预测土地将变为公共用地而引起的价格上涨，都不计入补偿价格，将因征地导致的土地价格上涨部分收归国有。[②] 对补偿金额有争议时，可以依法向所在辖区的土地法庭提起诉讼。补偿的方式除了现金补偿，法律还规定了以货币为主，以代偿地、代偿权利补偿等其他补偿方法为辅的多种补偿方式。[③] 各类补偿费由征地受益人在土地征收决议发出之日起一个月内直接付给受补偿人，过期则取消征收决议。[④]

德国土地征收程序大致分为四个环节：首先，书面申请，由征收人向拟征收地所在地区的乡镇提出书面申请，乡镇签署意见后将申请书递交征地部门。其次，达成口头协议。征收部门要邀请征地申请者、被征土地的所有者及其他权利人以及乡镇参加口头协议，在做出口头协议之前为申请者及土地所有人提供陈述机会。再次，发布征收公告。在协商开始时公告征收开始，将有关地产登记入册。最后，实施征收程序，具体包括征收部门审核—协调—裁决—决议发送—实施等环节。

二 亚洲国家和地区的征地制度设计及比较

（一）日本的土地征收制度

日本国土面积 377835 平方公里，人口 1.28 亿（2010 年），地少人多，国土 65% 的土地为私人所有，公有地仅占 35%，且多为不

---

① 郭岚：《土地征用制度的国际比较及政策建议》，《外国经济与管理》1996 年第 5 期。

② 王华春、唐任伍：《国外征地制度对中国征地制度改革的启示》，《云南社会科学》2004 年第 1 期。

③ 李穗浓、白中科：《美英德征地补偿制度及借鉴》，《中国土地》2014 年第 4 期。

④ 刘浩、葛吉琦：《国内外土地征用制度的实践及其对我国征地制度改革的启示》，《农业经济》2002 年第 5 期。

能用于建设的森林地和原野，要解决公共建设用地问题，不可避免地要通过土地征收。日本宪法第三章第 29 条之规定，私有财产在正当补偿下得收为公用①，成为其动用征地权的宪法依据。1951 年日本政府制定《土地征收法》以规范土地征收行为，按其规定，重要的公用事业可以适用土地征收制度，对财产所有者的损失赔偿来自租税和公共事业利用费所形成的公共财源。②

日本的土地征收制度极为严格规范，集中体现在其对土地征收范围的界定上。《土地征收法》采用列举式概括，将征地严格限定为关系国家和民众利益的 35 种公益事业项目，具体包括：公路建设；以治水或水利为目的的在江河上设置的防堤、护岸、拦河坝、水渠、蓄水池及其他设施；国家、地方团体进行的农地改造与综合开发所建的道路、水渠等设施以及铁路、港口、机场、气象观测、电信、电力、广播、煤气、博物馆、医院、墓地、公厕、公园等。③日本采取这样穷尽式的列举法来界定公益事业范围的方式在世界范围都属罕见，这导致：一方面，征地范围仅限于法律规定的 35 种公益事业项目，界定之清晰明确，可操作性之强毋庸置疑，政府没有任意自由裁量权，几乎断绝了其滥用公权发动征地的可能性。另一方面，35 种公益事业征收都经过法律明确规定，其征地范围窄、缺乏弹性空间的问题也是不言而喻的，这样的界定方式对国土面积极为有限的日本尚属可能，其他国家很难效仿。

在现实中，日本十分注重市场的作用，尊重当事双方的主观意愿，征地双方一般按照市场价格进行交易，只有在正常交易受挫时才会动用征收程序。④ 日本的土地征收要在当局的严格监视下进行，实施征地的主体资格必须得到建设大臣或者相应都道府县知事的

---

① 姜贵善、王正立：《世界主要国家土地征用的法律框架》，《国土资源情报》2001年第 3 期。
② 段文技：《国外土地征用制度的比较及借鉴》，《世界农业》2001 年第 11 期。
③ 石磊：《土地征收三论》，硕士学位论文，中国政法大学，2005 年。
④ 王华春、唐任伍：《国外征地制度对中国征地制度改革的启示》，《云南社会科学》2004 年第 1 期。

严格审查和批准，同时必须遵循严格的土地征收程序，具体包括以下步骤：一是征地申请。由起业者（公共事业营业者）向建设大臣或都府县知事提出征地申请，由其决定是否批准。如果申请得到批准，需发布公告，项目的认定自公告发布之日起生效，土地所有者和相关权利人可以要求起业者预付部分赔偿金。二是确权登记。起业者要对被征收的土地和建筑物进行登记，经地权人签字确认，确定此后的权利关系。三是协商并达成征购协议。起业者与土地所有者以及其他权利人以签订合同的方式达成土地征购协议，由征收委员会确认，确认后协议具有与正式裁定相同的法律效力。四是征地裁定。如果当事人之间无法通过协商达成征购协议，起业者可以申请征收委员会进行裁定，经充分听取当事人和第三方的意见并慎重审议后做出裁定。五是让地裁定。做出征地裁定后，自征地申请被批准之日算起4年之内，征收委员会根据关键当事人的申请再做出让地裁定，决定征地裁定规定的损失赔偿以外的赔偿和让地的期限。六是履行协议或裁定。在让地期限之前，起业者向原土地权利者支付赔偿金。若权利者出让土地，征收即告终结；若权利者在让地期限之内拒不拆迁，则起业者可向道府县知事请求代为执行，知事可采取强制手段搬迁物件和取得土地，完成征收工作。①

日本在立法上明确规定了土地征收纠纷的具体救济途径。在政府的项目资格认定公告正式发布之前，当事人对征收有争议的，由都道府县地方政府的调解委员进行调解。项目资格认定公布之后，当事人如果对政府项目资格认定和土地征收委员会的裁决有异议，可以向政府部门提出不服申述，对征收委员会的补偿损失裁决有异议的，可以通过诉讼方式来解决。②

日本的土地征收赔偿（即土地征收补偿）根据相当补偿原则确

---

① 刘济勇：《日本土地征用模式对我国的借鉴和启示》，《中国劳动保障》2005年第8期。

② 王正立、刘丽：《国外土地征用补偿程序及纠纷解决》，《国土资源情报》2004年第1期。

定，大多数情况下采取完全补偿标准，具体包括五方面赔偿：一是征收损失赔偿，即按被征收财产经济价值的正常市价计算赔偿额，一般参考较近地区的交易价格来确定，要遵循起业者支付原则（土地所有者的损失由起业者负担）、分别支付原则（对每个权利者分别支付赔偿金）、现金支付原则（原则上以现金支付）、赔偿金先付原则（在被征收者失去权利前支付赔偿金）等。二是通损赔偿，即对权利人因土地征收而受到的附带性损失进行赔偿，包括土地上建筑物、设备、树木等搬迁所产生的搬迁费赔偿、歇业赔偿、停业赔偿、营业规模缩小赔偿、农业赔偿和渔业赔偿等。三是少数残存者补偿。针对水库等大型公共事业建设地区的少数留存者因脱离生活共同体而造成的损失给予适当赔偿。四是离职者赔偿。对土地权利人的雇佣人员因土地被征收而失业给予适当补偿。五是事业损失赔偿，即对公共事业开发后造成的噪声污染、废气污染、水质污染等损失进行适当赔偿。① 补偿全面且有法可依，充分考虑了土地所有人的权益。土地征收补偿从该公益事业建设公告之日算起，补偿金额以被征收的土地或其附近类似性质土地的地租或租金为准，并综合公告之日起到取得权利之日这一期间的物价变动因素。补偿原则上以现金方式支付，除此之外，还有耕地开发、宅地开发、迁移代办和工程代办补偿等具体方式，可以通过协商选择。

（二）韩国的土地征收制度

韩国土地资源稀缺，国土面积99394平方公里，且大部分土地（79%）为私人所有。随着经济的发展，公共用地需求不断提升，特别是自20世纪60年代以来韩国推行的经济开发5年计划和80年代政府实施的200万户住宅计划，推动了土地征收立法和实践的进程。根据韩国宪法第23条第3款规定，因公共事业的需要对产权进

---

① 陈和午：《土地征用补偿制度的国际比较及对我国的借鉴》，《调研世界》2004年第6期。

行征收、使用或限制时，应根据法律对其损失予以正当的补偿。[①]
这一规定成为韩国土地征收的宪法依据。1962 年韩国颁布了《土地
征收法》，其后经过五次修订[②]，还制定了配套的《土地征收法实施
令》和《土地征收法实施规则》，1975 年出台了《公共用地征得及
损失补偿特例法》，土地征收立法较为完备。

韩国规定土地征收必须有严格的目的性，征收土地只能出于公
共利益的需要，采取列举兼概括式的方式，对土地征收范围进行明
确界定。《土地征收法》第 2 条规定了八类公益事业所需用地，主
要涉及国防军事、国家基础建设、公共设施、文教艺术、重要产
业、住宅六类事业，前六类事业施行中涉及的相关设施及其附属设
施的事业以及其他法律规定的事业。[③]

韩国土地征收的强制性比日本更为明显，法律规定，土地所有
者在项目发起人不放弃征收该土地的情况下，必须提供，别无选
择，并吸收了法德等国家的经验，对批准的土地进行统一征收，以
杜绝土地投机。[④] 土地交易实施许可制，征地主体必须经过严格的
审核，得到建设部行政长官的认可。韩国在建设部设立了中央土地
征收委员会，在首尔特别市、直辖市及道设立地方土地征收委员
会，对土地征收的区域、补偿、时期等异议进行裁决。[⑤]

韩国的征地补偿标准制定得较为合理，土地征收补偿包括四个
部分：一是地价补偿。这是土地征收补偿的主要部分，统一以公示
地价为征收补偿标准。二是残余地补偿。对残余地的价值降低或其

---

① 　姜贵善、王正立：《世界主要国家土地征用的法律框架》，《国土资源情报》2001
年第 3 期。

② 　五次修订时间分别为 1963 年、1971 年、1981 年、1990 年和 1991 年。

③ 　具体是国防、军事事业；铁路、公路、河川、港口、上下水道、电气、燃气、广
播、气象观测等建设事业；国家或地方共同团体设立的办公场所、工厂、研究所、公园、
市场等建设事业；国家或地方共同团体指派的建设者，由他们所进行的住宅建设事业或
住宅用地事业；根据其他法律可以征收或使用土地的事业。详见容瑜芳《国外土地征用
制度及其思考》，《武汉工业学院学报》2006 年第 3 期。

④ 　王华春、唐任伍：《国外征地制度对中国征地制度改革的启示》，《云南社会科
学》2004 年第 1 期。

⑤ 　段文技：《国外土地征用制度的比较及借鉴》，《世界农业》2001 年第 11 期。

他损失和因残余地需修筑道路等设施或其他工程给予补偿。三是迁移费用补偿。对被征地上定着物的迁移所需费用及营业收入、租金等其他损失给予补偿。四是其他损失补偿。征地补偿以协议征购为主，具体金额由征收者与被征者协商，协商不成，提交土地征收委员会审理并做出裁决，以征地裁决日邻近类似土地的交易价格作参考确定。① 征地补偿要遵循先行支付原则和分别支付原则②，以现金支付为主，同时还可以采取债券补偿等新形式。③

在韩国，为公益事业项目进行土地征收的程序大致为：公益事业项目首先要接受建设交通部部长对项目资格的审查和批准；项目获准公告后，项目人要与土地所有人、相关人进行协商，如果达成协议，报土地征收委员会审核，经审核认可的协议具有与裁决同等的法律效力；如果无法达成协议或者无法协商，项目人应在项目获准公告发布之日起一年内，向管辖地的土地征收委员会申请裁决，由其依法进行审理和裁决。④

（三）新加坡的土地征收制度

新加坡是城市国家，国土面积仅为 714.3 平方公里，人口为518 万（2011 年），人口密度为 7257 人/平方公里，土地资源高度匮乏。新加坡通过土地征收来实现土地国有化，目前绝大部分土地属于国有或公有，其中很大比例的土地是通过征收而来的，私有土

---

① 王正立、刘丽：《国外土地征用补偿标准方式及支付时间》，《国土资源情报》2004 年第 1 期。

② 同上。

③ 债券补偿制度是韩国近年在土地征收补偿上出现的一种新方式。根据 1991 年修订的《土地征收法》的规定，对于土地征收和使用的补偿，除其他法律的特别规定以外，原则上要以现金进行支付。但是，如果项目人是国家、地方公共团体、公共团体、土地公社及由总统令指定的像道路公社一类的政府投资机构时，在涉及土地所有人及关系人希望或者总统令规定的当事人不在的不动产时，按总统令规定，补偿金为 1 亿韩元以下时支付现金，超过的部分则可以采用债券的形式进行补偿。另外，依据韩国《土地征用法》第 45 条第 5 款和《公特法》第 3 条第 2 款规定，补偿金超过总统令规定的部分，可以用该项目人发行的债券进行补偿。债券的偿还期限为 5 年以内，利率应该高于债券发行时的一年定期储蓄利率。

④ 王正立、姜贵善、刘伟：《世界主要国家土地征用程序比较研究》，《国土资源情报》2001 年第 3 期。

地大致占 20% 左右，土地制度是公有制与私有制相结合的形式。土地立法历史悠久，1920 年制定了《土地征收条例》，后被 1966 年颁布的《土地征收法》所取代。《土地征收法》经过三次修订①，成为新加坡土地征收的主要法律依据。

征收是新加坡实现土地国有化的重要手段，其征地制度的设计极具特殊性，首先体现在其对征地权行使范围的宽泛界定上。1985 年修订的《土地征收法》规定，"当某一土地需要——a. 作为公用；b. 经部长批准的任何个人、团体或法定机构，为公共的利益或公共利用，需要征用该土地作为某项工程或事业之用；c. 作为住宅、商业或工业区加以利用——时，总统可以在公报上发布通知，宣布该土地需要按通告中说明的用途加以征收"。② 这意味着，在新加坡，政府不仅可以因公益建设事业、国防安全需要进行征地，还可以因住宅、商业、工业区建设需要而征地，征地范围远远超出了公共目的需要的界限，这在世界范围都很罕见。新加坡还特别规定，政府享有临时性征地的权利，以缩减征地周期，保障公共工程按计划执行。

新加坡征地制度的特殊性还体现在确定征地赔偿价格的制度安排上。法律规定的土地补偿项目包括因土地征收造成土地分割之损害、被征收的动产与不动产的损害、被迫迁移住所或营业所所需之费用、测量土地费用、印花税及其他所需要合理之费用等。③ 虽然《土地征收法》规定，住房发展局要参考宣布土地征收之日的市场价格对被征收土地的所有权人进行补偿，但土地补偿价格的最终确定遵循"就低不就高"原则，即在法律规定的特定时间的土地价格

①　三次修订时间分别为 1973 年、1985 年和 1995 年。
②　王正立、张迎新：《国外土地征用范围问题》，《国土资源情报》2003 年第 9 期。
③　陈和午：《土地征用补偿制度的国际比较及对我国的借鉴》，《调研世界》2004 年第 6 期。

与征收时的现时价格两者之中取其低。① 同时还规定，所征土地以征收时的用途和分区为基础进行计价，至于被征收后新的用途以及产生的变更价值，则不作考虑。② 这导致在实践中，住房发展局支付的价格远远低于土地估价师的估算价格，在多数情况下仅为估算价格的20%，甚至更低。③ 这样的制度设计固然可以打击土地投机，减少政府征地的财政负担，快速推进土地国有化，但却严重损害了土地所有者的利益，导致征地矛盾的上升。尽管法律规定，被征土地所有者对地税征收官所确定的赔偿方式、金额以及赔偿费分配等不服的，可以向上诉委员会提出上诉；如果诉讼案涉及金额较大，还可以就上诉委员会所作裁决中有关的法律问题向法院上诉，由法院做出最终裁决，但由于政府的强势，被征地者胜诉的几乎没有。④ 直到1995年《土地征收法》再次修改，才规定以后征收土地的补偿标准将按征收时的市场价格确定。⑤

新加坡土地征收的一般程序是：征收前，政府部门和法定机构要进行充分的土地调查，论证建设项目的必要性和合理性，确定拟征土地的权属关系，在此基础上提出土地征收建议；将征收建议呈

---

① 新加坡的土地补偿价格计算很特殊。根据1973年修订的《土地征收法》，凡是依据该法征收的土地，其土地补偿价格的计算是以1973年11月30日该土地的价格和征收时的现时价格为参考，两者之间取其低（因为1973—1981年的地价一般低于1973年的价格，而1981年以后土地现价往往又高于1973年的价格）。1985年修订了《土地征收法》，这一规定被修改为，对于1987年11月30日以前征收的土地，其补偿费应考虑1973年11月30日该土地的价格，对于1987年11月30日或以后征收的土地，补偿费应考虑1986年1月1日该土地的价格，同样还是就低不就高。这样操作的结果必然是该地补偿价格远远低于市价。详见王正立、刘丽《国外土地征用补偿标准方式及支付时间》，《国土资源情报》2004年第1期；郭岚《土地征用制度的国际比较及政策建议》，《外国经济与管理》1996年第5期。

② 郭岚：《土地征用制度的国际比较及政策建议》，《外国经济与管理》1996年第5期。

③ 王正立、刘丽：《国外土地征用补偿标准方式及支付时间》，《国土资源情报》2004年第1期。

④ 郭岚：《土地征用制度的国际比较及政策建议》，《外国经济与管理》1996年第5期。

⑤ 王正立、刘丽：《国外土地征用补偿标准方式及支付时间》，《国土资源情报》2004年第1期。

报给规划审查委员会审查，得到原则同意后，经国家发展部呈交给内阁和总理最后批准，并在政府的征收土地宪报上予以公布①，自公布之日起，征地过程正式开始；由地税征收官确定土地补偿价格；最后实行征地赔偿，占有土地。② 从程序设计上来看，更多体现的是征地方的意志及主导地位，土地所有人及利益相关人被严重忽视。

（四）中国香港特别行政区的土地征收制度

香港特别行政区陆地面积 1103 平方公里，由香港岛、九龙半岛、新界及 260 多个离岛组成，其中山地约占 80%，人口为 709.8 万（2010 年），人口密度 6435 人/平方公里，土地资源极为稀缺。中国香港所有的土地都属政府所有，因此，其土地征收的标的仅为占有权及土地上享有的一切业权。1900 年公布施行的《官地收回条例》是规范香港土地征收的主要成文法律，除此之外，还有《地下铁路（收回土地及有关规定）条例》《道路（工程、使用及补偿）条例》《铁路条例》《香港土地征用（占有权）条例》《官地权利收回及委托补偿条例》等相关法规③，土地征收法律体系较为健全。

根据《官地收回条例》的规定，政府在为公众用途时，可提前收回已租给私人的土地，但必须按照市价作合理赔偿。所谓的公共用途是指一切对公共大众有利益的规划及建设。《香港土地征用（占有权）条例》对此进一步说明，"为公共目的征用"包括：为保证在不卫生的财产上建筑改良的住宅，或建筑或改善其卫生状况而征收该财产；对任何土地上的建筑物，因接近或接触而严重妨碍其他建筑物的通风状况，或造成或导致其他建筑物不适于人类居住，或处于危险状况，或有害于健康时，征收该土地；为了与皇家海、陆、空军或香港的志愿队有关的目的而征收；为了行政长官确

---

① 段文技：《国外土地征用制度的比较及借鉴》，《世界农业》2001 年第 11 期。

② 陈玫任、林卿：《中外征地制度变迁研究——兼议征地效率与公平》，《技术经济与管理研究》2011 年第 9 期。

③ 周建春：《我国台湾、香港地区土地征用制度比较》，载鹿心社主编《研究征地问题　探索改革之路》（一），中国大地出版社 2002 年版，第 329 页。

定的公共目的而征收；等等。其中最主要的是，政府可以对居住环境恶劣的地方进行回收和改造。①

官地收回有一整套法定程序。中国香港土地征收的权力是由地政总署下辖的地政处行使的，地政处在将申请收地的文件呈交港督会同行政局审批之前，要先规定收地的地界，画出详细蓝图，估计收地费用及所需做出的赔偿，然后以书面形式将收地申请呈交港督会同行政局审批，由行政局颁布正式文件，正式批文下达后，收地程序就启动。② 具体的收地程序包括公告、调查及确定赔偿方案、做出安置迁居安排、征求意见、收回土地业权等几个步骤。在此过程中，任何人都可以以权益受损为由向地政处提出书面要求，对答复不满意，还可以向土地审裁处提起诉讼。

由于中国香港的土地全部归政府所有，征地补偿主要是赔偿被收回土地上的建筑物价值及相关土地权益，其中包括租客的租约权、居住权及其他有关的经济利益。农地则主要赔偿在该土地上耕种的农作物、家禽畜舍的损失及其他相关损失。其补偿及标准主要有三类：对于业主，以该土地收回当日的市场价格作为标准赔偿给原业主；对于租客，政府照章予以赔偿；对于农民，以收地当日的市价为标准赔偿农作物及家禽、畜舍等损失。③ 由于中国香港农地价值不高，如果以当日市值收地，农民可能会蒙受较大损失，政府会在法律许可的赔偿外，另加一笔恩恤补偿，其金额往往大大高于农地的市值，以弥补农民因征地带来的利益损失。④

（五）中国台湾的土地征收制度

中国台湾土地征收的主要依据为 1904 年公布并经过多次修订的"土地征收法"（该法 1919 年被收入"土地法"），其内容多仿效日

① 王正立、张迎新：《国外土地征用范围问题》，《国土资源情报》2003 年第 9 期。
② 郭岚：《土地征用制度的国际比较及政策建议》，《外国经济与管理》1996 年第 5 期。
③ 陈和午：《土地征用补偿制度的国际比较及对我国的借鉴》，《调研世界》2004 年第 6 期。
④ 郭岚：《土地征用制度的国际比较及政策建议》，《外国经济与管理》1996 年第 5 期。

本的《土地征收法》。除此之外，还有一些土地征收的特别法律，包括"军事征用法""民营铁道条例""公营铁道条例""国道条例""都市计划法""矿业法""森林法""渔业法""水利法""区域计划法""平均地权法""邮政法""电信法""民法"等。①

根据中国台湾"土地法"的规定，因兴办公共事业需要，或者政府机关因实施国家经济政策，可以依法征收私有土地，但征收范围应以公共事业或者以法律规定为限。"土地法"第二十八条规定，符合公共事业需要的范围包括 11 个方面，分别是：国防军事建设；交通事业；公益事业（电信、邮政、煤气、电力）；水利事业；公共卫生事业；政府机关、地方自治团体及其他公共建筑；教育、学术及慈善事业；国营事业；城市再开发事业；其他以公益为目的的事业。②

中国台湾土地征收的执行机构为市、县地政机关。整个土地征收过程大致分为三个阶段，即征收申请、征收核准和征收执行。首先，需用土地人必须向相关政府机关提出申请，并提交法令许可、征收计划书等文件。其次，核准机关依照法律标准进行审核，通知该土地所在地的市、县地政机关执行。最后，土地所在地的市、县地政机关进行征收执行，要进行公告，通知土地所有人及权利人进行土地权利备案，限制土地权利人增加改良物，对被征收土地进行勘察、测量，发给地价补偿及其他补偿，终止被征收土地所有权人的权利义务。③

中国台湾的土地征收补偿包括土地征收费和土地赔偿费两部分，土地征收费是指所征收土地的价值，土地赔偿费是对因征收造成的经济及其他损失的补偿。土地征收补偿具体分为四个部分：被征收土地的地价补偿及负担清算；被征收土地地上改良物的补偿；被征

---

① 周建春：《我国台湾、香港地区土地征用制度比较》，载鹿心社主编《研究征地问题　探索改革之路》（一），中国大地出版社 2002 年版，第 329 页。

② 于红涛：《土地征用比较研究》，硕士学位论文，郑州大学，2006 年。

③ 详见周建春《我国台湾、香港地区土地征用制度比较》，载鹿心社主编《研究征地问题　探索改革之路》（一），中国大地出版社 2002 年版，第 333—336 页。

收土地地上改良物的迁移费；因征收土地致使其相邻土地受到损失者的补偿。① 但不包括因征地而引起的营业损失、离职者赔偿、事业损失赔偿等间接损失，补偿范围相对狭窄。② 中国台湾土地征收多以低于市价之公告土地现值为地价补偿基础，经常造成民众抗争，土地征收困难。③ 为此，专门设立标准地价评审委员会处理土地征收纠纷。④

　　为了限制征地权滥用，中国台湾还规定了土地回收的制度安排，对征收土地后未按核准计划在规定的期限内使用或者部分未按计划使用，可依法撤销征收原案，由原土地所有人申请以征收价额收回土地。根据"土地法"第二百一十九条规定，征收后未依核准计划使用者，原土地所有人得于征收补偿发给届满一年之次日起五年内，向该管市县地政机关申请照征收价额收回其土地。"都市计划法"第八十三条规定，不依核准计划期限使用者，原土地所有人得照原征收价额收回其土地。⑤

三　土地征收制度的经验
特色及借鉴意义

　　从上述土地征收制度较为健全的国家及地区的具体制度安排来看，虽然它们的征地制度各具特色，但在土地产权关系、立法依据、征收范围限定、补偿标准、征收程序设定等方面存在着一些共

---

① 王正立、刘丽：《国外土地征用补偿标准方式及支付时间》，《国土资源情报》2004 年第 1 期。

② 陈和午：《土地征用补偿制度的国际比较及对我国的借鉴》，《调研世界》2004 年第 6 期。

③ 周建春：《我国台湾、香港地区土地征用制度比较》，载鹿心社主编《研究征地问题　探索改革之路》（一），中国大地出版社 2002 年版，第 338 页。

④ 王正立、姜贵善、刘伟：《世界主要国家土地征用程序比较研究》，《国土资源情报》2001 年第 3 期。

⑤ 周建春：《我国台湾、香港地区土地征用制度比较》，载鹿心社主编《研究征地问题　探索改革之路》（一），中国大地出版社 2002 年版，第 343—344 页。

性及优势。

（一）土地私有产权关系明晰，较少动用征收权

任何国家的土地终极所有权都属于国家，但具体的土地产权制度还是存在差别的。上述考察的发达国家及地区绝大多数都实行土地私有制（中国香港除外），土地大部分属于个人或企业所有（新加坡除外），土地产权关系界定明晰，国家意识形态强调对私有财产所有权的保护，直接体现在诸如"财产权是不可侵犯的神圣权利""非依正当法律程序，不得剥夺任何人的生命、自由或财产"等宪法或相应规范性文件中，对私有产权的认可、尊重与保护使得私权获得了与公权相抗衡博弈的空间，形成的张力有效地制约了政府征地权的行使，并形成了合理征地补偿及严格征地程序的制度安排。因此，其土地征收制度的实质是限制公权，保障被征收方的权益。

同时，在这些国家及地区中，土地私有且完全商品化的状况大大降低了动用强制性征地手段的必要性，借助于市场配置资源的基础作用，用地需求只要可以通过市场方式来解决，就无须动用行政权力。通过自愿协商达成合意的买卖方式显然优于强制性的征地手段，只要在法律许可的范围内，政府尽可能少直接介入土地所有权转移的过程。土地征收往往是作为获取土地权益的最后备用手段而存在的，只有在市场失灵的情况下，政府才会动用行政权去征收或者征用私人土地，这意味着，各国的土地征收权实质上转变为一种对私有土地的强制购买权，且只有在正常收买无法取得土地时才能动用。

随着社会发展与法制完善，发达国家诸如美国、英国、法国、德国及日本等国在现今的社会生活实践中已经极少动用土地征收权，一方面，这些国家的公共事业项目包括新城镇建设、交通干线开拓等越来越多借助民间力量进行开发建设，政府公共部门对土地的需求量大大减少；另一方面，土地市场已发育成熟，相对于土地征收手续烦琐、耗时长，征收价格与实际市场价格接近，甚至还要高于市场价格，政府更愿意采用谈判、协商等方式获取土地，确立土地先买为主、征收为辅的策略，即土地所有者在出卖土地时，政

府及其指定机构有权首先购买土地，只有在收买困难或遇阻时，才会进行土地征收。因此，在这些国家，强制性征地的案例已经极为罕见，以谈判协商、市场交易的方式实现土地流转占据主导地位。相对而言，土地资源稀缺的亚洲国家或地区，诸如新加坡、韩国、中国香港、中国台湾等地，在实践中还会采用土地征收的方式，但在具体操作过程中也越来越倾向于运用市场规则和手段，补偿范围有所扩大，补偿标准日趋公平合理，程序设定也较为注重对被征地方合法权益的保护，尽量避免土地征收的消极后果。

（二）建立完善且严格的土地征收法律制度，动用征地权有法可依

土地征收作为一种以强制方式取得土地所有权的手段，其运作必须要有充分的法律依据。土地所有权作为重要的财产权，在很长一段时间内受到法律的严格保护。1791 年美国国会批准的宪法修正案第 5 条明确规定，"未经正当法律手续不得剥夺任何人的生命、自由或财产；凡私有财产，非有相当赔偿，不得占为公有"。① 这充分体现出对私有产权的确认和保护。第二次世界大战后，随着权利观念从权利私有化向权利社会化的转变，许多私有制国家先后修改或重新制定宪法，改变其对财产权的设定，在继续保护私有财产的同时，也开始强调私有财产权要服从公共利益或不损害公共利益，在必要时，政府可以依照法律有偿征收私有财产，这种变化成为现代国家动用征收手段实现公共利益的权力来源。

由于土地征收可以对抗"神圣不可侵犯"的私有财产，通常大多数国家宪法都要赋予征收权的合法来源。1789 年法国《人权宣言》提出，"私有财产是神圣不可侵犯的权利。除非由于合法认定的公共需要的明显要求，并且在事先公平补偿的条件下，任何人的财产不能被剥夺"，开始确立私有财产征收的基本原则。其后，各国宪法都以不同的方式肯定特定条件下征收的合法性。美国联邦宪

---

① 王正立、张迎新：《国外土地征用的宪法基础与法律框架》，《国土资源情报》2003 年第 9 期。

法第 5 条修正案规定，"无正当法律程序依据，不得剥夺任何人的生命、自由或财产；无合理补偿，不得征用私有财产供公共使用"。英国宪法性文件《紧急状态法》规定，"内阁在紧急状态下，可以征用车辆、土地和建筑物"。1949 年西德通过的《德意志联邦共和国基本法》第 153 条规定，"公用征收，仅限于公共福利及有法律根据时，始得行之。公用征收，除联邦法律有特别规定外，应予相当赔偿"。1946 年，日本宪法的第 29 条规定，国民的"财产权不得侵犯。财产权之内容应由法律规定，以期适合于公共之福祉。私有财产，在正当的补偿下得收归国有"。韩国宪法的第 23 条第 3 款规定，因公共事业的需要，对产权进行征收、使用或限制时，应根据法律对其损失给予正当的补偿。这些规定都成为征收合法性的宪法基础。

发达国家的土地征收权不仅在宪法中获得合法性支持，往往还有专门的土地征收立法来加以规范。世界各国土地征收制度的立法形式主要有两种：一是独立式，即土地征收法独立于土地法，以法律的形式存在；二是章节式，即土地征收法只是作为土地法的一个章节而存在。[①] 目前多数国家均独立制定土地征收法，还有一些国家的土地法中有专门针对土地征收的章节，通过制定较为完备的土地征收法律法规，明确征地目的、范围、主体、客体、补偿、程序、审批权限等关键内容，做到有法可依，以便规范和引导征地各方的行为，保证土地征收的合法有序进行。

（三）明确公共利益需要的征收目的，严格限定征地范围

公共利益原则是世界主要国家土地征收制度的基本要件之一，征地权的核心是不需要土地所有人的同意而强制取得其土地。因此，在解决公权与私权、土地征收权与土地所有权的冲突中，"公共利益"成为评判能否动用征地权的唯一标准，同时也是防止征地

---

① 王正立、张迎新：《国外土地征用的宪法基础与法律框架》，《国土资源情报》2003 年第 9 期。

权滥用损害私人财产权利的关键。①

公共利益有公共使用（public use）、公共目的（public pur-pose）、公共需要（public need）、公共福利（public welfare）等诸多称谓，是相对于私人利益而言的。在公共利益的范围界定上，各国的公共利益范畴有许多共同之处，诸如交通建设、公共建筑、军事设施、土地改革、公共辅助设施建设等都被视为符合公共利益要求。同时，由于社会制度、历史传统和文化背景不同，各国对"公共利益"的界定也存在相当的差异，在本章所列各国（地区）中，同样是土地资源紧张的国家，日本对公共利益范围的界定最为严格，充分体现出其严格限制土地征收及保护土地资源的立法意图，而新加坡则在土地国有化思路主导下，对公共利益采取了极为宽泛的界定方式。可见，如何界定"公共利益"不仅体现了一个国家在私有土地拥有者权利与公共土地需求两者之间的平衡关系②，同时还与其经济社会发展水平、土地资源的禀赋及潜力、国体政体、法律制度、国家意志等有着相当的关系。③

从一些国家和地区关于公共利益界定的立法体例和实践经验来看，"公共利益"的界定方式主要有三类：第一类是列举式，即在法律中"穷尽式"地列出符合"公共利益"的具体情况。这种方式最典型的就是日本，在法律法规中列出了所有可以动用土地征收权的"公共事业"，而且几乎每种"公共事业"均有一部对应的法律来约束，界定非常严格，政府没有任何裁量权，这在世界也是较为罕见的。第二类是列举兼概括式，即在土地法规中列出可以动用征地权的条件，同时还有保留条款进行概括，这样的规定既不宽泛，又保证有一定的变通余地和自由裁量权，韩国、中国台湾就是这样的方式。第三类是概括式，即在相关的法律法规中仅原则性地规定

①　王正立、张迎新：《国外土地征用范围问题》，《国土资源情报》2003 年第 9 期。

②　王正立、张迎新：《国外土地征用的宪法基础与法律框架》，《国土资源情报》2003 年第 9 期。

③　张迎新、王正立：《国外土地征用公共利益原则的界定方式》，《国土资源情报》2003 年第 9 期。

"只有出于公共利益方可发动土地征用权"，但未对"公共利益"加以明确界定，英美法系国家多采用此种方式，如美国、澳大利亚、加拿大等。实行概括式的国家并不意味着可以随意解释"公共利益"，往往会通过两种方式来进一步明确"公共利益"的范围：一种是利用议会法律来规定，例如澳大利亚；另一种是通过法院来判决土地征收是否符合"公共利益"，美国即是采取这种方式。① 当然，也有国家就只停留在概括式的规定，"公共利益"界定模糊，缺乏严格界定，中国的情况即是如此。

这三种方式中，列举式界定公共利益标准最为明确，便于操作，严格限定了滥用征地权侵犯私人土地权益的情况，但因其限定极为严格，在适应日益发展变化的现实社会需求方面略显僵硬，缺乏适当的弹性空间。概括式界定较为模糊，只是原则性的规定，便于政府和司法机构根据实际情况行使自由裁量权，对公共利益做出合乎现实的考量，但可操作性不强，对行使自由裁量权机构的驾驭能力要求较高，否则较易出现滥用征地权的情况。相对而言，列举兼概括式的界定方式较好地克服了"列举式"和"概括式"的不足，既明确限定了动用征地权的操作阈值，又赋予了一定的面对复杂实践的自由裁量权，有利于从立法和实践层面把握公共利益标准，在公权和私权博弈中找到平衡点。

（四）制定合理的土地征收补偿制度，保护土地权利人的权益

从上述国家及地区的土地征收制度安排来看，土地征收补偿制度是极为重要的内容，这些国家及地区往往通过立法对补偿标准、补偿范围、补偿方式、补偿纠纷处理等做出具体、明确的规定，来保证使被征收土地的所有者及利益相关人能够获得较为满意的补偿，同时，从经济上限制征地权的行使空间。

从征收补偿的立法原则看，土地征收补偿标准的确定原则有三种：一是完全补偿原则。完全补偿从"所有权神圣不可侵犯"的观

---

① 张迎新、王正立：《国外土地征用公共利益原则的界定方式》，《国土资源情报》2003 年第 9 期。

念出发，认为损失补偿的目的在于实现平等，土地征收是对所有权的侵犯，为矫正其侵害，应当给予完全的补偿，才符合公平正义的要求。完全补偿是指以被征收人完全回复到与征收前同一的生活状态所需要的代价为补偿标准，这种补偿不仅包括直接损失，如土地及土地改良物本身的损失，还包括因此而造成的间接损失，如期待利益的丧失、残余土地价值的减损、营业停止或缩小的损失、失业或转业的损失等，甚至还包括非经济上的损失，如新的生活环境的不适、精神上的痛苦等。二是不完全补偿。不完全补偿从"所有权的社会义务性"观念出发，认为产权因负有社会义务而不具有绝对性，由于公共利益的需要，可以依法加以限制。但土地征收已经超越了对财产权限制的范围，剥夺了公民的财产权，应依法给予合理补偿。根据不完全补偿的标准，补偿范围仅限于被征收财产的价值；可以量化的财产上的损失、迁移损失、营业损失以及各种必要的费用等具有客观价值而又能举证的具体损失，也应当给予适当的补偿；而难以量化的精神损失、生活权利损失等个人主观价值损失，应当视为社会制约所导致的一般牺牲，个人有忍受的义务，不给予补偿。三是相当补偿。相当补偿标准认为"特别牺牲"的标准是相对的、活动的，因此对于土地征收补偿应视情况不同采用完全补偿或不完全补偿的标准。在一般情况下，本着宪法对财产权和平等原则的保障，特别的财产征收侵害，应给予完全补偿，但在特殊情况下，可以准许给予不完全补偿。总体而言，土地征收补偿的原则并非一成不变，而是随着经济发展水平、国家意识转变而改变。[①]目前绝大多数国家采用的是相当补偿原则，补偿范围与标准日渐放宽，对被征收人所遭受损失的补偿更为充分、完全是普遍的发展趋势。

　　发达国家的土地征收补偿大多采取完全补偿或相当补偿原则，补偿范围较广，除支付土地的经济价值之外，大多将残余地损害、营业损失及其他因土地征收引发的各种附带损失列入补偿的范围，补偿范围不仅包括直接损失，还包括间接损失。在补偿标准上，采

[①]　陈江龙、陈会广、徐洁：《国外土地征用的理论与启示》，《国土经济》2002年第2期。

用公平补偿原则，补偿大多按照市场价格来计算，使被征收人既不致遭受损失，也无法获取暴利，以实现公平合理的补偿目的。这样的制度安排淡化了土地征收的强制性色彩，通过满意的补偿来避免或消解私权与公权之间可能发生的激烈冲突，从而在公共利益和个体利益之间达到均衡。各国较为普遍通用的补偿方法是现金补偿，同时，根据实际情况采取一些辅助补偿方式，以弥补现金补偿在土地评估技术不足和地价上涨的情况下的不足。例如，日本与德国在现金补偿之外，还有替代地（代偿地）补偿、迁移代办和工程代办补偿的设置。其中，替代地补偿包括耕地开发、宅地开发，是指在土地被征收人的要求下，征地方另造耕地和宅地以代替补偿金的部分和全部。迁移代办和工程代办补偿是指被征收土地有物件时，在土地被征收人的要求下，由征收方迁移该物件，以代替迁移费的补偿；或者残余地须新建、改建、增建、修缮通路、沟渠、围墙、栏栅或其他工作物并须堆土、挖土时，在土地被征收人的要求下，由征收方完成上述工作，以代替工程费的补偿。[①] 法国公用征收补偿以货币支付为原则，辅以实物补偿方式；中国台湾地区除现金支付和发放土地债券外，也可由土地所有权人申请发给折价地（代偿地）抵付的辅助补偿方法等。这些方式都充分体现了在不同情境下征收方对土地被征地人意愿及要求的尽量尊重和满足，以最大限度地降低征地对其带来的干扰和损失。

（五）设定严格及完善的土地征收程序，规范权力行使

为了防止公权滥用或者私权过度行使，大多数国家或地区都对土地征收设定严格而完善的法律程序。通常土地征收程序要经过申请—审核—协商补偿安置—报批—支付赔偿金—供地等步骤，这是政府行使征地权所必须遵循的步骤和不可缺少的过程。征地程序设定是为了最大限度地减少或消除自由裁量权，保证土地权利人的合法权益，实现土地的合理征收。整个程序耗时较长，通常在一二年以上，虽然影响了土地征收的效率，但有利于听取利益相关人的意

---

① 陈泉生：《海峡两岸土地征用补偿之比较研究》，《亚太经济》1998 年第 3 期。

见，进行细致充分的沟通协调，化解征地过程中的各种矛盾，提高土地的集约化程度。

由于土地征收是国家强制力的行使，是对私有产权的干预和剥夺，大多数国家都严格规定了征地方的通知及公告程序，在整个土地征收过程中要进行多次公告，以保障相关权利人的知情权和参与权。同时，实现土地征收过程的公开、透明，将征地行为置于议会、法院、新闻媒体、民间组织、社会公众的监督下进行，防止公权的滥用。当公权和私权发生冲突时，土地相关权利人的异议权、抗辩权、申诉权和申请裁决权的设置与保护就非常重要。因此，这些国家都规定，在土地征收过程中，被征收土地产权人可以就土地征收目的、范围、方式及补偿标准等事项向有关的中立机构（法院及专门的仲裁机构）申诉或上诉，由其根据情况进行裁决或仲裁。同时，在组织设置上，还设立了相关的裁决机构，如日本设立的土地征收委员会、法国设立的征收裁判所，由中立的第三方机构对土地争议和纠纷进行裁决，以保证土地征收的合法性及公平性。

世界大多数国家及地区都建立了土地征收制度，以立法的方式肯定土地征收权行使的合法性。征收权的立法，最重要的是征收的法律限制①，从上述土地征收制度较为完善的国家的制度安排来看，均对土地征收权进行了严格限制，行使征地权的主体大多限定为政府，土地征收范围仅限于公共目的需要，必须给予合理全面的补偿，必须遵循严格的法定程序。在这种种限制之下所架构的土地征收制度，实现了公权与私权、征地权与所有权的权力制衡与利益平衡。

这些国家及地区的征地实践也表明，明晰的土地产权，公共利益的征收范围，市场定价的征地标准，较为宽泛的补偿范围，完善的申诉机制以及公正、公平、公开的征地程序设置，既是其土地征收制度安排的优势所在，也是未来的发展趋势。在制度背后所蕴含

---

① 〔美〕路易斯·亨金等编：《宪政与权利》，郑戈等译，生活·读书·新知三联书店1996年版，第156页。

的对个人土地财产权利充分尊重的社会意识则是支持其运作的理念基础。这样的土地征收制度安排既有效地保护了被征地人的土地权益，又保证了土地征收的权威性和公平性。

第七章　农村集体土地征收制度的
改革方向及未来趋势

在特定的时代背景下形成的农村集体土地征收制度在解决政府财力不足、保证社会经济发展所需土地有效供给的同时，造成了对农民土地权益的侵害。其实施带来了两方面的消极结果：一是农民难以有效保护自身权益，造成农民合法利益大量流失；二是未能有效遏制土地的低效率利用，造成农地过度损失。① 随着城市化的推进和征地规模的扩大，农民对现行土地征收制度的不满越来越强烈，其维权抗争行动日趋激烈，迫使一些经济发达地区政府在征地实践中进行体制内改革，以微调的方式来缓解征地矛盾，保证征地工作的顺利进行，而中央政府也着手进行征地制度改革，以改变制度供给不足的现状。

一　征地制度改革的阶段进展及现实困境

（一）中国农村土地征收制度改革的阶段进展

1999 年 6 月，国土资源部开始着手进行征地制度改革，通过前期的理论研究及实地调研，召开了"征地制度改革试点座谈会"，形成了《征地制度改革试点总体方案》，并于 2001 年、2002 年分别

---

① 史清华、晋洪涛、卓建伟：《征地一定降低农民收入吗：上海 7 村调查——兼论现行征地制度的缺陷与改革》，《管理世界》2011 年第 3 期。

启动了征地制度改革试点，并在调研的基础上，修改《征地制度改革试点总体方案》。2003 年，根据试点情况的调研及分析，起草征地制度改革的政策性文件，正式启动《土地管理法》的修改工作，《土地管理法》的修改被正式列入十届人大常委会的立法规划，其核心就是改革征地制度。

2004 年 12 月，国务院发布了《国务院关于深化改革严格土地管理的决定》（国发〔2004〕28 号），提出要完善征地补偿办法，提高土地补偿费与安置补偿费，制定统一年产值标准或区片综合价；要妥善安置被征地农民，可视具体情况采取建设用地土地使用权入股、社会保障安置、留地安置、就业安置、异地移民安置等方式；要健全征地程序，增加征地报批前的告知、对土地调查结果的确认、必要时的听证、征地批准的公示等程序，加快建立和完善征地补偿安置争议的协调和裁决机制；要加强对征地实施过程的监管，包括要加强对征地补偿安置的落实、分配、使用、收支情况的监督。① 这些规定反映了征地制度改革的基本趋向，包括：提高征地补偿和安置补偿标准，增加社会保障安置要求，强调征地补偿"同地同价"原则；允许农民将依法批准的建设用地土地使用权入股；增加被征地农民知情权的途径；确立土地补偿费"主要用于被征地农户"的原则，提出加快建立和完善征地补偿安置争议的协调和裁决机制的要求。② 除此之外，该决定还规定，"在符合规划的前提下，村庄、集镇、建制镇中的农民集体所有建设用地使用权可以依法流转"③，为农村建设用地直接入市提供了依据。

2005 年 7 月，国土资源部的改革重点落在征地补偿价格上，根据国务院的精神，出台了《关于开展制定征地统一年产值标准和征地区片综合地价工作的通知》（国土资发〔2005〕144 号），要求各地制定并公布各市县征地的统一年产值标准或区片综合地价。征地

---

① 详见《国务院关于深化改革严格土地管理的决定》第十二、第十三、第十四、第十五条。

② 李元：《中国城市化进程中的征地制度改革》，《中国土地》2005 年第 12 期。

③ 参见《国务院关于深化改革严格土地管理的决定》第十条。

统一年产值标准是在一定区域范围内（以市、县行政区域为主），综合考虑被征收农用地类型、质量、等级、农民对土地的投入以及农产品价格等因素，以前三年主要农产品平均产量、价格为主要依据测算的综合收益值。征地补偿费用在统一年产值标准的基础上，根据土地区位、当地农民现有生活水平和社会经济发展水平、原征地补偿标准等因素确定相应的土地补偿费和安置补助费倍数进行计算。征地区片综合地价（简称征地区片价）是指在城镇行政区土地利用总体规划确定的建设用地范围内，依据地类、产值、土地区位、农用地等级、人均耕地数量、土地供求关系、当地经济发展水平和城镇居民最低生活保障水平等因素，划分区片并测算的征地综合补偿标准，原则上不含地上附着物和青苗的补偿费。[1]

2006 年，国务院办公厅颁布《关于做好被征地农民就业培训和社会保障工作指导意见》（国办发〔2006〕29 号），强调要坚持市场导向的就业机制，通过多渠道开发就业岗位，改善就业环境，鼓励引导企业、事业单位、社区吸纳，支持被征地农民自谋职业和自主创业，开展职业培训等方式，促进被征地农民就业。[2] 同时，要求各地从实际出发，采取多种方式保障被征地农民的基本生活和长远生计[3]，并规定了失地农民社会保障资金的来源。[4]

2008 年 10 月，中共十七届三中全会通过《中共中央关于推进农村改革发展若干重大问题的决定》，提出"严格界定公益性和经

---

[1]　详见《国土资源部关于开展制定征地统一年产值标准和征地区片综合地价工作的通知》。

[2]　详见《国务院办公厅关于做好被征地农民就业培训和社会保障工作指导意见的通知》第四、第六条。

[3]　城市规划区内的被征地农民应根据当地经济发展水平和年龄段参与社会保障，城市规划区外的被征地农民，将被纳入农村社会养老保险制度、新型农村合作医疗制度和农村最低生活保障制度。详见《国务院办公厅关于做好被征地农民就业培训和社会保障工作指导意见的通知》第八条。

[4]　该文件明确规定大部分农用地的土地补偿费和全部的安置补助费、政府提取的部分土地出让金等土地有偿使用收益、失地农民保障资金的利息及增值以及其他可用的资金都可成为建立失地农民社会保障的资金来源。详见《国务院办公厅关于做好被征地农民就业培训和社会保障工作指导意见的通知》第十条。

营性建设用地，逐步缩小征地范围，完善征地补偿机制"的征地改革要求。这表明，国家决策层将征地制度改革的目标定位于"逐步缩小征地范围"和"完善征地补偿机制"，征地将被限定在公益性项目，"城市规划圈外的非公益性项目"将允许农民以集体土地"参与开发经营"，并在此基础上"逐步建立城乡统一的建设用地市场"。缩小征地范围和完善征地补偿首当其冲会触及地方政府的土地财政，因此，"征地范围""补偿标准"以及"在多大范围内允许集体土地入市"等问题的确定成为制定《土地管理法》修订的关键。

2010 年 7 月，国土资源部下发《关于进一步做好征地管理工作的通知》，明确规定要"建立征地补偿标准动态调整机制，根据经济发展水平、当地人均收入增长幅度等情况，每 2—3 年对征地补偿标准进行调整，逐步提高征地补偿水平"。[1]

2011 年 3 月，《国有土地上房屋征收与补偿条例》公布施行后，针对集体土地房屋征收拆迁的《集体土地征收征用条例》的起草被提上日程，该条例只需经国务院层面批准，立法程序上更加快捷[2]，可能先于《土地管理法》的修订。2011 年 4 月，国土资源部陆续选择天津、重庆、沈阳等 11 个城市作为新一轮征地制度改革试点城市[3]，重点在缩小征地范围、完善征地补偿机制、拓展安置途径等方面进行深入探索。2012 年 2 月，国务院常务会议将"深化农村改革，制定出台农村集体土地征收条例"列为 2012 年深化经济体制改革的重点工作。

（二）征地制度改革试点经验及路径探索

从目前的改革试点经验来看，主要集中在征地补偿方式、失地农民安置方式及征地程序三个方面，试点改革提供了一些经验模式可供参考。

---

[1]　详见《国土资源部关于进一步做好征地管理工作的通知》。

[2]　《征地制度改革加速》，http://finance.qq.com/a/20120220/000262.htm，2012 年 2 月 20 日。

[3]　《前瞻中国农村征地制度改革》，《半月谈》2011 年第 8 期。

在征地补偿方面，影响较大的有三种做法：一是直接提高征地补偿实际年产值的标准或者倍数标准；二是实行区片综合价，即在考虑被征收土地的区位条件、当地经济发展状况以及农民生活水平等多种因素的基础上，制定一定区域范围内的不同区位、地类的征地综合补偿标准；三是协商确定征地补偿费，考虑区位和市场供需状况，通过征地与被征地双方协商确定补偿费。在安置途径方面，也形成了三种主导模式：一是社会保障模式，即将失地农民直接纳入当地城镇职工的社会保障体系；二是商业保险模式，就是为失地农民购买商业医疗和养老保险；三是留地安置模式，即在被征土地中划出一部分作为发展用地，让失地农民从事开发经营，发展自有产业。在征地程序方面，主要是落实"两公告一登记"制度，强调对农民知情权的保障，也赋予了一定参与权。在征地补偿费用分配方面，广东、福建、湖南一些地方在尝试将征地补偿费用进行股份制管理，量化到个人，农民按股份分红。

总体而言，目前大部分试点改革还是停留在现行征地制度框架内进行调整，主要是针对征地实践中面临的主要问题思考对策，集中在征地补偿、安置、程序规范等方面，其改革思路也主要是通过适当提高征地补偿费、提供社会保障安置、保障农民一定征地权益等方法，缓和征地矛盾和冲突，而对于征地制度改革的重要问题，即征地权行使范围如何界定、"非公益性用地"如何解决等关键问题几乎没有涉及，各改革试点视野较为狭隘，大多局限于从某一视角来探索解决现行征地制度现实问题的对策，缺乏全面系统的宏观设计及深入的研究探索。

现行土地征收制度由于征地权泛化致使出现耕地保护困难、土地增值收益分配非农化、补偿标准过低且简单化、征地程序剥夺农民应有权利等问题，备受质疑，引发改革。在这些问题中，"征地范围过宽"和"征地补偿过低"无疑是最为突出同时也是最受关注的。[1] 征地制度改革的难点是明确界定征地范围，现行征地制度对"公共利益"界定的有意模糊和法律之间的相互冲突，导致征地范围泛化，征地权滥用，引发农民的强烈不满。如何界定公益性用地和满足非公益性用地的需求，这是征地制度改革的一大难题。学术界对此提出了几种方案。

第一种方案是严格区分公益性用地和经营性用地，采取不同的获取方式。公益性用地继续实行现行的征地补偿制，由政府直接向农民征地；经营性用地实行市场购买制，由土地使用者直接向农民集体购买，政府只负责审批、监管、税收和登记等服务性工作。[2] 这种方案虽然严格界定了公益性用地的范围，区分了两种用地不同的获取手段，但在实践操作中存在较多问题：一是会引发农民的更大不满，同样的土地按照公益性用地和经营性用地两种不同的方式征收，其补偿价格会有极大的差异，"不患寡而患不均"的农民很难接受。二是无法实现政府的土地供应控制及耕地保护目的。经营性用地一旦放开，允许土地使用者直接向农民集体购买土地，政府对土地市场和供应总量的管理就会完全失控，耕地保护也必然会受到影响。三是公益性用地和经营性用地在现实中很难区分，势必会带来腐败与"寻租"的空间。

第二种方案是实行完全的市场购买制，即由土地使用者直接向农民集体购买土地，政府用地也向农民集体购买。[3] 这种方式的优点是通过市场方式实现完全的公平，有利于保护农民的权益；缺点是政府对土地管理会失控，征地成本也很难控制，一旦农民漫天要价，会导致地价上涨，产生消极影响。

第三种方案是实行政府征购制，即由政府按照市场公平原则向

---

① 周其仁：《农地产权与征地制度——中国城市化面临的重大选择》，《经济学》2004 年第 4 期。

② 骆东奇、罗光莲：《进一步规范土地征用管理制度》，《商业时代》2006 年第 3 期。

③ 马晓茗、曾向阳：《我国征地制度及其改革问题的几点思考》，《华中农业大学学报》（社会科学版）2002 年第 4 期。

农民集体征购土地，再根据供地计划向直接的土地使用者供地。[①]
这种方案有利于土地资源的管理和土地市场的稳定，但政府既是运
动员又是裁判员的角色定位，和现行制度一脉相承，无法保证其公
正性立场。

第四种方案是征购返还制，是指对于公益性用地，由政府按照
市场公平原则向农民集体征购土地，再根据供地计划向直接的土地
使用者供地；对于非公益用地，则先由政府征购，再由政府按市场
价格提供给土地使用者，然后由政府将土地市场价值的大部分返还
给原土地使用者，具体的比例可另行确定。[②] 这个方案同样无法消
除公益性用地和非公益性用地的补偿差异，而且必须以承认农民集
体对土地享有完整的所有权为前提，而这一前提目前尚不具备。

（三）征地制度改革深化的现实困境

随着征地矛盾的日益尖锐，征地制度改革势在必行。自 2008 年
开始，国土资源部开始着手对《土地管理法》进行修订，"征地制
度改革"是核心内容。到 2009 年 3 月，《土地管理法（修订草案征
求意见稿)》已传达到各地国土厅和相关部委征求意见。征求意见
稿新增 49 条规定，涉及农村集体土地权利、承包经营权流转、宅基
地权利、土地使用权到期处置、土地交易、征地及其补偿等诸多方
面，由于修法牵涉面广，涉及地方政府的财政收入、国家粮食安全
以及各相关部委的利益，争议很大，博弈激烈，因多方掣肘至今尚
未出台。

长期以来，农村集体土地征收牢牢掌握在地方政府手中，它们
和开发商一起成为土地升值的最大受益者，一旦改革触动现有征地
制度，地方政府会损失巨额土地收益，而一些积压已久的风险可能
会由此爆发，其中最大的问题就是地方债务问题。根据审计署公布
的数据，截至 2010 年年底，全国省、市、县三级地方政府性债务余

---

① 赵淑琴：《农地征用制度与实践：问题及征用补偿方略》，《农业经济问题》2004
年第 4 期。

② 傅晓：《"公共利益"的界定及征地制度改革建议》，《农村经济》2006 年第 10
期。

额共计 10.7 万亿元，2012 年以后，地方债进入还款高峰，未来 3 年将有 4 万亿元的地方政府性债务到期。[①] 很多地方政府债务是以未来的土地出让金做抵押的，一旦征地制度发生变革，地方财源势必会大打折扣，地方债务风险会直接凸显出来。同时，征地制度改革也会给地方经济发展带来困扰，近些年，地方政府都是通过加大基础设施建设来刺激本地区的经济增长，这种粗放利用资源的局面尚未改变，这种发展模式就需要大量的用地指标，缩小征地范围等一系列改革无疑会给地方政府获取土地带来极大压力。因此，《土地管理法》的修订在地方层面遇到强劲阻力。

由于既得利益集团的排斥，征地制度改革选择渐进性路径，进展缓慢，至今无法突破，相关法规出台一再延后。很多地方政府在抓紧"追赶末班车"，"圈地运动"愈演愈烈，土地违法屡禁不止。国土资源部的数据显示，2011 年 1—9 月，全国发生违法用地行为3.7 万件，涉及土地面积 24.6 万亩（其中耕地 9.0 万亩），同比上升 10.8%，土地违法呈不断上升趋势。"十二五"期间，基础设施和重点工程建设的用地需求量大，"缺地"几乎成为所有地方政府的共同诉求。据悉，一个项目从立项到土地的划拨供应，通常需要半年以上，因此，为促成项目尽快上马，土地未批先用、边批边用就成为地方对付中央管制的"博弈"手段，在国家和省级重点工程项目中，这种现象尤为明显。[②]

与此同时，愈演愈烈的征地冲突和群体性事件也让地方政府认识到，在现行的集体土地征收制度框架下，被征地农民的抗争、上访、群体性事件甚至更为激烈的形式会成为必然。随着社会稳定已成为重要的政府政绩的问责指标，地方政府方面对征地制度改革的阻力会越来越小，集体土地征收制度改革顺利成行的可能性也随之

---

① 《审计署：内地省市县三级政府性债务超十万亿元》，凤凰网（http：//news. ifeng. com/mainland/detail_2011_06/27/7273666_0. shtml），2011 年 6 月 27 日。

② 《中西部土地违法占全国八成产业转移致需求剧增》，http：//finance. sina. com. cn/roll/20111026/022410689368. shtml，2011 年 10 月 26 日。

越来越高。①

二　征地制度改革的分层推进与理论构想

征地制度改革是一个逐层推进的过程，在不同的层面解决不同的问题。首先要解决的是现行征地制度凸显的问题及缺陷，这也是目前的当务之急。这包括征地范围过大、征地补偿偏低、征地程序不合理、失地农民安置不当等问题。其次，需要深入探索的问题是当征地被限定在公益性用地的范围，在实践中，城市化进程中大量非公益性用地需求该如何满足，而这一问题就深入农地产权制度改革中，农村集体土地入市、完善农村土地制度等问题就被提上日程。最后，征地制度改革还引发城市土地市场的完善问题，一旦农地入市，就会出现"一个市场，两种产权"的格局，这就需要进一步研究、解决统一城乡土地市场的问题。

（一）农地征收制度层面的改革设想

这是目前理论界探讨最多的层面，学者们提出了很多政策建议和设想，主要集中在以下四个方面。

1. 严格界定公共利益范围

征地范围的严格界定是防止政府征地权滥用的重要条件，从上述考察的国家及地区的经验来看，严格界定征地范围是防止征地权滥用的重要限定性条件，要在立法上进行严格界定。在中国的征地实践中，在工业化、城市化的推进过程中，"公共利益"的范围被扩大到几乎所有经济建设的范围，大量非公益性用地包括商业用地都是通过征收农地的方式获得，征地权的泛化和滥用已危及耕地的保护和粮食的安全，这一问题不解决，将会引发严重后果。很多学者都强调，急需通过立法明确界定"公共利益"，解决法律冲突问

---

① 《征地制度改革卡住地方财政命脉》，http://finance.eastmoney.com/news/1345，20120229193959750.html，2012 年 2 月 29 日。

题，将农地征地范围严格限制为"公益性用地"，并以此区分"公益性用地"和"非公益性用地"，采取不同的供地手段。

2011年，国务院出台《国有土地上房屋征收与补偿条例》，在立法上第一次对"公共利益需要"进行较为明确界定，将之限定为"国防和外交的需要；由政府组织实施的能源、交通、水利等基础设施建设的需要；由政府组织实施的科技、教育、文化、卫生、体育、环境和资源保护、防灾减灾、文物保护、社会福利、市政公用等公共事业的需要；由政府组织实施的保障性安居工程建设的需要；由政府依照城乡规划法有关规定组织实施的对危房集中、基础设施落后等地段进行旧城区改建的需要；法律、行政法规规定的其他公共利益的需要"。① 虽然这一规定是针对国有土地上房屋征收所设，立法层级也不高，但从中体现出严格界定"公共利益需要"的立法倾向，为今后《土地管理法》的修订提供了很好的参考和借鉴。通过这样的列举兼概括方式来区分"公益性征收"和"非公益性用地"，对于非公益性用地，不需要动用征地手段，地方政府应该退出征地，由交易双方按照市场原则协商定价。对于公益性用地，则要尊重农民的土地财产权，给予合理的补偿。

2. 建立合理的征地补偿制度

征地补偿既是征地问题的核心，也是征地制度改革的难点。根据现行征地制度的相关规定，土地补偿按照被征收土地的原用途给予补偿，这显然是不合理的，也是引发征地矛盾及冲突的重要原因。国土资源部的"征地制度改革研究"课题组的报告也承认，我国的征地补偿属不完全补偿，补偿范围和标准比世界其他国家偏小偏低，与世界各国的普遍做法之间尚有相当大的距离。② 因此，课题组认为，征地制度改革中在确定征地补偿原则和标准时应遵循"大方向与国际惯例保持一致，具体标准则应缩小与国际惯例的差

---

① 《国有土地上房屋征收与补偿条例》，《资源与人居环境》2011年第3期。

② "征地制度改革研究"课题组：《征地制度改革的初步设想》，《中国土地》2000年第4期。

距"的原则，征地补偿应采用相当补偿原则，同时，在确定征地补偿标准时，充分考虑我国的具体国情，对公益性征收采用不完全补偿原则，征地费以农用土地基准地价为标准测算，以免给国家和社会增加负担，而对于经营性征购，则采用完全补偿原则，按市价水平计算购地费。[①]

在具体的征地实践中，各地征地补偿标准虽然经历了数次调整与提高，但整体补偿标准仍然偏低，在政府土地出让金与征地成本之间有一个巨大的差额。根据上海社会科学院提供的数据，长三角农村集体及农民得到的农地征收价格大概为出让价格的1/10，而农地出让价格又大概是农地市场价格的1/5。[②]这一差额既是地方政府征地冲动的动力来源，也反映出农民利益受损的程度。而且，虽然各地都确定了相对固定的征收补偿标准，但在操作中，会因为被征地农民抵制态度的强硬程度而有所调整，这样的自由裁量使得征地补偿标准在实践中缺乏应有的刚性与权威性，也容易向被征地者传达了"大闹多得、小闹少得、不闹不得"的错误信息，成为近些年征地纠纷和群体性事件增加的主要原因。[③]

土地征收补偿是对土地所有者的财产补偿，尽管采用市场机制，通过自由协商方式来确定征地补偿更能保证农村集体和农民的利益，也更符合国际的惯例，但是，从中国情况来看，土地征收补偿实行完全市场价格不可能一步到位。目前各地区征地补偿的确定标准定位为，至少应确保失地农民的生活水平不降低，并能够随着经济的不断发展而同步提高。

在实践层面，不以市场方式来确定适合我国国情的征地补偿价格是一个复杂困难的问题，这从近几年国务院及国土资源部对农地征收价格评估方法确立过程的反复变化就可见一斑。

---

① "征地制度改革研究"课题组：《征地制度改革的初步设想》，《中国土地》2000年第4期。
② 张曙光：《城市化背景下土地产权的实施和保护》，《管理世界》2007年第12期。
③ 刘俊：《城市扩展加快背景下的征地制度改革》，《江西社会科学》2009年第10期。

2003 年国土资源部发布《农用地估价规程》，提出了安置补偿法、市场比较法和综合法三种农地征收价格评估的方法。[①] 到 2004年，《国务院关于深化改革严格土地管理的决定》出台，又提出了"区片综合地价"的概念。2005 年国土资源部根据其精神，发布《关于开展制定征地统一年产值标准和征地区片综合地价工作的通知》，要求各地制定征地统一年产值标准和征地区片综合地价。区片综合地价与征地区片价看起来相似，但内涵相差很大，计算方法也相去甚远，在区片综合地价的测算中，征地补偿价格构成中应包括社会保障价格的思路被摒弃，只是作为需考虑的因素而存在。至此，所有试点城市关于征地补偿标准的改革尝试终止，全国所有县（市）都统一按征地"区片综合地价"的测算方法来进行测算及操作。

理论界从保护失地农民权益的角度出发，对征地补偿价格的改革提出了更高的设想，包括要拓宽土地补偿的范围，公益用地的土地征收补偿费范围应包括土地所有权补偿费、土地承包经营权补偿费、青苗及附着物补偿费、少数残存土地补偿费、相关损害补偿费以及安置费和福利费六项[②]；要提高征地补偿标准，补偿应以市场价格体系为标准，综合考虑供需、区位、承载人口等相关因素，来

---

① 安置补偿法是根据《土地管理法》的规定对农地征收价格进行评估的方法。农地补偿价格由土地补偿费、安置补偿费、青苗补偿费以及地上附着物补偿费四部分构成，其中，土地补偿费和安置补偿费以被征地前三年平均年产值的倍数来确定，地上附着物和青苗补偿费则授权由各省、自治区、直辖市确定。这种评估方法缺乏理论依据，在倍数确定时主观随意性强，在目前的制度下很容易侵害农民的利益。市场比较法是选取三个以上的类似农用地征收价格的可比案例与所评估农地进行比较，确定补偿价格。这一方法操作性很差，随意性也很大，在实践中找到合适的可比案例有难度，而且，有可能所选的可比案例本身就是侵害农民权益的案例。综合法是以农用地价格、附属物价格和社会保障价格三者之和来确定农地征收价格。其中，农用地价格可采用收益还原法等方法进行评估，土地附属物（建筑物、构筑物）价格可以用重置成本法进行评估，青苗、树木等补偿价格可由各省、自治区、直辖市确定，社会保障价格可依据中国人寿保险公司个人养老保险费率计算。这种方法补偿较为全面，具有较充分的理论依据，是一种相对合理的补偿评估方法。详见朱晓刚、杨小雄《刍议物权法对不动产征用补偿价格评估的影响》，《中国资产评估》2007 年第 9 期。

② 梁亚荣、陈利根：《新农村建设背景下的征地制度改革研究》，《学海》2006 年第4 期。

确定土地区位价格，以体现公平补偿原则；要实行同地同价原则，在相同区位内采取统一标准补偿，避免引发纠纷；要让农民分享土地增值收益，地方政府应拿出一定比例的土地出让金用于失地农民的社会保障。

征地补偿方式可以多元化，既可以是货币补偿，也可以是实物补偿。在以货币补偿为主的同时，考虑到土地补偿评估技术的不完善以及大多数农民在失去土地后参与劳动力市场竞争的弱质性，可以采取实物补偿和债券或股权补偿的方式加以补充。实物补偿包括留地补偿和替代地补偿两种方式。留地补偿是指在征地时，为了保障被征地后农民的生产、生活，支持被征地的农村集体经济组织和村民从事生产经营活动所安排的建设用地。替代地补偿是指考虑到失去土地的农民有可能在领取土地补偿费后找不到合适的就业岗位而坐吃山空，在确定补偿的方式时，以国有宜农土地作为替代地补偿，以解决农民的就业问题。针对重点能源、交通、水利等基础设施建设综合效益周期长、收益稳定的特点，可发放一定数量的土地债券作为征地补偿费，或者以土地补偿费入股参与经营，既可以缓解政府一次性支付的压力，也有利于保障和维护被征地农民的切身利益。

3. 建立和完善土地征收程序

法制健全的国家大多通过征地程序来限制国家的权力和保障土地所有者的利益，这些有效的程序规范是保证农民在征地过程中的知情权、参与权和申诉权。李平、徐孝白（2004）的调研表明，法律赋予农民的这些权利在大多数地方普遍只是停留在纸上，征地过程中没有农民的参与，既给农民带来失望，也为集体干部滥用职权提供了机会。[①] 史清华等（2011）对上海2281户农民的调查显示，征地对当地农民收入的负面影响并不显著，在多元的就业途径、多源的财产收入和多重的社会保障下，大部分被征地农户收入不降反

---

① 李平、徐孝白：《征地制度改革：实地调查与改革建议》，《中国农村观察》2004年第6期。

升。但是，农民对现行的征地制度仍然不满，主要是因为在现行征地程序安排下，农民不能充分参与征地利益分配过程，不能表达自己的意见，即使给予失地农民的补偿费再高，他们也不会心甘情愿地接受，即使补偿费已经超过心理预期值，他们依旧会认为自己利益受损。因此，未来征地制度改革的一个重要方向就是要赋予农民完全的征地谈判权，实现程序公平。①

土地征收程序主要包括三个方面：一是征地审查程序，即对征地申请的审查和核准程序；二是公告程序，包括征收土地公告及通知程序、保障被征地方相关权力人参与征地过程的程序等；三是申诉程序及纠纷解决程序。这三方面的程序都是用来制约征地权行使、防止征地权滥用的有效途径。其他国家土地征收制度安排都很重视土地征收的程序设计，通过立法保障被征土地所有权人及权力相关人的知情权、参与权和申诉权，是保证征地过程合法实施最有效的制衡环节。

从中国现行的征地制度的架构来看，征地程序很不完善。《土地管理法》对程序的关注过多放在征地的行政程序上，结果导致征地程序步骤烦琐、资料臃肿、报件复杂②，而保障被征地方应有权利的相关程序则几乎没有，既没有征地的批前审查程序，也缺乏相关利益主体的协商谈判程序，被征地方的知情权、参与权、申诉权多停留在走过场的形式，不产生实际的效力。2002 年开始实施的《征用土地公告办法》虽然强调了公告程序和听证会制度，但公告只是履行告知义务，征地补偿和安置方案已经确定，同时听证会的召开并"不影响征用土地征地补偿安置方案的实施"。③ 2004 年国务院颁布的《国务院关于深化改革严格土地管理的决定》又增加了征地报批前的告知程序，即要在征地依法报批前将拟征地的用途、

---

① 史清华、晋洪涛、卓建伟：《征地一定降低农民收入吗：上海 7 村调查——兼论现行征地制度的缺陷与改革》，《管理世界》2011 年第 3 期。

② 姜爱林、刘正山：《征地程序问题调研报告》，《中国土地》2000 年第 10 期。

③ 徐琴、张亚蕾：《论征地权过度使用的防止与中国征地制度改革——国际经验对中国征地制度改革的启示》，《中国土地科学》2007 年第 2 期。

位置、补偿标准、安置途径告知被征地农民①，但告知之后被征地方如何行使权利则无下文；还提出要加快建立和完善征地补偿安置争议的协调和裁决机制，但也无操作细则来配套，只能是一纸空文。现行的征地争议的协调和裁决程序设定就更不合理，由批准征地的地方政府进行争议协调和裁决，且争议并不影响征地方案的实施②，在这样的程序设定下，被征地农民的权利救济根本无从谈起。

2008 年，国土资源部开启《土地管理法》的修订工作，修订草案中关于征地制度改革的规定主要集中在缩小征地范围、调整征地补偿标准和建立失地农民社会保障制度等方面，征地程序公平性问题未受到应有的重视。然而，在现实中，征地过程中失地农民强烈的相对剥夺感不仅因为征地补偿水平偏低，而且还源自知情权等相关权利的严重缺失。③ 因此，完善土地征收程序应该是征地制度改革的重要内容。

借鉴国际经验，有学者建议，中国征地程序可设计为"申请征地—预公告—协商补偿安置—报批—审查批准—公告—实施补偿安置—供地"。④ 针对目前"两公告一登记"制度过于关注政府公告的次数和顺序而流于形式的做法，建议增加预公告程序，即政府确定征地后，即发布征地预公告，将征地事宜告知被征地集体和农民，同时开展补偿初步调查登记，协商补偿安置问题，听取农民的意见。同时，将现行的批后两公告合二为一，在土地征收方案依法批

---

① 徐琴、张亚蕾：《论征地权过度使用的防止与中国征地制度改革——国际经验对中国征地制度改革的启示》，《中国土地科学》2007 年第 2 期。

② 参见《中华人民共和国土地管理法实施条例》第二十五条的规定，"对补偿标准有争议的，由县级以上地方人民政府协调；协调不成的，由批准征地的人民政府裁决。同样，征地补偿、安置争议不影响征地方案的实施"。

③ 徐琴、张亚蕾：《论征地权过度使用的防止与中国征地制度改革——国际经验对中国征地制度改革的启示》，《中国土地科学》2007 年第 2 期。

④ 国土资源部征地制度改革研究课题组：《征地制度改革研究报告》，《国土资源通讯》2003 年第 11 期。

准后，予以公告，公告期满后即可实施补偿安置工作。[①] 其中，要特别重视设立和完善的程序包括：一是设定征地听证程序。政府在征地前要召开听证会，向被征地农民告知征地事由、范围、面积、征地安置补偿标准以及相关政策法规，要充分听取被征地农民的具体要求，在此基础上制定出兼顾国家、集体和农民利益的实施方案。二是协商谈判机制和表决程序。征地补偿和安置方案要经过协商后确定，方案需经大多数被征地农民认可，并经过规范的表决程序后方能通过。三是公告程序。农地征收过程中的重要事项都要进行公告，增加透明度，保障被征地方的知情权，接受社会监督。四是申诉和争议仲裁程序。建立专业的仲裁机构来裁决征地纠纷，或者交由司法机关按照司法程序解决，改变政府裁决的做法，从而实现公平合理。对政府征地违法行为，农民有权进行司法救济，申请国家赔偿。五是监督机制。对征地补偿的各项资金，交由县级以上劳动保障部门实行专户管理，组织财政、劳动、国土、审计等相关部门，定期进行审计和督察，防止征地补偿款被非法侵占和挪用。[②]

4. 实现失地农民的妥善安置

失地农民的安置问题对征地制度改革至关重要，在征地实践中，征地安置方式多元化，产生了货币安置、地价款入股安置、社会保险安置、留地安置、用地单位安置、农业安置和土地开发整理安置等多种安置方式。各地在选择安置方式时应根据当地的经济发展状况（经济是否较发达、能否较多地吸收劳动力等）和集体经济组织的具体情况（是否处于城乡接合部、是否成建制地"农转非"、是否实行了集体资产的股份化等）来确定。[③] 目前，一次性货币安置方式存在较大弊端，社会保障安置和留地安置模式得到关注和

---

① 于学花、栾谨崇：《国外征地制度的特点与中国征地制度的创新》，《理论探讨》2007 年第 4 期。

② 徐琴、张亚蕾：《论征地权过度使用的防止与中国征地制度改革——国际经验对中国征地制度改革的启示》，《中国土地科学》2007 年第 2 期。

③ "征地制度改革研究"课题组：《征地制度的初步设想》，《中国土地》2000 年第 4 期。

肯定。

在货币安置模式下，征地补偿和安置被混同在一起，但实施效果并不理想。"十一五"期间，征地补偿标准提高了30%，但征地矛盾依然非常尖锐[①]，而且，造成了大量"伪城市化"农民。因此，目前的改革设想是要把补偿和安置切分开来，补偿是对土地及相关财产进行损失赔付，包括土地所有权、房屋、青苗及地上建筑物（附着物）的补偿。安置则是对相关人员征地后的生产生活进行安排。目前，在提高补偿的前提下，要重视对被征地农民的后期安置[②]，实质上就是要为失地农民提供社会保障，保证土地城市化进程和农民市民化进程协调一致。

目前，社会保障安置在一些征地改革试点城市进行探索，取得了一定的进展，但是，各地的制度安排差异较大，接下来需要逐渐普及和规范。现在达成共识的看法是社会保障对于失地农民的长远生计和城市化良性发展有着重要的意义。但从目前社会保障安置的实践看，保障内容主要集中在养老保险层面，有些地区对就业困难的中年失地农民提供一定的基本生活保障，而其他保障包括失地农民非常迫切的医疗保障、最低生活保障等很少被纳入保障的范围。对此，普遍的观点认为这些保障也应被逐步纳入制度设计之中。

由于社会保障安置成本较高，部分地方政府财政无力承担。因此，国土资源部的思路是推广留地安置模式。留地安置是指地方政府可以将征收的部分土地留给农民作为安置就业的发展用地，或者直接以土地所有制入股，享受土地的长期增值收益。这种模式可以减缓地方政府的财政压力，在一些地方得到推广。但是，留地安置需要具备一定的条件，而且在实践操作中也存在诸多问题，有待于实践加以检验。

（二）农地产权制度层面的改革设想

一旦"公共利益"界定清晰，农地征收范围便会大大缩小，公

---

① 纪睿坤：《补偿与安置分离：征地制度改革思路初定》，《21世纪经济导报》2011年11月24日。

② 同上。

益性用地会继续采用征收的方式进行，而非公益性用地就需要另辟
蹊径。目前，对于非公益性项目的农地转用，有两种模式可以采
用：一种是城市第三方购地模式，即由第三方（现主要为储备机
构）按照平等协商买卖的原则，将原来属于农民集体所有的土地变
为国家所有，第三方在购地后通过出让、租赁、招标拍卖和股份制
等市场化方式将土地交给使用者使用。在这个模式中，土地的价格
由双方协商，政府只负责监督是否符合规划控制和相应法规，用地
成本将大大提升，显然，对地方政府而言，并不是理想的选择。另
一种是农地直接入市模式，只要是在土地利用总体规划中确定并经
批准为建设用地的集体土地，均可以与国有土地同样的身份，同
地、同价、同权进入统一的土地交易市场。这种模式并不改变土地
的集体所有性质，而是通过以土地入股分红的方法，让农民参与开
发、共担风险、共享收益，或者以土地租赁的形式代替征地形式，
用土地租金保障农民收入的长期和稳定。[①] 相对而言，这种方式不
需要高额的土地补偿费支出，可以缓解政府的资金压力，并在一定
程度上可以保证农民的长期收益，因此，目前集体土地入市的呼声
较高。

在实践中，集体土地直接入市的方案已经在部分地区开始进行
尝试，广东"南海模式"就是早期改革的试点。近几年，在许多农
村，特别是经济较为发达的大中城市城乡接合部，集体土地所有者
或使用者也开始将建设用地使用权以转让、出租、联营、入股、置
换、抵押等形式进行交易，以获取土地收益。[②] 目前，国土资源部
正在推行农村土地股份制改革，以村民小组为单位，通过全面丈量
土地、清产核资和资产评估，对净资产进行量化，给符合条件的村
民配置股权，在此基础上，召开股东或股东代表大会，选举董事会

---

① 梁亚荣、陈利根：《新农村建设背景下的征地制度改革研究》，《学海》2006 年第
4 期。

② 刘永湘、任啸：《农村集体土地自发入市及制度创新》，《中国土地科学》2003 年
第 3 期。

和监事会，然后挂牌成立股份合作经济组织，进行实质性运作。①广东、江苏、海南、四川、辽宁等部分省市都在进行农民土地所有制入股的土地股份制改革尝试，实践的推进提出立法的需要，改变现行农村非农建设用地入市规则也成为当前征地制度改革的核心内容。

与此同时，农地直接入市引发的争议也不少，在之前的试点改革中，由于农民入股的集体企业经营不善，也出现了集体资产流失的问题。这表明，这样的方式操作并不是普适的，必须具备一定的适用条件，包括要以一定的产业发展为依托，可以把土地集中种植，搞产业园区或者合作社，农民以土地入股，既可以在园区打工，也可以按股权比例进行分红，而对于产业发展基础较为薄弱的远郊区，农地股份制改革可能就较难推进。② 理论界也有质疑的声音，认为在目前的政治体制条件下，集体建设用地直接入市为一些县乡村干部侵犯农民土地权益提供了新的可能途径，可能会造成建设用地供应失控，加大征地过程中政府与农民的对立，因此，集体建设用地直接入市应慎重。③

要推行农地直接入市，要从立法上清晰界定相关的土地权属关系。首先要明晰产权关系，而这恰恰是现行农村集体土地制度安排的核心问题所在，农地权属主体的模糊不清问题、农地入市的制度限制等问题都必须得到解决。④ 要明晰农村土地所有权主体，在不改变农村集体建设用地所有权的前提下，将所有权和使用权分离，允许集体建设用地使用权进入市场，采取转让、出租、作价入股、合作或联营等方式进行流转；还要界定农村集体土地所有权的各项权能，通过立法明确农民的土地承包经营权，承认其对承包土

---

① 纪睿坤：《补偿与安置分离：征地制度改革思路初定》，《21世纪经济导报》2011年11月24日。

② 同上。

③ 许坚：《集体建设用地直接入市应慎重》，《资源产业经济》2004年第3期。

④ 在现行的土地制度框架下，农地入市受到制度限制，法律规定，集体土地只有被征为国有以后，才能进入土地市场，这不仅限制农村集体及农民通过市场获取土地收益，还导致城乡土地市场相互分割，土地价格形成机制不顺，亟须进行改革。

地的实际占有权、使用权、处分权和收益权，防止其"集体经营权"的侵害；还要拓展农民土地产权的内涵，使之具有法定承包权、占有权、土地经营权、土地收益权、土地转包转让权、土地入股权、土地抵押权、优先承包经营权、继承权，使其由虚权变成实权。[①]

在实践中，集体土地入市应该稳步推进，不断完善，在此过程中，国家逐步退出经营性土地市场。同时，还必须深化集体经济组织改革，明确其性质和地位，只有这样才能有效推进集体土地入市，更好地保护农民的土地权益。[②]

（三）统一城乡地权层面的改革设想

实现城乡土地市场的一体化，可以充分发挥市场机制在土地资源配置中的作用，有助于深化土地产权制度改革，规范政府土地征收行为。[③] 目前，统一城乡地权正以区域改革试点的方式全面推进。从全国来看，农地使用权改革出现了几种典型模式：广东的地方立规开道，江浙沪的"土地换保障"（有的地方称之为"土地换社保"）等多元探索，天津的行政授权试点，重庆九龙坡区的"用承包地换社会保障、用宅基地换城市住房"，北京、山东等对解决小产权房问题的积极探索，等等。[④] 这些实践探索和经验思考为今后农村集体土地市场的开放和农地产权制度的重构提供了有价值的实践经验和依据。

建立城乡统一的土地市场应是征地制度改革的长远目标，需要在立法层面进行突破，取消对农民土地产权交易的法律限制，允许土地产权进行流通。逐步建立城乡统一的建设用地市场，农村集体

[①] 冀县卿、钱忠好：《论我国征地制度改革与农地产权制度重构》，《农业经济问题》2007 年第 12 期。

[②] 王鹏翔：《中国土地政策改革的选择及取向——中国土地政策改革国际研讨会会议综述》，《中国农村观察》2006 年第 6 期。

[③] 钱忠好、马凯：《我国城乡非农建设用地市场：垄断、分割与整合》，《管理世界》2007 年第 6 期。

[④] 《〈土地管理法〉修改：核心在改革征地制度》，腾讯网（http://news.qq.com/a/20070820/001715.htm）。

经营性建设用地在符合规划的前提下与国有土地享有平等权益。还要完善相关制度与配套环节，包括：完善规划控制和用途管制等制度，防止土地自由转让可能带来的消极后果；严格土地登记制度，明晰土地产权归属，保护交易各方的合法权益；健全咨询、代理、仲裁、地价评估等中介服务体系。①

三　征地制度改革的利益博弈及未来趋势

随着征地制度改革进入实质性阶段，虽然改革的思路已渐渐明晰，但是其出台和实施面临诸多阻碍。缩小征地范围和提高征地补偿是目前征地制度改革的大势所趋。随着征地范围被严格限定在公益性用地，征地范围之外的集体土地，特别是集体建设用地将绕开政府直接入市，即使是农用地，只要符合土地利用总体规划和城镇总体规划，都可以由农村集体和农民直接与开发商谈判达成交易。这样理想主义色彩浓厚的改革方案，尚很难被地方政府所接受。这不仅仅因为地方政府对土地财政的依赖，从更深层面看，还涉及目前的政府主导的发展模式。地方政府以低地价和补贴性基础设施（以及降低劳动保护、环境保护）为主要工具进行大规模招商引资，扩大本地税收，再通过招标、拍卖方式出让商住用地来获得大量的出让收入，这一整套"土地财政"策略得以运转，依赖的就是以"低补偿、无限制"为特征的征地制度。因此，征地制度改革如果没有配套措施来改变制度背后的深层问题，就无法提供给地方政府以改革的动力，也难以突破现有制度的路径依赖。

陈玫任等（2011）将征地模式的变迁与社会发展阶段联系起来，分析了不同社会发展阶段征地模式的变化。发展中国家处于经济快速发展阶段，用地需求量大，政府往往会默许征地法律制度的

---

① 冀县卿、钱忠好：《论我国征地制度改革与农地产权制度重构》，《农业经济问题》2007 年第 12 期。

相对模糊，以牺牲弱势群体农民的利益来降低经济发展成本，解决用地需求。经济发展之后，农民开始通过抗争甚至过激行为来维护自身利益，致使交易成本提高，而处于强势的既得利益集团（政府、企业、组织）则尽力维护现有制度，导致制度安排趋于无效，制度变迁与创新停滞。随着社会经济的发展，社会矛盾的日益尖锐和土地行业平均利润率的下降迫使政府进行征地制度的改革，推动制度走出锁定状态，趋于完善。发达国家已基本实现城市化，政府的征地冲动衰竭，其关注重心由发展经济转向实现社会公平，这一阶段的土地征收制度架构完整，法制健全，程序公正，机构设置合理，制度倾向于保护私人权益，补偿范围广泛，名目繁多，严格遵循市场价值补偿原则，制度变迁进入良性循环。① 中国目前尚处于发展中国家阶段，政府对低价征地模式的依赖性大，至今不肯让渡土地征收中的巨大利益，农地征收制度改革定位于"渐进性"改革模式，试图通过对现行征地制度进行修补来缓解征地矛盾，改革的推进较为缓慢。

中国城市化推进至今，直接面临着一个"两难困境"：是不惜以社会矛盾、利益冲突为代价继续城市化和现代化进程，还是放慢这一进程以缓解社会矛盾和冲突。② 从制度变迁视角看，一方面，路径依赖在固化现行征地制度，阻碍改革的深化。农地征地制度在现有路径上不断自我强化，地方政府作为现行征地制度的既得利益集团，排斥征地制度的任何改变，力图使其固化。另一方面，农村集体土地征收制度又面临着变迁的要求。目前，征地冲突的加剧导致征地的经济成本和政治成本在不断提高，现行征地制度带来的福利与收益在逐渐下降，制度趋于无效。制度变迁的动力来自人们对利益最大化的追求，同时，还受到成本的制约，只有当通过制度创新可能获取的潜在利益大于为获取这种利益而支付的成本时，制度

---

① 陈玫任、林卿：《中外征地制度变迁研究——兼议征地效率与公平》，《技术经济与管理研究》2011 年第 9 期。

② 周其仁：《农地产权与征地制度：中国城市化面临的重大选择》，《经济学（季刊）》2004 年第 4 期。

创新才有可能发生。随着国家"剥夺"农民土地获取的收益与国家解决失地农民问题所带来的收益的此消彼长，我国的农地征地制度进入制度变迁阶段。这两股力量的博弈与变化决定着征地制度改革的进程和方向。

目前的农地征收制度改革需要进一步规范与完善相关制度及政策。在改革过程中，要注重三方面的建设：一是要建立多元参与机制。在现行征地制度框架下，政府与农村集体经济组织及农民构成了征地行为的双方主体，从权力结构来看，一方过于强大，一方太过弱势，无法形成正常的博弈关系，地方政府征地权滥用与失地农民合法权益受损的结果很难避免。因此，需要建立多元参与机制，将政府、农村集体经济组织及农民、社会团体、中介机构、专业人员乃至社会公众纳入征地过程中，共同参与，解决问题，化解纠纷，进行监督，反映诉求，从而形成更为合理的制度架构。二是司法介入征地争议解决。从其他国家土地征收制度的设计看，司法救济是土地征收制度不可或缺的救济手段，第六章所列的国家与地区，基本都将征地争议交由中立的司法机构来处理，司法机构依据法律对政府的征地行为进行严格审查，居中裁决，通过司法权对行政权的制约，来防止征地权的滥用及对土地所有人权利的侵害。对比我国的征地制度，程序设置上只规定了行政救济的途径，政府既是征地方，又是征地纠纷的裁决者，这样的安排完全违背了法律的基本精神，剥夺了失地农民进行司法救济的渠道。2011 年出台的《国有土地上房屋征收与补偿条例》取消了行政强拆，规定强制拆迁"必须申请司法审查裁决"，这一规定具有风向标的意义，农地征收的相关立法也应做出调整，通过司法介入来保证征地争议解决的公正性和中立性。三是要建立征地补偿谈判机制。征地补偿是目前征地制度改革的核心内容，近几年国务院及国土资源部在确定征地补偿标准方面做了很多改革尝试，目前在全国推行的"区片综合价"虽然提高了征地补偿标准，但农民仍然不满意。从一些实证研究中反映的情况看，剥夺农民在征地补偿问题上的发言权，将其排除在征地补偿的决定程序之外，即使征地补偿已经到位，他们仍然有强烈的被剥夺感和不公平感，对补偿结果仍然会疑心重重，因此，最好的方式莫过于建立征地补偿谈判机制，让他们也参与到征地补偿的决定中来。参考一些国家及地区的经验，可以发现，它们在征地补偿确定上都强调双方协商的谈判方式。美国的征地赔偿程序中关于征地补偿的要约—反要约的反复，其目的就是要双方在谈判的磨合过程中不断调整目标，最后达成双方都可以接受的价格，只有在合意无法达成的情况下，才会采用司法强制裁判的方式。在我国现有的土地制度框架下，征地补偿的谈判机制还不可以直接套用，但至少可以在一定限度内给予农民讨价还价的权利，这不仅体现出对他们权益的保护，同时，在谈判过程中所达成的妥协过程、对对方权力的认同和尊重以及谈判规则的形成和遵守，对征地实践的顺利进行、征地制度的改革完善乃至中国社会的进步都将产生深远的影响。

农地征收制度改革是一个渐进发展的过程，在社会发展的不同阶段，改革的目标设定也有所不同。借鉴其他国家的土地征收制度变迁过程及经验，来思考中国农地征收制度改革的未来趋势，基于中国的国情及发展阶段，目前的改革可以以亚洲诸国及地区为参考，参考韩国、新加坡、中国香港、中国台湾的经验，在运用行政征地手段的同时，完善土地征收立法，严格界定"公共利益"，缩小征地范围，提高征地补偿标准，扩大征地补偿范围，程序架构合理，重视被征地方合法权益的保障，限制行政权的过度扩张。从长远趋势看，要在明晰农村集体土地产权的基础上，仿效欧美国家，逐渐改变强制性征地模式，取而代之以谈判—交易的市场方式，实现社会公平。

参考文献

一　中文文献

（一）著作

［俄］A. 恰亚诺夫：《农民经济组织》，萧正洪译，中央编译出版社1996年版。

［法］H. 孟德拉斯：《农民的终结》，李培林译，中国社会科学出版社2005年版。

［美］J. 米格代尔：《农民、政治与革命——第三世界政治与社会变革的压力》，李玉琪、袁宁译，中央编译出版社1996年版。

［美］R. 科斯、A. 阿尔钦、D. 诺斯等：《财产权利与制度变迁——产权学派与新制度学派译文集》，刘守英译，上海三联书店、上海人民出版社1994年版。

［美］Y. 巴泽尔：《产权的经济分析》，费方域、段毅才译，上海三联书店、上海人民出版社1997年版。

［美］埃弗里特·M. 罗吉斯、拉伯尔·J. 伯德格：《乡村社会变迁》，王晓毅、王地宁译，浙江人民出版社1988年版。

鲍海君：《政策供给与制度安排：征地管制变迁的田野调查》，经济管理出版社2008年版。

毕宝德：《土地经济学》，中国人民大学出版社2006年版。

陈映芳等：《征地与郊区农村的城市化——上海市的调查》，文汇出版社2003年版。

［美］道格拉斯·C. 诺思：《经济史中的结构与变迁》，陈郁、罗华平译，上海三联书店、上海人民出版社1994年版。

［美］道格拉斯·C. 诺思：《制度、制度变迁与经济绩效》，杭行

译，上海三联书店、上海人民出版社1994年版。

费孝通：《乡土中国　生育制度》，北京大学出版社1981年版。

风笑天：《社会学研究方法》，中国人民大学出版社2001年版。

[荷]何·皮特：《谁是中国土地的拥有者？——制度变迁、产权和社会冲突》，林韵然译，社会科学文献出版社2008年版。

[美]吉尔伯特·罗兹曼：《中国的现代化》，比较现代化课题组译，江苏人民出版社1988年版。

嘉兴市志编纂委员会：《嘉兴市志》，中国书籍出版社1997年版。

江平：《中国土地立法研究》，中国政法大学出版社1999年版。

李龙：《宪法基础理论》，武汉大学出版社1999年版。

李培林：《村落的终结——羊城村的故事》，商务印书馆2004年版。

李淑梅：《失地农民社会保障制度研究》，中国经济出版社2007年版。

廖小军：《中国失地农民研究》，社会科学文献出版社2005年版。

林毅夫：《制度、技术与中国农业发展》，格致出版社、上海三联书店、上海人民出版社2014年版。

刘金海：《产权与政治——国家、集体与农民关系视角下的村庄经验》，中国社会科学出版社2006年版。

卢现祥：《新制度经济学》，武汉大学出版社2004年版。

陆学艺：《当代中国社会阶层研究报告》，社会科学文献出版社2002年版。

鹿心社主编：《研究征地问题　探索改革之路》（一），中国大地出版社2002年版。

鹿心社主编：《研究征地问题　探索改革之路》（二），中国大地出版社2003年版。

[美]路易斯·亨金等编：《宪政与权利》，郑戈等译，生活·读书·新知三联书店1996年版。

《马克思恩格斯全集》第1卷，人民出版社1995年版。

《马克思恩格斯选集》第2卷，人民出版社1995年版。

[美]玛格丽特·波洛玛：《当代社会学理论》，孙立平译，华夏出

版社 1989 年版。

彭汉英：《财产法的经济分析》，中国人民大学出版社 2000 年版。

秦晖、苏文：《田园诗与狂想曲》，中央编译出版社 1996 年版。

秦晖：《农民中国》，河南人民出版社 2003 年版。

童星、林闽钢：《中国农村社会保障》，人民出版社 2011 年版。

童星：《社会保障学》，科学出版社 2007 年版。

王道勇：《国家与农民关系的现代性变迁：以失地农民为例》，中国
　　人民大学出版社 2008 年版。

王景新：《现代化进程中的农地制度及其利益格局重构》，中国经济
　　出版社 2005 年版。

王克强：《中国农村集体土地资产化运作与社会保障机制建设研
　　究》，上海财经大学出版社 2005 年版。

王诗宗：《公共政策：理论与方法》，浙江大学出版社 2003 年版。

[美] 约翰·奈斯比特、[德] 多丽丝·奈斯比特：《中国大趋
　　势——新社会的八大支柱》，魏平译，吉林出版集团、中华工商
　　联合出版社 2009 年版。

[美] 约翰·G. 斯普兰克林：《美国财产法精解》，钟书峰译，北京
　　大学出版社 2009 年版。

[美] 詹姆斯·C. 斯科特：《农民的道义经济学：东南亚的反叛与
　　生存》，程立显、刘建等译，译林出版社 2001 年版。

张慧芳：《土地征用问题研究——基于效率与公平框架下的解释与
　　制度设计》，经济科学出版社 2005 年版。

张汝立：《农转工——失地农民的劳动与生活》，社会科学文献出版
　　社 2006 年版。

张永泉、赵泉均：《中国土地改革史》，武汉大学出版社 1985 年版。

中国社会科学院农村发展研究所宏观经济研究室：《农村土地制度
　　改革：国际比较研究》，社会科学文献出版社 2009 年版。

周其仁：《产权与制度变迁：中国改革的经验研究》，北京大学出版
　　社 2004 年版。

（二）论文

"征地制度改革研究"课题组：《征地制度改革的初步设想》，《中国土地》2000 年第 4 期。

鲍海君、吴次芳：《论失地农民社会保障体系建设》，《管理世界》2002 年第 10 期。

卜长莉：《"差序格局"的理论诠释及现代内涵》，《社会学研究》2003 年第 1 期。

蔡继明、苏俊霞：《中国征地制度改革的三重效应》，《社会科学》2006 年第 7 期。

蔡运龙、霍雅琴：《耕地非农化的供给驱动》，《中国土地》2002 年第 7 期。

曹建强、沃云：《实行社会养老保险　合理安置被征地人员》，《国土资源》2002 年第 4 期。

曹小明：《以"土地换社保"——浙江嘉兴失地农民社会保障体系建设的探索、实践与发展思考》，《党政干部论坛》2004 年第 10 期。

曾国华：《发达国家土地征收补偿制度及对我国的借鉴》，《国土资源科技管理》2006 年第 4 期。

曾祥炎、王学先、唐长久：《"土地换保障"与农民工市民化》，《晋阳学刊》2005 年第 6 期。

柴学伟、胡悦、年秀慧：《土地征用中政府行为的经济分析》，《理论界》2005 年第 7 期。

常进雄：《城市化进程中失地农民合理利益保障研究》，《中国软科学》2004 年第 3 期。

常进雄：《土地能否换回失地农民的保障》，《探索与争鸣》2004 年第 7 期。

陈国富：《财产规则、责任规则、不可转让规则与农地产权保护》，《开放时代》2006 年第 4 期。

陈和午：《土地征用补偿制度的国际比较及对我国的借鉴》，《调研世界》2004 年第 6 期。

陈建贤：《广东三县（市）失地农民调查报告》，《南方农村》2003
    年第 5 期。

陈江龙、陈会广、徐洁：《国外土地征用的理论与启示》，《国土经
    济》2002 年第 2 期。

陈江龙、曲福田：《土地征用的理论分析及我国征地制度改革》，
    《江苏社会科学》2002 年第 2 期。

陈利根、陈会广：《土地征用制度改革与创新：一个经济学框架》，
    《中国农村观察》2003 年第 6 期。

陈玫任、林卿：《中外征地制度变迁研究——兼议征地效率与公
    平》，《技术经济与管理研究》2011 年第 9 期。

陈泉生：《海峡两岸土地征用补偿之比较研究》，《亚太经济》1998
    年第 3 期。

陈瑞华：《程序正义的理论基础——评马修的"尊严价值理论"》，
    《中国法学》2000 年第 3 期。

陈颐：《论"以土地换保障"》，《学海》2000 年第 3 期。

陈志科：《我国农村集体土地征收法律制度研究》，硕士学位论文，
    华中农业大学，2010 年。

崔砺金等：《护佑浙江失地农民》，《半月谈》（内部版）2003 年第
    9 期。

党国印：《论农村集体产权》，《中国农村观察》1998 年第 4 期。

党国英：《关于征地制度的思考》，《现代城市研究》2004 年第
    3 期。

党国英：《以市场化为目标改造农村社会经济制度》，《中国农村观
    察》2002 年第 3 期。

董国强：《美国政府征用权限制的启示》，《特区实践与理论》2008
    年第 5 期。

段文技：《国外土地征用制度的比较及借鉴》，《世界农业》2001 年
    第 11 期。

樊小刚：《土地的保障功能与农村社会保障制度创新》，《财经论坛》
    2003 年第 4 期。

方芳、周国胜：《农村土地使用制度创新实践的思考——以浙江省
　　嘉兴市"两分两换"为例》，《农村经济问题》2011 年第 4 期。

冯昌中：《我国征地制度变迁》，《中国土地》2001 年第 9 期。

冯乐坤：《对我国土地征用补偿方式的反思——一种社会保障的视
　　角》，《兰州交通大学学报》2005 年第 5 期。

傅晓：《"公共利益"的界定及征地制度改革建议》，《农村经济》
　　2006 年第 10 期。

高汉：《集体产权制度下的农地征用》，博士学位论文，复旦大学，
　　2005 年。

高君：《杭州市失地农民就业问题分析》，《辽宁工程技术大学学报》
　　（社会科学版）2008 年第 1 期。

葛金田：《我国城市化进程中的失地农民问题》，《山东社会科学》
　　2004 年第 4 期。

葛如江：《失地农民调查：城市化浪潮中的新弱势群体》，《乡镇经
　　济》2003 年第 8 期。

郭岚：《土地征用制度的国际比较及政策建议》，《外国经济与管理》
　　1996 年第 5 期。

郭书田：《"宅基地换社保"的三个前提》，《中国土地》2009 年第
　　8 期。

国土资源部征地制度改革课题组：《征地制度改革研究报告》，《国
　　土资源通讯》2003 年第 11 期。

国务院发展研究中心"中国土地政策改革"课题组：《中国土地政
　　策改革：一个整体性行动框架》，《国土资源》2006 年第 9 期。

韩俊、张云华、张要杰：《农民不需要"以土地换市民身份"》，
　　《中国发展观察》2008 年第 6 期。

韩俊：《失地农民的就业和社会保障》，《科学咨询（决策管理）》
　　2005 年第 13 期。

胡平：《"土地换保障"征地模式下失地农民社会支持的现状及思
　　考》，《乡镇经济》2009 年第 11 期。

胡文靖：《社会冲突理论视野里的农村征地纠纷》，《山东农业大学

学报》2006 年第 3 期。

黄东东：《土地征用公益目的性理解》，《中国土地》2003 年第
　　1 期。

黄凯松：《中美两国土地征用与房屋拆迁立法比较研究》，《中共福
　　建省委党校学报》2005 年第 2 期。

黄小虎：《征地制度改革的经济学思考》，《中国土地》2002 年第
　　8 期。

黄祖辉、汪晖：《非公共利益性质的征地行为与土地发展权补偿》，
　　《经济研究》2002 年第 5 期。

纪睿坤：《补偿与安置分离：征地制度改革思路初定》，《21 世纪经
　　济导报》2011 年 11 月 24 日。

冀县卿、钱忠好：《论我国征地制度改革与农地产权制度重构》，
　　《农村经济问题》2007 年第 12 期。

嘉兴市人民政府：《完善机制保障农民合法权益》，《浙江国土资源》
　　2003 年第 6 期。

江帆：《农村征地补偿费分配管理中存在的问题及法律对策》，《农
　　村经济》2006 年第 8 期。

江华、李明月：《新一轮征地制度改革反思》，《宏观经济研究》
　　2006 年第 4 期。

江平、莫于川等：《土地流转制度创新六人谈：重庆土地新政争议
　　引出的思考讨论》，《河南省政法管理干部学院学报》2007 年第
　　6 期。

姜爱林、刘正山：《征地程序问题调研报告》，《中国土地》2000 年
　　第 10 期。

姜贵善、王正立：《世界主要国家土地征用的法律框架》，《国土资
　　源情报》2001 年第 3 期。

蒋省三、刘守英、李青：《土地制度改革与国民经济成长》，《管理
　　世界》2007 年第 9 期。

蒋省三、刘守英：《防止村庄建设中侵害农民宅基地权利的倾向》，
　　《中国发展观察》2007 年第 3 期。

蒋省三：《建设性用地制度改革：转变发展方式的关键》，《红旗文稿》2009年第5期。

金雯：《维护被征地人员权益　促进社会和谐建设》，《浙江国土资源》2010年第4期。

李红波、赵俊三：《征地制度改革动态博弈分析》，《中国土地科学》2010年第10期。

李辉敏、哈伯先：《论我国土地征用补偿制度的缺陷与完善》，《学术交流》2006年第5期。

李军杰、周卫峰：《基于政府间竞争的地方政府经济行为分析——以"铁本事件"为例》，《经济社会体制比较》2005年第1期。

李茂：《美国土地审批制度》，《国土资源情报》2006年第6期。

李平、徐孝白：《征地制度改革：实地调查与改革建议》，《中国农村观察》2004年第6期。

李穗浓、白中科：《美英德征地补偿制度及借鉴》，《中国土地》2014年第4期。

李晓峰：《关于我国现行土地征用制度的思考》，《苏州大学学报》2006年第4期。

李轩：《中、法土地征用制度比较研究》，《行政法学研究》1999年第2期。

李一平：《城市化进程中杭州市近郊失地农民生存境况的实证调查和分析》，《中共杭州市委党校学报》2004年第2期。

李元：《中国城市化进程中的征地制度改革》，《中国土地》2005年第12期。

李月明、江华：《征地补偿标准的公平性研究》，《调研世界》2005年第10期。

李长健、刘天龙：《中美财产征收制度中公共利益之比较分析——兼评〈国有土地上房屋征收与补偿条例〉（征求意见稿)》，《山东农业大学学报》（社会科学版）2010年第3期。

李长健、刘天龙、梁菊：《中美财产征收中公共利益之比较分析》，《上海交通大学学报》（哲学社会科学版）2010年第4期。

李珍贵、唐健、张志宏:《中国土地征收权行使范围》,《中国土地科学》2006 年第 1 期。

李珍贵:《美国土地征用制度》,《中国土地》2001 年第 4 期。

李珍贵:《农村房屋征拆情况调查》,《中国土地》2010 年第 1 期。

梁亚荣、陈利根:《新农村建设背景下的征地制度改革研究》,《学海》2006 年第 4 期。

廖红丰:《发达国家解决失地农民问题的借鉴与我国的政策建议》,《当代经济管理》2006 年第 1 期。

林来梵、陈丹:《城市房屋拆迁中的公共利益界定——中美"钉子户"案件的比较》,《法学》2007 年第 8 期。

林毅夫:《征地:应走出计划经济的窠臼》,《中国土地》2004 年第 6 期。

刘浩、葛吉琦:《国内外土地征用制度的实践及其对我国征地制度改革的启示》,《农业经济》2002 年第 5 期。

刘济勇:《日本土地征用模式对我国的借鉴和启示》,《中国劳动保障》2005 年第 8 期。

刘俊:《城市扩展加快背景下的征地制度改革》,《江西社会科学》2009 年第 10 期。

刘乔、汪沙:《产权安排、征地制度与农民权益保护》,《广东农业科学》2011 年第 4 期。

刘守英:《土地制度与农民权利》,《中国土地科学》2000 年第 3 期。

刘宛晨、李芳:《非正式制度对我国正式制度效率弱化机理分析》,《湖南财经高等专科学校学报》2005 年第 2 期。

刘祥琪:《我国征地补偿机制及其完善研究》,博士学位论文,南开大学,2010 年。

刘向民:《中美征收制度重要问题之比较》,《中国法学》2007 年第 6 期。

刘永湘、任啸:《农村集体土地自发入市及制度创新》,《中国土地科学》2003 年第 3 期。

刘正山：《"沦陷"与拯救——"圈地运动"与治理整顿搏击记事》，《中国土地》2004 年第 3 期。

隆宗佐、盛智颖：《"圈地热"探析》，《农业经济》2004 年第 10 期。

卢海元：《被征地农民安置与社会保障的政策选择和制度安排》，《国土资源》2007 年第 1 期。

卢海元：《嘉兴市失地农民社会养老保险制度调研报告》，《征地事务动态》2004 年第 1 期。

卢海元：《农村社保制度：中国城镇化的瓶颈》，《经济学家》2002 年第 3 期。

卢海元：《土地换保障：妥善安置失地农民的基本设想》，《中国农村观察》2003 年第 6 期。

卢海元：《以被征地农民为突破口建立城乡统一的国民社会养老保障制度》，《中国劳动》2007 年第 1 期。

卢先祥：《论制度变迁中的四大问题》，《湖北经济学院学报》2003 年第 4 期。

卢余群：《嘉兴市被征地农民利益补偿与保障机制研究》，硕士学位论文，浙江工业大学，2004 年。

鹿心社：《搞好试点　稳步推进　为建立新型征地制度努力工作——在完善征地制度调研暨改革试点工作座谈会上的讲话》，《国土资源通讯》2002 年第 11 期。

鹿心社：《积极探索　勇于创新　大力推进征地制度改革——在征地制度改革试点工作座谈会上的讲话》，《国土资源通讯》2001 年第 9 期。

罗伊·普罗斯特曼、蒂姆·汉斯达德、李平：《中国农村土地制度改革：实地调查报告》，《中国农村经济》1995 年第 3 期。

罗伊·普罗斯特曼：《解决中国农村土地制度现存问题的途径探讨》，转引自缪建平主编《中外学者论农村》，华夏出版社 1994 年版。

骆东奇、罗光莲：《进一步规范土地征用管理制度》，《商业时代》

2006 年第 3 期。

马广奇：《制度变迁理论》，《生产力研究》2005 年第 7 期。

马小勇、薛新娅：《中国农村社会保障制度改革：一种"土地换保障"的方案》，《宁夏社会科学》2004 年第 5 期。

马晓茗、曾向阳：《我国征地制度及其改革问题的几点思考》，《华中农业大学学报》（社会科学版）2002 年第 4 期。

毛丹、王燕锋：《J 市农民为什么不愿做市民——城郊农民的安全经济学》，《社会学研究》2006 年第 6 期。

毛丹：《赋权、互动与认同：角色视角中的城郊农民市民化问题》，《社会学研究》2009 年第 4 期。

毛峰：《政府该为失地农民做什么——对 2942 户失地农民的调查》，《调研世界》2004 年第 1 期。

梅东海：《社会转型期的中国农民土地意识——浙、鄂、渝三地调查报告》，《中国农村观察》2007 年第 1 期。

宓小雄：《土地换保障：化解农村社保困局》，《中国经济时报》2009 年 7 月 29 日第 5 版。

潘久艳：《土地换保障：解决城市化过程中失地农民问题的关键》，《西南民族大学学报》2005 年第 5 期。

彭开丽、李洪波：《美国土地征用补偿制度对我国的启示》，《农业科技管理》2006 年第 6 期。

钱杭：《通往"社会保障"之路：农村土地的产权问题》，《21 世纪经济报道》2002 年 1 月 28 日。

钱忠好、马凯：《我国城乡非农建设用地市场：垄断、分割与整合》，《管理世界》2007 年第 6 期。

钱忠好、曲福田：《中国土地征用制度：反思与改革》，《中国土地科学》2004 年第 5 期。

钱忠好、肖屹、曲福田：《农民土地产权认知、土地征用意愿与征地制度改革——基于江西省鹰潭市的实证研究》，《中国农村经济》2007 年第 1 期。

钱忠好：《农村土地承包经营权产权残缺与市场流转困境：理论与

政策分析》,《管理世界》2002 年第 6 期。

钱忠好:《土地征用:均衡与非均衡——对现行中国土地征用制度的经济分析》,《管理世界》2004 年第 12 期。

秦晖:《土地与保障以及"土地换保障"》,《经济观察报》2007 年11 月 26 日第 41 版。

容瑜芳:《国外土地征用制度及其思考》,《武汉工业学院学报》2006 年第 3 期。

商春荣:《土地征用制度的国际比较与我国土地资源的保护》,《农业经济问题》1998 年第 5 期。

沈兰、高忠文:《"土地换保障"的两种养老保险模式研究》,《农村经济》2007 年第 5 期。

盛智颖、张安录:《从制度经济学的视角对土地垂直管理制度进行分析》,《生态经济》2005 年第 12 期。

施引芝:《联邦德国的土地征用》,转引自鹿心社主编《研究征地问题　探索改革之路》(一),中国大地出版社 2002 年版。

石磊:《土地征收三论》,硕士学位论文,中国政法大学,2005 年。

史清华、晋洪涛、卓建伟:《征地一定降低农民收入吗:上海 7 村调查——兼论现行征地制度的缺陷与改革》,《管理世界》2011 年第 3 期。

宋国明:《新加坡:土地征用中的征用补偿是如何做到的》,《河南国土资源》2006 年第 3 期。

孙利:《美国土地管理的机制和特点》,《国土资源导刊》2007 年第6 期。

唐钧、张时飞:《着力解决失地农民生计的可持续性》,《中国劳动保障》2005 年第 8 期。

童星、张海波:《"十一五"期间江苏失业社会风险的发展趋势、结构特征与应对策略》,《江苏社会科学》2006 年第 4 期。

汪晖、陶然:《论征地制度的系统性改革与突破》,《东南学术》2009 年第 6 期。

汪晖:《城乡结合部的土地征用:征用权与征地补偿》,《中国农村经济》2002 年第 2 期。

王丹：《回顾企业用工制度改革》，《企业管理》2008 年第 9 期。

王锋、赵凌云：《浙江省农村征地拆迁政策存在的问题与对策》，《农业考古》2010 年第 3 期。

王国和、曹建强、沃云：《土地换保障——嘉兴市土地征用制度改革纪实》，《浙江国土资源》2003 年第 1 期。

王华春、唐任伍：《国外征地制度对中国征地制度改革的启示》，《云南社会科学》2004 年第 1 期。

王慧博：《征地制度的国际比较及借鉴》，《江西社会科学》2009 年第 4 期。

王克稳：《"房屋征收"与"房屋拆迁"的含义与关系辨析——写在〈国有土地上房屋征收与补偿条例〉发布实施之际》，《苏州大学学报》2011 年第 1 期。

王鹏翔：《中国土地政策改革的选择及取向——中国土地政策改革国际研讨会会议综述》，《中国农村观察》2006 年第 6 期。

王瑞雪：《慎言土地换保障》，《中国改革报》2007 年 12 月 18 日第 6 版。

王睿：《失地农民"土地换保障"政策研究》，《改革与开放》2010 年第 8 期。

王三意、雷洪：《农民"种房"的行动理性——对 W 市 S 村的个案研究》，《社会》2009 年第 6 期。

王裕明、张翠云、吉祥：《基于土地换保障模式的农村居民养老问题研究》，《安徽农业科学》2010 年第 5 期。

王正立、姜贵善、刘伟：《世界主要国家土地征用程序比较研究》，《国土资源情报》2001 年第 3 期。

王正立、刘丽：《国外土地征用补偿标准方式及支付时间》，《国土资源情报》2004 年第 1 期。

王正立、刘丽：《国外土地征用补偿程序及纠纷解决》，《国土资源情报》2004 年第 1 期。

王正立、张迎新：《国外土地征用的宪法基础与法律框架》，《国土资源情报》2003 年第 9 期。

王正立、张迎新:《国外土地征用范围问题》,《国土资源情报》
　　2003 年第 9 期。

温铁军、朱守银:《政府资本原始积累与土地"农转非"》,《管理
　　世界》1996 年第 5 期。

温铁军:《"政府失灵" + "市场失灵"——双重困境下的"三农"
　　问题》,《读书》2001 年第 10 期。

文车:《美国征地难于登天》,《招商周刊》2003 年第 41 期。

文军:《从生存理性到社会理性选择:当代中国农民外出就业动因
　　的社会学分析》,《社会学研究》2001 年第 6 期。

吴次芳、鲍海君:《城市化进程中的征地安置途径探索》,《中国土
　　地》2003 年第 4 期。

吴次芳、鲍海君:《试谈现行征地安置的缺陷及未来改革设想》,
　　《河南国土资源》2003 年第 6 期。

吴玲:《我国征地制度的制度悖论与创新路径》,《宏观经济研究》
　　2005 年第 10 期。

夏锋:《土地换社保不是长期制度安排》,《农村经营管理》2009 年
　　第 9 期。

谢敏:《法国土地征用制度研究》,《国土资源情报》2012 年第
　　12 期。

谢树清:《中国土地征用制度的改革——与市场经济国家土地征用
　　制度的比较》,《开放时代》2005 年第 5 期。

徐洁、陈江龙:《经济转型期的农地征用》,《国土资源》2003 年第
　　4 期。

徐琴、张亚蕾:《论征地权过度使用的防止与中国征地制度改
　　革——国际经验对中国征地制度改革的启示》,《中国土地科学》
　　2007 年第 2 期。

徐忠国、史颂愉、华元春:《完善征地补偿安置制度的政策建议》,
　　《浙江国土资源》2006 年第 11 期。

许坚:《集体建设用地直接入市应慎重》,《资源产业经济》2004 年

第 3 期。

阎炎：《"农地入市"谣言》，《中国土地》2009 年第 12 期。

杨翠迎、黄祖辉：《失地农民基本生活保障制度建设的实践与思考——来自浙江省的案例分析》，《农业经济问题》2004 年第 6 期。

杨翠迎：《失地农民养老保障制度的实践与探索——基于浙江省的实践》，《人口与经济》2004 年第 4 期。

杨晶：《失地人口"土地换保障"的理论与实践》，《产业与科技论坛》2009 年第 2 期。

叶红玲：《修宪后征地制度面临的课题》，《中国土地》2004 年第 4 期。

尹兵：《城市化进程中的征地补偿安置途径探索》，《农村经济与科技》2004 年第 4 期。

于广思、冯昌中：《土地征用制度的改革构想》，《中国土地》2002 年第 8 期。

于广思：《构建新型征地制度的思考——从南京的试点实践看征地制度改革》，《中国土地》2004 年第 1 期。

于红涛：《土地征用比较研究》，硕士学位论文，郑州大学，2006 年。

于建嵘：《从维稳的角度看社会转型期的拆迁矛盾》，《中国党政干部论坛》2011 年第 1 期。

于建嵘：《土地问题已成为农民维权抗争的焦点——关于当前我国农村社会形势的一项专题调研》，《调研世界》2005 年第 3 期。

于淼、伍建平：《浙江嘉兴"以土地换保障"的经验及其反思》，《中国农业大学学报》（社会科学版）2006 年第 2 期。

于学花、栾谨崇：《国外征地制度的特点与中国征地制度的创新》，《理论探讨》2007 年第 4 期。

张春雨：《基于公民权利理念的农民社会保障及"土地换社保"问题分析》，《兰州学刊》2009 年第 5 期。

张芳军：《嘉兴城市化进程中解决城中村问题的实践研究》，硕士学位论文，清华大学，2004 年。

张建华：《失地农民安置"嘉兴模式"的问题与应对策略》，《嘉兴学院学报》2012 年第 1 期。

张汝立：《建设征地与"有发展的安置"——安置失地农民的一种思路》，《社会科学辑刊》2006 年第 5 期。

张时飞、唐钧、占少华：《以土地换保障：解决失地农民问题的可行之策》，《红旗文稿》2004 年第 8 期。

张士斌：《衔接与协调：失地农民"土地换保障"模式的转换》，《浙江社会科学》2010 年第 4 期。

张曙光：《城市化背景下土地产权的实施和保护》，《管理世界》2007 年第 12 期。

张熙：《城市化进程中的阴影》，《改革内参》2003 年第 12 期。

张孝直：《中国农村地权的困境》，《战略与管理》2000 年第 5 期。

张迎新、王正立：《国外土地征用公共利益原则的界定方式》，《国土资源情报》2003 年第 9 期。

张玉、武玉坤：《论制度变迁与"中国模式"的逻辑路径》，《江淮论坛》2010 年第 2 期。

赵淑琴：《农地征用制度与实践：问题及征用补偿方略》，《农业经济问题》2004 年第 4 期。

赵晓：《"土地财政"谁之过》，《新理财（政府理财)》2011 年第 7 期。

折晓叶：《合作与非对抗性抵制——弱者的"韧武器"》，《社会学研究》2008 年第 3 期。

浙江省嘉兴市国土资源局：《确保农民长远生计无忧——浙江省嘉兴市实行征地制度改革的做法》，《国土资源通讯》2006 年第 6 期。

郑功成、黄黎若莲：《中国农民工问题：理论判断与政策思路》，《中国人民大学学报》2006 年第 6 期。

郑浩澜：《中国农地征用的制度环境分析》，《战略与管理》2001 年第 4 期。

郑雄飞：《完善土地流转制度研究：国内"土地换保障"的研究述评》，《中国土地科学》2010 年第 2 期。

郑振源：《征地制度需要改革》，《中国土地》2000 年第 10 期。

中共嘉兴市委办公室、中共嘉兴市委政策研究室：《解读嘉兴现象》，《江南论坛》2002 年第 9 期。

周诚：《关于农地征用补偿问题》，《中国土地》2004 年第 5 期。

周大伟：《美国土地征用和房屋拆迁中的司法原则和判解——兼议中国城市房屋拆迁管理规范的改革》，《北京规划建设》2004 年第 1 期。

周海生：《土地换社会保障政策评析》，《广东行政学院学报》2009 年第 2 期。

周建春：《我国台湾、香港地区土地征用制度比较》，转引自鹿心社主编《研究征地问题　探索改革之路》（一），中国大地出版社 2002 年版。

周锦章：《"第三方介入"：城市管理者破解拆迁难题的新思路》，《领导科学》2011 年第 2 期。

周其仁：《农地产权与征地制度——中国城市化面临的重大选择》，《经济学（季刊）》2004 年第 4 期。

周其仁：《征地：国家征用与市场化转用并行》，《社会科学报》2004 年 5 月 3 日第 A1 版。

周其仁：《中国农村改革：国家与土地所有权关系的变化——一个经济制度变迁史的回顾》，《中国社会科学季刊》（香港）1994 年夏季卷。

周青、黄贤金：《我国征地制度运行的历史轨迹、现实问题及改革措施》，《中共南京市委党校南京市行政学院学报》2004 年第 2 期。

周兆安：《从日常对抗到集体行动的实践逻辑——基于一起城郊农民维权事件的系统性考察》，《内蒙古社会科学》2011 年第 1 期。

朱道林、沈飞：《土地征用的公共利益原则与制度需求的矛盾》，

《国土资源》2002 年第 11 期。

朱道林、沈飞：《土地征用制度国际比较及其借鉴》，转引自鹿心社主编《研究征地问题　探索改革之路》（一），中国大地出版社 2002 年版。

朱林兴：《导入市场机制　改革征地制度》，《探索与争鸣》2004 年第 2 期。

朱明芬、李一平：《失地农民利益保障已到了非解决不可的地步》，《调研世界》2002 年第 12 期。

朱明芬：《浙江被征地农民利益保障现状调研及对策》，《中国农村经济》2003 年第 3 期。

朱秋霞：《论现行农村土地制度的准国家所有制特征及改革的必要性》，转引自张曙光、邓正光主编《中国社会科学评论》第 4 卷，法律出版社 2005 年版。

朱晓刚、杨小雄：《刍议物权法对不动产征用补偿价格评估的影响》，《中国资产评估》2007 年第 9 期。

二　外文文献

Bryan Lohmar, "Land Tenure Insecurity and Labor Allocation in Rural China", Paper Prepated for Presentation at the 1999 Annual Meeting of the American Agricultural Economics Association in Nashville, TN, August, 1999.

Chengri Ding, "Land Policy Reform in China: Assessment and Prospects", *Land Use Policy*, Vol. 20, No. 2, 2003.

Douglas C. Macmillan, "An Economic Case for Land Reform", *Land Use Policy*, Vol. 17, No. 1, 2000.

Eduardo Baumeister, "Peasant Initiatives in Land Reform in Central America", *Land Reform and Peasant Livehoods*, No. 7, 2001.

Esposto, F. G. , "The Political Economy of Taking and Just Compensation", *Public Choice*, Vol. 89, No. 3, 1996.

Sally Baldwin, Jane Falkingham, *Social Change and Social Security*, Harvester Wheatsheaf, 1994.

S. Deman, "The Real Estate Takeover: Application of Grossm and Hart Theory", *International Review of Financial Analysis*, Vol. 9, No. 2, 2000.

Scott Rozelle, Li Guo, Minggao Shen, Amelia Hughart and John Giles, "Leaving China's Farms: Survey Results of New Paths and Remaining Hurdle to Rural Migration", *The China Quarterly*, No. 158, 1999.

Wallance F. Smith, *Urban Development: The Process and the Problems*, Los Angeles and London: University of California Press, 1975.

三　相关法律法规及政策文件

《中华人民共和国宪法》,《中华人民共和国国务院公报》2004 年第 13 期。

《中华人民共和国土地管理法》,《中华人民共和国国务院公报》1986 年第 17 期。

《中华人民共和国土地管理法》,《陕西政报》2004 年第 24 期。

《中华人民共和国物权法》,《浙江政报》2007 年第 12 期。

《中华人民共和国土地管理法实施条例》,《陕西政报》1999 年第 4 期。

《国有土地上房屋征收与补偿条例》,《资源与人居环境》2011 年第 3 期。

《城市房屋拆迁管理条例》,《中华人民共和国国务院公报》2001 年第 23 期。

《国家建设征用土地条例》,《中华人民共和国国务院公报》1982 年第 10 期。

《国土资源部关于切实维护被征地农民合法权益的通知》,《国土资源通讯》2002 年第 8 期。

《关于印发〈关于完善征地补偿安置制度的指导意见〉的通知》,《国土资源通讯》2004 年第 11 期。

《国务院关于深化改革严格土地管理的决定》,《中国土地》2005 年第 1 期。

《国土资源部关于开展制定征地统一年产值标准和征地区片综合地价工作的通知》（国土资发〔2005〕144 号），百度文库（http：//wenku. baidu. com/view/19d85545b307e87101f696ff. html）。

《国务院办公厅关于做好被征地农民就业培训和社会保障工作指导
　　意见的通知》，《中国劳动保障》2006 年第 7 期。

《国土资源部关于进一步做好征地管理工作的通知》，《国土资源通
　　讯》2010 年第 13 期。

《嘉兴市区土地征用工安置暂行规定》（嘉政办发〔1993〕134 号），嘉兴市
　　南湖区人力资源和社会保障局网站（http：//www. nanhu. gov. cn/_
　　sites/rsldbzj/article_display. jsp?boardpid =1181&articleid =13255）。

《关于嘉兴市区土地征用工安置问题的补充意见》（嘉市劳〔1997〕51
　　号），嘉兴市南湖区人力资源和社会保障局网站（http：//www.
　　nanhu. gov. cn/_sites/rsldbzj/article_display. jsp？boardpid =1181&arti-
　　cleid =13255）。

《嘉兴市区土地征用人员分流办法》（嘉政发〔1998〕200 号），嘉兴市南
　　湖区人力资源和社会保障局网站（http：//www. nanhu. gov. cn/_sites/
　　rsldbzj/article_display. jsp?boardpid =1181&articleid =13256）。

《嘉兴市人民政府办公室抄告单》（嘉办〔2000〕43 号），中国养老金网
　　（http：//zj. cnpension. net/shebao/jiaxing/zhengce/611133. html）。

《嘉兴市征地制度改革试点方案》，嘉兴市国土资源网（http：//www.
　　jxgtzy. gov. cn/tdsc/jsydsp/zdbcazfagg/201111/t20111124_62711. html）。

《嘉兴市城市规划区内农民住宅房屋拆迁安置补偿办法》（嘉政办发
　　〔2002〕44 号），中国劳动咨询网（http：//www. 51labour. com/
　　lawcenter/lawshow – 62835. html）。

《关于已参加职工基本养老保险的被征地农民的养老保险衔接问题
　　的处理意见》（嘉劳社〔2003〕32 号），嘉兴市南湖区人力资源
　　和社会保障局网站（http：//www. nanhu. gov. cn/_sites/rsldbzj/
　　article_display. jsp?articleid =13265&boardpid =1181）。

《嘉兴市人民政府关于市本级征地补偿实行"区片综合价"的通知》
　　（嘉政发〔2004〕6 号），中国养老金网（http：//zj. cnpen-
　　sion. net/shebao/jiaxing/zhengce/611132. html）。

嘉兴市国土资源局：《统一认识　明确目标　积极推进征地制度改

革——嘉兴市征地制度改革阶段性工作汇报》，2002 年。

嘉兴市国土资源局：《市本级征地补偿安置调研报告》，2006 年。

嘉兴市建设现代新农村推进城乡一体化领导小组办公室编：《建设
　　现代新农村推进城乡一体化政策文件汇编（2006 年度）》，2007
　　年 1 月。

嘉兴市建设现代新农村推进城乡一体化领导小组办公室编：《建设
　　现代新农村推进城乡一体化政策文件汇编（2007 年度）》，2008
　　年 1 月。

嘉兴市城乡一体化工作领导小组办公室：《城乡一体化在嘉兴的实
　　践》，2006 年（说明：这是一本研究报告汇编，集结成册，但
　　是没有出版书号，由城乡一体化领导小组办公室编）。

后　记

本书是在我的博士学位论文基础上修改而成的。在南京大学的求学经历与专业熏陶改变了我的视域，从狭隘的个人视野转而关注社会生活。本书的选题源自对失地农民群体的关注和"土地换保障"改革试点个案的兴趣，最终选择以农地征收制度变迁及改革作为研究主题是基于对影响个体命运的宏观制度力量的感悟和思考。

写作是一个艰苦的过程，在此要特别感谢我的导师童星教授，在南京大学求学期间，童老师广博的学识、严谨求实的治学态度、睿智敏锐的思维、开阔的学术视野令我景仰，受益匪浅。在博士学位论文写作过程中，从选题、开题到修改、定稿都凝聚着童星老师的心血，他的精心指导和鼓励督促帮助我克服了写作过程中面临的困难，完成学位论文。

感谢南京大学政府管理学院周沛教授、庞绍堂教授、朱国云教授、林闽钢教授、顾海教授在论文写作、答辩和评阅中给我的指导和建议。

感谢在调查中给予我帮助的嘉兴市国土资源局、社保局、秀洲区管委会的领导、相关负责人，以及接受我访谈的拆迁工作人员、律师、记者、安置小区负责人、社区干部及被征地人员，没有他们提供的丰富的感性资料和第一手信息，本书的写作就难以进行。感谢书中所有参考文献的作者，你们的研究成果开阔了我的继续研究的视野，启发了我的思路。

本书的出版得益于教育部人文社会科学研究青年基金项目（11YJC840015）和浙江省社会科学界联合会研究重点课题（2013Z93）的资助。同时，感谢为本书顺利出版付出辛勤劳动的各位编辑和所有工作人员。

在此，要特别感谢我身边的亲人、学长、朋友及同事，你们的理解、支持和帮助是我不断努力上进的动力和归宿。

作为自己独立完成的第一本书，尽管在写作过程中竭尽所能，但难免会存在错误和不足之处，期待专家学者们的批评指正。中国农地征收制度还处于变迁进程中，各种改革思路激烈交锋碰撞，实践到广阔的社会场域中，产生出纷繁复杂且极具价值的模式与经验，期盼同行与读者的意见，推动我继续前行。

胡 平

2016 年 2 月于嘉兴南湖之畔